连续性内部资料性出版物
规制研究

蔡 健 著

南京大学出版社

图书在版编目(CIP)数据

连续性内部资料性出版物规制研究/蔡健著.—南京:南京大学出版社,2018.12
ISBN 978-7-305-19609-6

Ⅰ.①连… Ⅱ.①蔡… Ⅲ.①内部资料—连续出版物—出版工作—管理 Ⅳ.①G239.275.3

中国版本图书馆 CIP 数据核字(2017)第 286356 号

出版发行	南京大学出版社		
社　　址	南京市汉口路 22 号	邮　编	210093
出 版 人	金鑫荣		

书　　名　**连续性内部资料性出版物规制研究**
著　　者　蔡　健
责任编辑　郭艳娟
照　　排　南京紫藤制版印务中心
印　　刷　南通印刷总厂有限公司
开　　本　880×1230　1/32　印张 9.875　字数 250 千
版　　次　2018 年 12 月第 1 版　2018 年 12 月第 1 次印刷
ISBN　978-7-305-19609-6
定　　价　39.00 元

网　　址　http://www.njupco.com
官方微博　http://weibo.com/njupco
官方微信　njupress
销售咨询　(025)83594756

＊ 版权所有,侵权必究
＊ 凡购买南大版图书,如有印装质量问题,请与所购
　图书销售部门联系调换

南京大学出版研究院丛书编辑委员会

名誉主编　聂震宁
主　　编　张志强
委　　员　陈海燕　江　莹　姜迎春
　　　　　金鑫荣　聂震宁　任子光
　　　　　孙建军　杨海平　张志强

总　序

商务印书馆元老张元济先生曾言："盖出版之事，可以提携多数国民，似比教育少数英才尤要。"古往今来，出版早已成为人类文明的播种机、社会进步的发动机。

南京大学是国内最早开展出版教育的高校之一。1928年，南京大学前身之一的金陵大学开设了图书专修科，包括"重要书籍研究"、"图书流通"等课程。1985年，南京大学恢复图书馆学系。翌年，图书馆学专业硕士学位点获得批准。1987年，学校在图书馆学硕士点下设立了编辑出版研究专业方向，开始培养出版方向的研究生。图书馆学侧重对图书的流通、收藏、利用等方面的研究，而编辑出版学侧重于图书的生产制作。通过这样的学科设置，一个从图书生产、流通到典藏、利用的完整环节形成了。1993年，南京大学编辑出版学本科专业开始招生。1998年，南京大学出版科学研究所成立，这是当时全国高校中为数不多的研究所之一。2003年，出版科学研究所与南京大学公共管理学的公共管理硕士（MPA）专业合作，联合培养出版管理方向的公共管理硕士（MPA）。2006年，原国家新闻出版总署设立"新闻出版总署南京大学出版人才培养基地"。同年，南京大学设立了华东地区第一个出版学博士点。2009年，受国务院学位委员会办公室委托，南京大学出版学学科点与南京大学研究生院牵头论证了我国设置出版硕士专业学位议题。2010年，出版硕士设置方案获国家有关部门批准。2011年，该学科点成为全国出版专业学位研究生教育指导委员会秘书处所在单位，是目前南京大学唯一的一个专业学位秘书处。

2012年，在时任南京大学党委书记洪银兴教授的大力支持下，在原中国出版集团总裁聂震宁编审的努力下，江苏亚东建设发展集团有限公司向南京大学首批捐款200万元，作为南京大学出版研究专项基金，用于筹建南京大学出版研究院。2012年12月，在南京大学编辑出版学学科点的基础上，整合学校相关力量，学校发文成立南京大学出版研究院。

南京大学出版研究院以建设成为国内一流、国际知名的出版研究智库和出版教育培训机构为目标，全力推进出版学研究。编纂出版研究丛书是其中的一项重要战略。作为出版研究院的成果之一，该系列丛书致力于对我国出版理论与历史、出版实务、数字出版与文化产业发展等方面的研究，力求为我国出版业改革发展、提高国家文化软实力提供智力支持。

"多少事，从来急。天地转，光阴迫。一万年太久，只争朝夕。"时下，受技术驱动的出版业，正处于新一轮变革转型期。数字出版、媒体融合、知识服务一日千里。南京大学出版研究院将顺势而为、应时而变，紧扣时代与社会发展需要，为更多"弄潮儿"脱颖而出提供全方位的支持，最终服务于我国文化强国的建设。

南京大学出版研究院丛书编辑委员会
2017年12月

目 录

前言 / 001

第1章 绪论 / 001
1.1 研究背景 / 003
1.2 研究意义 / 005
  1.2.1 理论意义 / 005
  1.2.2 实践意义 / 005
1.3 研究范围 / 006
  1.3.1 基本概念 / 006
  1.3.2 概念辨析 / 009
  1.3.3 研究内容 / 019
1.4 研究综述 / 020
  1.4.1 国内研究综述 / 020
  1.4.2 国外研究综述 / 025
1.5 理论基础 / 031

1.5.1 现代出版理论 / 031
1.5.2 政府规制理论 / 041
1.5.3 日常生活理论 / 052
1.5.4 公共产品理论 / 063
1.6 研究方法 / 074

第2章 连续性内部资料性出版物概述 / 075
2.1 连续性内部资料性出版物的法律渊源 / 077
2.2 连续性内部资料性出版物的成因分析 / 078
　2.2.1 基于组织行为视角的分析 / 078
　2.2.2 基于组织传播视角的分析 / 081
　2.2.3 基于组织生活视角的分析 / 084
2.3 连续性内部资料性出版物的基本特征 / 091
　2.3.1 互动性 / 091
　2.3.2 依附性 / 092
　2.3.3 针对性 / 093
　2.3.4 互益性 / 094
　2.3.5 思想性 / 095
2.4 连续性内部资料性出版物的主要功能 / 096
　2.4.1 工作指导 / 096
　2.4.2 信息沟通 / 097
　2.4.3 形象塑造 / 098
　2.4.4 资料留存 / 099
　2.4.5 文化娱乐 / 100
2.5 小结 / 101

第3章 连续性内部资料性出版物规制及其变迁 / 103

3.1 连续性内部资料性出版物规制及制度 / 105

  3.1.1 连续性内部资料性出版物规制 / 105

  3.1.2 连续性内部资料性出版物制度 / 117

3.2 连续性内部资料性出版物规制变迁的历时性研究——以江苏省为例 / 123

  3.2.1 社会性规制变迁 / 123

  3.2.2 经济性规制变迁 / 131

3.3 连续性内部资料性出版物规制变迁的共时性研究——以江苏省省辖市为例 / 138

  3.3.1 社会性规制抽样分析 / 140

  3.3.2 经济性规制抽样分析 / 147

3.4 江苏省连续性内部资料性出版物规制变迁的深度研究 / 156

  3.4.1 规制变迁原因 / 156

  3.4.2 规制变迁方式 / 169

  3.4.3 规制变迁特征 / 173

  3.4.4 规制变迁局限性 / 175

3.5 小结 / 177

第4章 规制视角下的江苏省连续性内部资料性出版物出版 / 179

4.1 江苏省连续性内部资料性出版物出版的发展阶段 / 181

  4.1.1 过渡期（1997年1月—2001年12月）/ 181

4.1.2 紧缩期（2002年1月—2008年8月）/ 182

4.1.3 壮大期（2008年9月以后）/ 182

4.2 江苏省连续性内部资料性出版物出版的现状分析 / 183

  4.2.1 总体状况 / 183

  4.2.2 典型案例 / 194

4.3 江苏省连续性内部资料性出版物出版的抽样分析 / 202

  4.3.1 出版形式 / 202

  4.3.2 经费来源 / 202

  4.3.3 从业人员 / 203

  4.3.4 出版质量 / 211

  4.3.5 数字化 / 213

  4.3.6 发展建议 / 218

4.4 江苏省连续性内部资料性出版物出版的问题分析 / 219

  4.4.1 影响出版发展的静态问题 / 219

  4.4.2 挑战现行规制的动态问题 / 223

4.5 小结 / 233

第5章 连续性内部资料性出版物规制创新 / 237

5.1 规制创新目标 / 240

  5.1.1 维护和保障社会组织的基本政治权利 / 240

  5.1.2 肯定和发挥资源配置的市场决定作用 / 242

  5.1.3 涵养和增强中华民族的整体文化实力 / 243

  5.1.4 保护和实现内部资料的日常生活价值 / 245

5.2 规制创新原则 / 247

5.2.1　职权法定原则 / 247

　　5.2.2　公开透明原则 / 249

　　5.2.3　属性归位原则 / 250

　　5.2.4　宽严相济原则 / 251

5.3　规制创新思路 / 253

　　5.3.1　在宏观上创新规制理念定位 / 253

　　5.3.2　在中观上创新规制客体认识 / 256

　　5.3.3　在微观上创新规制内容调整 / 260

第6章　结束语 / 273

6.1　研究结论 / 275

6.2　研究创新 / 276

6.3　研究局限 / 276

参考文献 / 278

后记 / 294

表目录

表2-1　国外内刊读者定位类型一览表 / 084

表2-2　2013年《江苏公路通讯》"五项执法在行动"专栏刊发文章一览表 / 088

表3-1　华东地区内部出版"县市区报"主要许可模式一览表 / 116

表3-2　华东地区"县市区报"数量统计表 / 116

表3-3　1997—2004年国家有关部门印发的报刊管理主要文件一览表 / 126

表3-4　2012年江苏省住建系统连续性内部资料性出版物出版质量评估一览表 / 128

表3-5　2013年江苏省省属连续性内部资料性出版物编校质量评比优秀等次一览表 / 129

表3-6　江苏省省辖市连续性内部资料性出版物部分社会性规制统计表 / 139

表 3-7　江苏省省辖市连续性内部资料性出版物主要审读方式一览表 / 141

表 3-8　2013 年度南京市社科系统学会会刊出版质量评审一览表 / 144

表 3-9　连云港市第三届优秀连续性内部资料性出版物评选活动获奖名单 / 147

表 3-10　江苏省省辖市《连续性内部资料性出版物准印证》行政许可模式一览表 / 148

表 3-11　规制外附加条件行政许可模式一览表 / 149

表 3-12　江苏省省辖市连续性内部资料性出版物年度数量变化一览表 / 150

表 3-13　江苏省乡镇级及以下连续性内部资料性出版物一览表 / 152

表 3-14　江苏省省辖市获得行政许可"区报"一览表 / 155

表 3-15　南京地区专门以数字印刷方式从事出版物印刷的印刷企业一览表 / 156

表 3-16　连续性内部资料性出版物规制拐点现象分析一览表 / 157

表 3-17　作用于连续性内部资料性出版物规制的两种出版安全观对比表 / 162

表 3-18　2002 年南京市"内资新政"后"机关刊"变化一览表 / 166

表 4-1 江苏省各行政区域连续性内部资料性出版物主办单位类型统计表 / 185

表 4-2 江苏省各行政区域连续性内部资料性出版物主办单位规格统计表 / 187

表 4-3 江苏省各行政区域连续性内部资料性出版物出版形式统计表 / 188

表 4-4 江苏省连续性内部资料性出版物期印数前 20 名一览表 / 190

表 4-5 江苏省省级单位主办两种及以上连续性内部资料性出版物统计表 / 192

表 4-6 出版形式统计表 / 202

表 4-7 经费来源统计表 / 203

表 4-8 从业人员数量统计表 / 204

表 4-9 从业人员变动统计表 / 205

表 4-10 新进人员统计表 / 205

表 4-11 离职人员统计表 / 206

表 4-12 从业人员年龄构成统计表 / 206

表 4-13 从业人员性别构成统计表 / 207

表 4-14 从业人员政治面貌统计表 / 207

表 4-15 从业人员工作性质统计表 / 207

表 4-16 从业人员受教育程度统计表 / 209

表 4-17 从业人员职称统计表 / 209

表 4-18 职称是否属于新闻出版系列统计表 / 210

表 4-19 从业人员业务培训主办单位统计表 / 211

表 4-20　获奖情况统计表 / 212

表 4-21　授奖单位统计表 / 213

表 4-22　奖项级别统计表 / 213

表 4-23　授奖对象统计表 / 213

表 4-24　出版物内容是否上网统计表 / 214

表 4-25　出版物内容上网公开范围统计表　/ 215

表 4-26　同一篇文章纸质版、外网版内容一致性统计表 / 216

表 4-27　数字化对纸质版是否存在影响统计表 / 216

表 4-28　纸质版连续性内部资料性出版物会否消亡统计表 / 217

表 4-29　纸质版连续性内部资料性出版物不会消亡原因分析统计表 / 217

表 4-30　连续性内部资料性出版物发展建议统计表 / 218

表 4-31　2011年江苏省县市新闻中心工作委员会"县市区报"一览表 / 227

表 5-1　设副省级市的省《准印证》行政许可下放模式一览表 / 255

表 5-2　获得审批权限的副省级市《准印证》行政许可模式一览表 / 256

图目录

图 3-1　江苏省连续性内部资料性出版物数量变化图 / 137

图 3-2　南京市连续性内部资料性出版物年度数量变化图 / 150

图 3-3　《江苏土地》编辑出版流程示意图 / 165

图 4-1　江苏省连续性内部资料性出版物行政区域分布图 / 184

图 4-2　江苏省连续性内部资料性出版物主办单位类型分布图 / 186

图 4-3　从业人员到出版岗位工作起始年份分布图 / 208

前　言

　　连续性内部资料性出版物规制是我国特有的出版规制，它在降低交易成本、抑制机会主义、保护受众利益等方面发挥着积极作用。

　　连续性内部资料性出版物规制是报刊出版规制与组织出版自由权利相互博弈的产物。 规制设计的初衷是：面向大众传播媒介的报刊规制与面向组织传播媒介的连续性内部资料性出版物规制形成互补，调整具有连续性出版物特征的所有出版物，共同构建无缝对接的连续性出版物规制体系。 然而，由于在运行规制、规制客体法律属性等方面存在局限性，这个初衷未能兑现。 规制局限性即规制失灵。 规制失灵影响资源配置效率，造成社会福利损失。

　　本书运用现代出版理论、政府规制理论、日常生活理论、公共产品理论等理论，采用抽样、比较、案例分析等研究方法，阐述了连续性内部资料性出版物的成因、特征和功能，梳理了连续性内部资料性出版物规制的内容构成、认识演变和社会关联，选取在全国具有代表性的江苏省作为研究对象并对其连续性内部资料性出版物的出版现状、存在问题及规制变迁进行系统研究，旨在为规制创新提供参考借鉴。

源自《内部资料性出版物管理办法》的连续性内部资料性出版物规制是静态出版安全观的产物。它以消除负外部性为基点，以控制数量增长为重点，以强化实施进入规制、运行规制并回避规制客体的客观本质属性、客观经济属性为手段，旨在确保出版不出事。这是一种典型的计划经济出版规制。与之相反，动态出版安全观以鼓励正外部性为基点，以尊重出版自由权利为重点，以在强化内容规制、质量规制、激励性规制的同时放松进入规制、运行规制为手段，旨在实现文化影响力。这是一种脱胎于市场经济的意识形态。

规制变迁的内因是规制失灵，规制变迁的外因是规制对象的客观需求和制度环境的发展变化。

1997年1月以来，江苏省连续性内部资料性出版物的规制类型、规制体系均发生变迁。就规制类型来说，经济性规制经历了由不断强化到不断放松的变迁，社会性规制经历了由相对放松到不断强化的变迁，呈现"双拐点"现象。"双拐点"现象的表层原因是认识的变化，本质原因是出版安全观的变迁。就规制体系来说，规制变迁呈现"分界线"现象。"分界线"现象的动因也是出版安全观的变迁。意识形态是政治、经济、文化等因素的集中反映和高度凝结。"双拐点"现象和"分界线"现象表明，出版安全观作为核心意识形态是连续性内部资料性出版物规制变迁的重要外因。

2008年11月，江苏省将《连续性内部资料性出版物准印证》(市属)审批权限下放到各省辖市。审批实践中，绝大多数省辖市切实执行进入规制，但也有个别省辖市擅自增加许可条件。这种情形同样存在于除南京外的全国其他14个副省级市及其所在的10个省。另外，从《连续性内部资料性出版物准印证》(市属)审批权限是否下放以及下放程度来看，各地做法不尽相同。上述情况表明，出版安全观作为核心意识形态是连续性内部资料性出版物规制变迁方向的决定性因素。

由于意识形态具有顽固性、反复性等特点，静态出版安全观与动态出版安全观的博弈将会是一个长期过程。

在江苏省连续性内部资料性出版物的经济性规制不断放松的进程中，主要内容是以审批权限下放为代表的进入规制放松，与此同时，运行规制并未放松，规制客体的客观本质属性、客观经济属性亦未回归。现实生活中，"县市报"、"公关刊"、"理事会"、"数字化"等现象一直在挑战连续性内部资料性出版物的运行规制。上述情况表明，规制变迁必须进行顶层设计，国家规制主体应该发挥规制变迁的决定性作用。

十八届三中全会《决定》要求积极稳妥地从广度和深度上推进市场化改革。在参考借鉴江苏省及其他地区规制变迁经验教训的基础上，连续性内部资料性出版物的规制创新必须与市场化改革的方向保持一致。规制创新的基本思路是：宏观上坚持动态出版安全观，中观上促使规制客体法律属性归位客观属性，微观上实现放松经济性规制、强化社会性规制与确保规制执行力的有机统一，形成并不断优化以使市场在资源配置中起决定性作用和更好发挥政府作用为特点的市场经济出版规制。

总之，连续性内部资料性出版物规制创新必须融入深化改革的伟大实践，始终坚持理论创新与实践创新相融合、市场作用与政府作用相耦合、放松规制与强化规制相结合的方向，成为社会主义市场经济条件下我国新闻出版法律体系的有机组成部分。

第 1 章

绪 论

连续性内部资料性出版物是具有中国特色的出版物类型。作为记录组织日常生活的组织传播媒介，它是组织成员拿得到、读得进、信得过的日常读物，能够实现难以替代的传播效果。在某种意义上，连续性内部资料性出版物就是规制的产物。然而，长期以来，关于连续性内部资料性出版物规制的研究却几近阙如。本书综合运用现代出版理论、政府规制理论、日常生活理论、公共产品理论等理论，对连续性内部资料性出版物规制及其变迁进行了系统性的原创研究。

1.1 研究背景

在所有行业中，新闻出版业是中国规制最多同时也是管制最严的行业之一。它是宣传思想文化战线的阵地，是先进文化的载体，而且还是创造物质财富的新兴产业之一。在众多新闻出版产品中，连续性内部资料性出版物是典型的具有中国特色的出版物类型。① 作为记录组织日常生活的组织传播媒介，连续性内部资料性出版物具有"草根"性质，是组织成员靠得近、拿得到、用得上的日常读物，是职场人士觉得亲、读得进、信得过的精神依托，能够实现不容忽视、难以替代的传播效果。截至 2008 年，我国仅企业"内刊"②即已超过 2.2 万种，每年耗资 89 亿元以上。③

---

① 王首程. "内部资料"的数字化转型 [J]. 新闻与写作，2012（3）: 38.

② 坊间将连续性内部资料性出版物简称为"内刊"。"内刊"的"刊"是连续性出版物的意思，不仅仅指"期刊"。"内刊"既包括刊型也包括报型。不过，"内刊"是一种不严谨的表达方式。《内部资料性出版物管理办法》明确规定连续性内部资料性出版物不得称为"刊"。凡 1998 年以后国内出版的连续性内部资料性出版物，本书在不得不使用"内刊"或"内部报刊"称谓时一律加注引号。

③ 2.2 万余种是否均系"体制内"的连续性内部资料性出版物（即经过行政许可，领取《连续性内部资料性出版物准印证》后创办的连续性内部资料性出版物），这个问题尚待考证。在此引用仅作参考。见：胡博. 我国房地产企业内刊的发展趋势及办刊模式刍议 [J]. 出版与印刷，2009（3）: 22.

长期以来，连续性内部资料性出版物坚持马克思主义指导地位，坚持弘扬社会主义核心价值观，在把握舆论导向、交流工作信息、塑造组织形象、纾解员工情绪、挺拔行业正气等方面发挥了积极作用，成为组织成员了解信息、学习知识、愉悦心情、提高素质的重要途径。

从某种意义上来讲，连续性内部资料性出版物规制实际上是报刊规制与组织出版自由权利相互博弈的产物。通过确立连续性内部资料性出版物规制，基本上达到了既维持现行报刊规制模式又保障组织出版自由权利的目的。

作为"内部报刊"规制的延续，连续性内部资料性出版物规制在降低交易成本、抑制机会主义、保护受众利益等方面发挥了重要作用。但是，诞生于1997年年底的《内部资料性出版物管理办法》是静态出版安全观的产物。它把消除负外部性作为规制基点，把控制连续性内部资料性出版物的数量增长作为规制重点，目的在于"确保出版不出事"。所以，曾经有过相当长一段时间，连续性内部资料性出版物的产生、运作和发展一直处于压抑状态。在这样的年代，市场配置资源的决定性作用难以有效发挥，社会福利不可避免地受到消极影响。

2007年10月，胡锦涛同志在党的十七大上从提升国家文化软实力的战略高度发出"推动社会主义文化大发展大繁荣"的号召，要求创新文化内容形式、体制机制和传播手段，解放和发展文化生产力。这之后，在2010年7月中央政治局第22次集体学习、2011年10月党的十七届六中全会、2012年11月党的十八大、2013年11月党的十八届三中全会等重要会议上，"文化大发展大繁荣"均被提及。"文化大发展大繁荣"要求的提出为连续性内部资料性出版物的繁荣发展营造了良好氛围。

本书选择江苏省作为研究对象，同时兼顾对其他地区的观照，旨在深入研究连续性内部资料性出版物规制变迁的规律、特点和局限性，为我国连续性内部资料性出版物规制创新提供有益参考。

需要特别指出的是,选择江苏省作为研究对象,主要基于以下3点考虑:第一,江苏省是文化大省,连续性内部资料性出版物数量多、品种全,其发挥的功能作用和存在的不足之处在全国具有代表性和典型性;第二,江苏省连续性内部资料性出版物规制变迁的时间点与国家规制主体做出规制调整的时间点基本吻合,因而具有代表性和典型性;第三,通过与全国10个省进行对比分析,事实证明,江苏省连续性内部资料性出版物规制变迁的规律、特点和局限性具有代表性和典型性。

1.2 研究意义

1.2.1 理论意义

本书强调了连续性内部资料性出版物的理论价值,有助于纸质媒介史研究向着全面化、均衡化方向发展。长期以来,学术界的注意力主要集中在报刊史研究,对连续性内部资料性出版物的关注度不够。将连续性内部资料性出版物规制及其变迁作为研究对象,这在过去还未曾有过。这种选择及努力体现了日常生活史研究所强调的"全面史"或"整体史"观念。本书的研究实践对于提升连续性内部资料性出版物的研究价值,改变当前媒介史研究的畸重畸轻状况具有积极意义。

1.2.2 实践意义

本书通过对连续性内部资料性出版物及其承办机构进行深入研究,发现并总结出连续性内部资料性出版物的客观经济属性"非营利性公共产品",发现并总结出连续性内部资料性出版物承办机构具有"互益性非营利组织"特征。在此基础上,引入并借鉴公共产品理论和非营利组织理论,为放松连续性内部资料性出版物运行规制提供理论支持,并为规制调整确定原则尺度。即:首先,除不得定价、不得刊登广告、不得征订发行外,其他运行规制基本上均可放松;其次,承办机构获得的会员会费、服务收费、社会捐赠等只能用于补贴出版,不得用于个人分配。通过上述规制创新,长期悬而未解的"县市报"合法存在问题能够有效解决。

1.3 研究范围

1.3.1 基本概念
（一）连续性内部资料性出版物

本书所称连续性内部资料性出版物是指在本系统、本行业、本单位内部用于指导工作、交流信息的非卖性折页或散页印刷品,[①]机关编印的公文性简报等信息类资料不在此列。《内部资料性出版物管理办法》规定,主办单位须经行政许可并获颁《连续性内部资料性出版物准印证》后,方可创办连续性内部资料性出版物。根据规制,不同层次组织创办连续性内部资料性出版物的宗旨[②]可以一般性地概括为"为组织成员服务、为组织建设服务"。[③] 此外,《内部资料性出版物管理办法》对连续性内部资料性出版物的内容、运行等也进行了规制。

连续性内部资料性出版物即本书所称规制客体。

[①] 连续性内部资料性出版物的本质属性由意识形态属性、经济属性这两种一般属性构成。从客观层面来看,其本质属性是出版物,其意识形态属性是精神产品,其经济属性是具有强制性、无偿性、非营利性等特征的公共产品。连续性内部资料性出版物客观层面的本质属性、经济属性同法律层面的本质属性、经济属性存在矛盾。

[②] 创办宗旨具体包含内容定位（即贴合主办单位业务性质）、读者定位（即面向主办单位组织成员）、目的定位（即指导工作并交流信息）等诸要素,各要素之间有密切关联。

[③] "为组织成员服务、为组织建设服务"在某种意义上是"为人民服务、为社会主义服务"的出版宗旨在连续性内部资料性出版物出版业界的一种特殊表现。

(二)"县市报"

本书所称"县市报"是指存续于县市域这个"系统"的一种报型连续性出版物。在中央、省（自治区、直辖市）、省辖市、县（市）4级党报系列中，"县市报"是最基层的报纸。由于通过"联合办版"收取宣传服务费的做法与连续性内部资料性出版物规制相冲突，除极少数"县市报"持有公开刊号、极个别"县市报"采取变通途径经行政许可获颁《连续性内部资料性出版物准印证》外，绝大多数"县市报"的出版印制未经行政许可。"县市报"有其存在的必然性。本书研究的目的之一即探讨"县市报"以连续性内部资料性出版物形式合法存在的可行性。

(三)组织及组织成员

本书所称组织是指连续性内部资料性出版物主办单位。从组织层次角度来看，它包括系统、行业、单位等外延；从组织类型角度来看，它包括党政机关、事业单位、企业单位、社会团体等外延。面向本系统成员的连续性内部资料性出版物，其主办单位一般是党政机关；面向本行业成员的连续性内部资料性出版物，其主办单位一般是社会团体。组织即本书所称规制对象。

组织内部所设负责编辑、出版、发送连续性内部资料性出版物的职能部门，系连续性内部资料性出版物承办机构。以报刊为参照对象，连续性内部资料性出版物承办机构相当于报刊出版单位。

本书所称组织成员是指构成组织的最基本单位。它既包括个人，如企业管理层、企业员工等；也包括单位或机构，如社会团体中的单位会员等。

(四)连续性内部资料性出版物规制

本书所称连续性内部资料性出版物规制是指各级新闻出版行政部门以及相关部门制定的有关法规、规章和规定，如《内部资料性出版物管理办法》、《关于开展连续性内部资料出版物专项治理工作的通知》、《江苏省新闻出版局关于印发〈江苏省连续性内部资料出版物管理办法〉的通知》，等等。

本书所称规制本体特指1997年12月30日以新闻出版署第10号令形式颁布、1998年1月1日起施行的《内部资料性出版物管理办法》。

（五）规制主体

本书所称规制主体主要是指行使新闻出版行政职能的各级新闻出版行政部门，包括新闻出版总署（现国家新闻出版署）、各省（自治区、直辖市）新闻出版广电局、各省辖市文化广电新闻出版局以及各县（市、区）文化广电新闻出版局。它们分别对各级连续性内部资料性出版物行使行政管理职能。另外，规制主体也包括各级党委政府，以及个别与连续性内部资料性出版物出版相关的职能部门。

（六）规制变迁

本书所称规制变迁是指规制的替代、转换与交易过程。林毅夫认为，对现有制度的修正就是一种创新活动。[1] 在他看来，规制变迁就是规制创新。借鉴林毅夫的观点，根据规制变迁（即规制创新）是否符合客观规律，连续性内部资料性出版物规制变迁可分为"正向创新"和"负向创新"两种类型。就当前而言，连续性内部资料性出版物社会性规制"正向创新"的主要方式是强化规制，[2] "负向创新"的主要方式是放松规

---

[1] 林毅夫.关于制度变迁的经济学理论：诱致性变迁与强制性变迁[M]//[美]R.科斯，A.阿尔钦，D.诺斯，等.财产权利与制度变迁——产权学派与新制度学派译文集.上海：三联书店上海分店，上海人民出版社，1996：406.

[2] 张红凤，杨慧.西方国家政府规制变迁与中国政府规制改革[M].北京：经济科学出版社，2007：1.

制；与此相反，其经济性规制"正向创新"的主要方式是放松规制，①"负向创新"的主要方式是强化规制。

1.3.2 概念辨析

（一）连续性内部资料性出版物与报刊

我国对设立出版单位及出版出版物实行审批制。报刊和连续性内部资料性出版物均须经过行政许可方能出版。

它们的相同之处在于：① 报刊、连续性内部资料性出版物都是有固定名称、刊期、开版（开本）、版数（页数）的散页或折页连续性纸质载体。② 《出版管理条例》和其他有关法律、法规、规定的禁载规定，均适用于报刊和连续性内部资料性出版物。

它们的不同之处在于：① 报刊系依据《出版管理条例》以及《报纸出版管理规定》、《期刊出版管理规定》经行政许可后出版，法律层面的本质属性为出版物，其客观具有的本质属性（出版物）与法律层面的本质属性（出版物）相一致；连续性内部资料性出版物系依据《印刷业管理条例》、《出版物印刷管理规定》和《内部资料性出版物管理办法》经行政许可后创办，法律层面的本质属性为特殊印刷品，其客观具有的本质属性（出版物）与法律层面的本质属性（特殊印刷品）相背离。② 根据规制，报刊可以定价、刊登广告、开展经营活动并在社会上征订发行，其客观具有的经济属性（营利性产品）得到规制确认；根据规制，连续性内部资料性出版物严禁收取费用、刊登广告、征订发行以及有偿经营，其客观具有的经济属性（非营利性公共产品）被彻底限制。③ 国家新闻出版行政部门向报刊主办单位颁发《报纸出版许可证》或《期刊出版许可证》，并编入"国内统一连续出版物号"；省级新闻出版行政部门向连续

---

① 王雅莉，毕乐强. 公共规制经济学［M］. 2版. 北京：清华大学出版社，2005：170.

性内部资料性出版物主办单位颁发《连续性内部资料性出版物准印证》,并编入本省统一"连续性内部资料性出版物准印证号"。④报刊出版机构(报刊社或编辑部)可以是法人,也可以是非法人;连续性内部资料性出版物承办机构(编辑部)不能是法人,只能是非法人。⑤报刊读者定位具有特定性(不同报刊的读者定位各不相同),[1]发行对象具有不特定性(报刊面向社会公开发行),系大众传播媒介;连续性内部资料性出版物读者定位具有特定性(即组织成员),发送对象也具有特定性(即组织成员以及"组织外特定对象"),系组织传播媒介。⑥非公有资本不得进入报刊出版环节;非公有制单位可以主办连续性内部资料性出版物。⑦连续性内部资料性出版物应当注明"内部资料,免费交流"字样,严禁使用"报"、"刊"或"杂志"等字样。

(二)连续性内部资料性出版物与"内部报刊"

从历时性角度来看,"内部报刊"与连续性内部资料性出版物是前后承接关系。中华人民共和国成立后,"内部报刊"均须经过批准方能出版。1983年10月印发的《中央宣传部转发文化部党组关于从严控制新创办期刊和新建出版社两个报告的通知》对此予以重申:"各机关、团体、学校、企事业等单位用于指导本单位和本部门的工作,沟通情况,交流经验,而且只限在内部使用和交换的刊物和资料,仍由各主管部门自行掌握。"

"内部报刊"是否须经出版行政部门登记,则经历了一个发展变化过程。1952年8月公布的《期刊登记暂行办法》第二条

---

[1] 报刊读者对象包括两类。一类是社会上的特定对象,如《经济日报》面向经济战线,《汽车之友》杂志面向汽车爱好者,等等;另一类是组织中的组织成员这样的特定对象,如公开发行的高校校报面向该高校成员,公开发行的企业报面向本企业员工,等等。

规定，机关、团体、军队、学校、企业出版内部期刊，如愿享受新闻纸期刊的邮递待遇，须到出版总署办理登记手续。1953年5月，出版总署发布《关于内部期刊的几个问题的解释》。其第二条规定："内部期刊之出版（创业），决定于出版内部期刊的机关，由其一定的上级批准，不需要在出版行政机关办理登记。"1954年11月，出版总署建制撤销，原有工作移交文化部，由文化部设置出版事业管理局办理出版行政业务。1956年5月，文化部发布的《对关于执行"各级报纸和期刊的创办、停办或改刊，在办好批准手续后，均须向文化部备案登记"的办法所提出问题的答复》明确规定：机关、团体、学校和职工在3000人以上的工厂、矿山、工地、企业等办的以全体成员为对象的定期出版的报纸、杂志，不论其是否收费，是在社会上公开发行，还是在系统内（单位内）发行，均须进行登记。1987年1月《国务院关于成立新闻出版署的通知》印发，新闻出版署作为国务院直属机构正式成立。1987年5月，新闻出版署发出《关于报纸、期刊和出版社重新登记注册的通知》。重新登记注册的过程中，新闻出版署将经过审批公开发行的报刊称作正式报刊，编入"国内统一刊号"；将经过审批内部交流的报刊称作"内部报刊"或非正式报刊，编入各省统一"内部报刊准印证号"。"内部报刊"制度初步形成。①

《报纸管理暂行规定》（新闻出版署1990年颁布施行）以及《期刊管理暂行规定》（新闻出版署1988年颁布施行）正式把报刊分为正式报刊和非正式报刊（即"内部报刊"），并对"内部报刊"的特征、规范、审批等做出具体规定。《内部报刊管理原则》（1990年）、《关于加强内部报刊管理的通知》（1994年）、《关于内部报刊管理若干问题的通知》（1995年）等一系

---

① 陈建云.中国当代新闻传播法制史论［M］.济南：山东人民出版社，2005：166.

列文件的出台旨在进一步加强"内部报刊"管理，纠正出版中存在的问题。截至1993年年底，全国共有"内部报纸"6464种、"内部期刊"10808种。

1996年12月，《中共中央办公厅、国务院办公厅关于加强新闻出版广播电视业管理的通知》印发。站在转变发展方式的战略高度，中央要求新闻出版广播电视业从注重规模扩张向注重效益提高转变，采取切实有力措施遏制散滥现象蔓延态势。报刊业治理的重点之一是转化"内部报刊"。《通知》要求取消"内部报刊"管理系列，确有需要的部分"内部报刊"逐步改为在本系统、本单位指导工作、交流信息的内部资料，不在社会上发行，不得盈利，不得刊登广告。1997年3月，新闻出版署印发《关于报业治理工作的通知》和《关于期刊业治理工作的通知》，报刊治散治滥工作正式启动。1997年，江苏省从本省实际出发，决定除暂予保留的157种"内部报刊"（以县市党报为主的"内部报纸"和以学报为主的"内部期刊"）外，其余707种"内部报刊"一律停办或转化为连续性内部资料性出版物。

1997年12月，新闻出版署第10号令印发《内部资料性出版物管理办法》对市场化报刊和连续性内部资料性出版物进行严格区分。1999年8月，《中共中央办公厅、国务院办公厅关于调整中央国家机关和省、自治区、直辖市厅局报刊结构的通知》印发。《通知》要求各地区、各部门按规定继续做好"内部报刊"转化工作，加强"内部报刊"转为连续性内部资料性出版物后的管理。

2001年9月，江苏省委办公厅、江苏省人民政府办公厅转发省报刊专项治理领导小组办公室《关于停办省内刊号报刊或转为内部资料性出版物的请示》，决定全省尚存的35种"内部报纸"和65种"内部期刊"可出版发行至2001年12月31日，2002年1月1日起一律停办；如需继续出版，可转为连续性内部资料性出版物,并于 2001 年 12 月底前到江苏省新闻出版局办理相关手续。到 2001 年年底,江苏省"内部报刊"转化为连续性内部资料性出版物的工作彻底结束。就全国而言,情况也基本如此。

连续性内部资料性出版物与"内部报刊"的相同之处在于:① 均为在本系统、本行业、本单位内部用于指导工作、交流信息的非卖性连续性纸质载体。② 均限定在本系统、本行业、本单位内部交流使用,严禁收取费用,严禁公开陈列,严禁征订发行,严禁境外传播,严禁公开宣传,严禁从事广告等经营活动,严禁用《准印证》出版其他出版物。③ 不是独立机构,不具备法人资格。④ 省级新闻出版行政部门负责统一审批"内部报刊准印证"或《连续性内部资料性出版物准印证》。

在"内部报刊时代"和"连续性内部资料性出版物时代",均存在一种介乎正式连续性出版物与内部连续性出版物之间的特殊连续性出版物"侨刊乡讯"(如江苏省《华人时刊》)。1987 年 10 月,新闻出版署印发的《关于对侨刊进行登记的复文》明确:"侨刊乡讯(在广东省一般称《侨刊》,在福建省一般称《乡讯》)是为了满足海外华侨、华人及港、澳、台同胞怀念故土、思念乡亲的感情需要,由侨乡民间创办的、非盈利性的、公开向海外赠送的报纸和刊物。"2011 年 12 月,新闻出版总署印发的《关于对〈江苏省非时政类报刊出版单位体制改革实施方案〉的批复》指出:"在《改革实施方案》中,《华人时刊》是不具有独立国内连续出版物号的侨刊乡讯,属于地方批准创办的开展对外宣传工作的特殊序列内部资料。""侨刊乡讯"不是正式报刊,但可以刊登广告、征订发行并传播到境外。

连续性内部资料性出版物与"内部报刊"的不同之处在于:① "内部报刊"系依据《报纸管理暂行规定》、《期刊管理暂行规定》、《内部报刊管理原则》等规制经审批后出版,它是报刊中的一个类别(另一个类别是正式报刊),其法律层面的本质属性为出版物；连续性内部资料性出版物系依据《印刷业管理条例》、《出版物印刷管理规定》、《内部资料性出版物管理办法》等法规和规章经审批后创办，其法律层面的本质属性为特殊印刷品。②根据《内部报刊管理原则》和《关于内部报刊管理若干问题的通知》的规定，"内部报刊"主管单位行政级别须厅局级或以上，主办单位行政级别须县级或以上；《内部资料性出版物管理办法》没有对连续性内部资料性出版物主管单位、主办单位的行政级别做出要求。③"内部报刊"可以使用"报"、"刊"或"杂志"等字样；连续性内部资料性出版物严禁使用"报"、"刊"或"杂志"等字样，必须注明"内部资料，免费交流"字样。④连续性内部资料性出版物主办单位严禁与外单位进行协办，"内部报刊"没有这样的限制。

（三）连续性内部资料性出版物与内部发行出版物

正式出版物中有一类不得公开发行，只能内部发行的出版物。这类出版物包括3种情形：一是内容有机密性或出于某种原因需要保密（如公安业务出版物），仅供指定机关、团体和一定级别干部阅读；二是内容无机密性，但公开发行后会对国际关系造成妨碍；三是内容不够成熟或译文质量不够高，出版单位认为不宜公开发行。

连续性内部资料性出版物与内部发行出版物的相同之处在于：①读者定位均具有特定性。连续性内部资料性出版物的读者定位是组织中的组织成员这样一种特定群体，内部发行出版物的读者定位是社会上的特定单位或特定人员。②均严禁公开陈列，严禁征订发行，严禁境外传播，严禁公开宣传。

它们的不同之处在于：①内部发行出版物是正式出版物，使用刊号、书号等正式出版；连续性内部资料性出版物是特殊印刷品，使用"连续性内部资料性出版物准印证号"印制。②内部发行出版物包括报纸、期刊、图书以及其他形式的出版物，连续性内部资料性出版物只有报型和刊型这样两种形式。

③ 内部发行出版物内容具有"不宜公开性";连续性内部资料性出版物内容绝大多数可以公开,有的主办单位在网站发布连续性内部资料性出版物内容,有的主办单位主动将连续性内部资料性出版物年度合订本交送各级公共图书馆供收藏和查阅。
④ 鉴于内容的"不宜公开性",内部发行出版物的读者定位与传播范围基本上是统一的。出版单位在传播时不会将内部发行出版物发行到社会上的"不特定对象",特定对象获得内部发行出版物后应当自觉遵守有关规定,不得通过二次传播使其被社会上的"不特定对象"获得并阅读。由于内容一般不具有"不宜公开性",连续性内部资料性出版物的读者定位与传播范围存在不统一性。主办单位在传播时除了主要将连续性内部资料性出版物发送给组织成员外,还会发送给"组织外特定对象",即与组织或出版物有密切关系的领导机关、客户单位、业内同行、公共图书馆等机构及相关个人。①"组织外特定对象"获得连续性内部资料性出版物后,有时又会通过二次传播使其落到"组织外不特定对象"(即与组织或出版物没有任何关系的社会大众)手中。也就是说,连续性内部资料性出版物的传播范围实际上是不可控的。1950年12月,中央财政经济委员会印发的财经总字1133号文举例指出:《税工研究》虽属机关内部刊物,②但分发范围很广,且有来稿一经刊载除稿费外附赠该期样刊一册的规定,实际上已成为"公开刊物"。

---

① 个别主办单位系涉密单位,其每期连续性内部资料性出版物出版前虽均已通过保密审查,出版后仍规定不宜外传,严格限制在组织内部交流使用。它们可以被定义为"连续性内部资料性出版物中的内部发行出版物"。例如军工企业中航工业金城集团有限公司主办的《新金城》(报型),它被严格限定在企业内部交流使用,电子版只上传单位内网,不上传单位外网。这类连续性内部资料性出版物总体上比例不大。
② 这里提到的"内部刊物"相当于当下的连续性内部资料性出版物。

（四）连续性内部资料性出版物与集刊

集刊是在期刊刊号难以申请获得的情况下，用书号变相出版的期刊形式的出版物。它是中国出版规制体制下一直受到压制但又持续顽强存在的一种出版物类型。学术集刊是集刊队伍中的主力军。近年来出版的有代表性的学术集刊，哲学类有《外国哲学史研究集刊》、《当代国外马克思主义评论》等；法律类有《民商法论丛》、《北大法律评论》等；经济管理类有《制度经济学研究》、《发展经济学论坛》等；文学类有《域外汉籍研究集刊》、《中国诗学》等；外国文学类有《复旦外国语言文学论丛》、《跨文化对话》等；历史类有《中国社会历史评论》、《欧亚学刊》等。它们客观上对推动理论对话、繁荣学术研究发挥了积极作用。

连续性内部资料性出版物与集刊的相同之处在于：① 集刊、刊型连续性内部资料性出版物都是有固定名称、开本的折页连续性纸质载体。② 它们都是在期刊刊号难以申请获得的情况下实现出版需求的可供选择的解决方案之一。

它们的不同之处在于：① 集刊是用书号出版的期刊形式的图书，系正式出版物；刊型连续性内部资料性出版物是用准印证号印制的特殊印刷品，不是正式出版物。② 集刊的刊期、页数有的固定，有的不固定；刊型连续性内部资料性出版物的刊期、页数是固定的。③ 集刊在当前规制下是一种违规出版物。多年来，有关职能部门先后印发《中央宣传部关于重新审查已批准的期刊问题的通知》（1985年）、《关于不得变相出版期刊的通知》（1985年）、《关于制止期刊擅自改变办刊宗旨出刊和出版社用书号变相出刊等做法的通知》（1988年）、《严禁以书号出刊》（1989年）、《关于重申不得以书号出刊规定的通知》（2010年）等一系列文件以及《期刊管理暂行规定》、《期刊出版管理规定》、《图书出版管理规定》等相关规章，制止编印集刊这种"以书代刊"的违规出版行为，但由于种种原因一直收效甚微。 与此相反,连续性内部资料性出版物是一种合法载体。

（五）连续性内部资料性出版物与固定形式印刷品广告（"DM"）

固定形式印刷品广告是指广告经营者发布介绍他人所推销的商品或服务的有固定名称、规格、样式的广告专集。 固定形式印刷品广告一般通过邮寄方式送达目标消费者手中,故又称"直邮广告"(Direct mail advertising),英文简略表述为"DM"。

连续性内部资料性出版物与"DM"的相同之处在于:① "DM"、连续性内部资料性出版物都是有固定名称、开版（开本）的折页或散页连续性印刷品。 ② 发送对象均具有特定性。"DM"的发送对象是商品或服务的目标消费者,连续性内部资料性出版物的发送对象是组织成员和"组织外特定对象"。

连续性内部资料性出版物与"DM"的不同之处在于:① "DM"在本质上是广告,它接受《印刷品广告管理办法》等工商行政法律法规的规范；连续性内部资料性出版物法律层面的本质属性是特殊印刷品,它接受《内部资料性出版物管理办法》等新闻出版法律法规的规范。 ② 广告经营者向工商行政部门提出发布"DM"申请,经行政许可并获颁《固定形式印刷品广告登记证》后方可发布"DM"；主办单位向新闻出版行政部门提出创办连续性内部资料性出版物的申请,经行政许可并获颁《连续性内部资料性出版物准印证》后方可创办连续性内部资料性出版物。 ③ "DM"发布的内容不得含有新闻报道、社会评论、文学作品等非广告信息；连续性内部资料性出版物不得刊登广告。 ④ "DM"在形式上具有报纸或期刊的特征,但不得使用主办、编辑部、编辑等容易与报纸或期刊相混淆的用语；连续性内部资料性出版物客观层面的本质属性系出版物,它可以使用上述用语。 ⑤ 作为广告,"DM"可以公开发送；作为特殊印刷品,连续性内部资料性出版物不得公开发送。

可以看出，在承载内容（"DM"只能发布广告，连续性内部资料性出版物不得刊登广告）、发送方式（"DM"可以公开发送，连续性内部资料性出版物不得公开发送）这两个方面，"DM"和连续性内部资料性出版物具有截然相反的特性。现实生活中，有的广告经营者为了提高"DM"的可读性和吸引力，擅自突破管理规定，其制作发布的"DM"从形式特征到承载内容都非常接近期刊，以致出现"DM杂志"这个在法律上根本站不住脚的称谓。2007年1月，新闻出版总署就"DM"《名酒世界》鉴定情况进行通报。新闻出版总署认为，《名酒世界》虽持有《固定形式印刷品广告登记证》，但标有"社长"、"总编辑"、"编辑部"等字样，且绝大多数都是非广告内容，具有期刊的基本特征，应属期刊。根据《出版管理条例》、《期刊出版管理规定》、《出版管理行政处罚实施办法》相关规定，认定其为非法出版物。[①]

2007年2月，国家工商行政管理总局、新闻出版总署联合印发《关于加强固定形式印刷品广告监督管理工作的通知》，旨在规范广告市场秩序和出版管理秩序，打击利用"DM"从事非法出版活动的行为。

（六）连续性内部资料性出版物与灰色文献

在1997年举行的第3次国际灰色文献会议上，与会代表就灰色文献的定义达成共识："灰色文献（Grey literature）系指由各级政府部门、学术机构、工商企业生产的印刷或电子形式资料，生产者主业不是出版，生产目的不是获取商业出版利益。"[②]

---

① 新闻出版总署出版物市场监管局.出版物市场监管工作动态，2007（2）．
② Aina L O. Grey literature and library and information studies: A global perspective [J]. International Journal on Grey Literature, 2000, 1(4): 179-182.

灰色文献品种繁多，包括非公开出版的政府文献、学术报告、学位论文、会议文献、贸易文件、科技报告、技术档案、考察报告、成果汇编、内部资料、产品资料等。它领域广泛，内容丰富，形式多样，报道迅速，具有特殊的参考价值。[①] 灰色文献的外延包括内部资料性出版物。它没有"合法性"的内在要求。在灰色文献范畴，获得行政许可并领取《准印证》的连续性内部资料性出版物与未获行政许可"无证"印制的具有连续性内部资料性出版物特征的纸质载体，[②]其地位和价值是彼此相当的。连续性内部资料性出版物占灰色文献的绝大多数。[③]

1.3.3 研究内容

本书将连续性内部资料性出版物规制与连续性内部资料性出版物出版紧密结合，旨在从规制对象及其实践角度更好地审视规制的特点、局限性以及发展变化。

（一）关于连续性内部资料性出版物规制理论基础的研究

通过深入分析政府规制理论、日常生活理论、公共产品理论、非营利组织理论等相关理论，认识和把握连续性内部资料性出版物的本质特点、连续性内部资料性出版物规制的理论依据以及连续性内部资料性出版物研究的价值意义，发现并洞悉现行连续性内部资料性出版物规制的局限性，为连续性内部资料性出版物规制创新提供理论储备和支撑。

（二）关于连续性内部资料性出版物基本价值的研究

通过研究连续性内部资料性出版物的法律渊源、存在原

---

① 邢志义.略谈非正式出版物的开发与利用［J］.农业图书情报学刊，1992（3）：25.
② 田建设.法学类灰色文献资料的收集与利用［C］//全国高校社科信息资料研究会.第12次理论研讨会论文集，2008：37.
③ 马学立.灰色文献内涵与外延的辨析及界定——关于文献等级结构研究系列之三［J］.图书馆建设，2003（1）：14.

因、基本特征和主要功能，指出连续性内部资料性出版物具有存在的必然性，它与报刊一道共筑连续性出版物出版的互动场。

（三）关于连续性内部资料性出版物规制及其变迁的研究

在对江苏省及省辖市连续性内部资料性出版物规制变迁进行全面梳理的基础上，总结分析规制变迁的原因、方式、特征和局限性，为国家层面的规制创新提供经验借鉴和参考。

（四）关于规制视角下江苏省连续性内部资料性出版物出版现状及存在问题的研究

对江苏省连续性内部资料性出版物发展状况及存在问题进行全面梳理，力图反映出版全貌并揭示出版与规制之间的互动关系，在此基础上归纳出规制创新的方向和路径。

（五）关于连续性内部资料性出版物规制创新的研究

对连续性内部资料性出版物规制创新的目标、原则、思路等进行系统研究，为顶层设计供给方案选项。

1.4 研究综述

1.4.1 国内研究综述

由于思维惯性，不少研究连续性内部资料性出版物的论文仍在使用"企业报"、"内刊"、"内部报刊"等不规范的称谓。2014年9月3日，本书作者利用"CNKI·中国知网"进行文献检索。以"企业报"为检索词共检索到文献8037篇，以"内刊"为检索词共检索到文献1035篇，以"内部报刊"为检索词共检索到文献771篇，以"连续性内部资料"为检索词共检索到文献159篇，以"连续性内部资料性出版物"为检索词共检索到文献78篇。国内关于连续性内部资料性出版物的研究主要集中在内容研究、价值和作用研究、数字化研究、存在问题研究等方面。

关于连续性内部资料性出版物内容的研究。彭雯峰在硕士学位论文中对《金地物业》(主办单位深圳市金地物业管理有限公司)载文内容进行定量分析,总结出其以下几个特点:一是宣传企业中心工作,凝聚企业上下发展共识;二是传播最新科技知识,提升员工业务素质;三是刊发基层意见建议,助力公司迎接市场竞争;四是聚焦先进人物事迹,弘扬健康向上的组织文化。这些特点在深圳市市属"企业报"中具有一定代表性和典型性。[①] 刘文文在内容分析和受众调查基础上,针对核心型企业连续性出版物普遍存在的问题提出 4 点改进建议,即"信息梳理板块:打造丰富的信息组合"、"典型报道板块:唱响主旋律"、"专题报道板块:选题为赢,深度报道"、"两翼(即行业信息板块、服务互动板块):建立气质识别力"。[②]

关于连续性内部资料性出版物价值和作用的研究。周云倩认为,企业"内刊"目标受众是组织内外特定受众群(包括企业内部职工、客户、供应商、相关部门等),它肩负着宣传报道、舆论引导、上情下达、形象塑造、产品推介等重任,甚至被企业当作"不见面的指挥员"。[③] 张明霞认为,企业"内刊"具有记录企业发展历史、传递和交流企业信息、塑造企业文化、参与企业管理等功能和作用,企业"内刊"本体价值的提升途径是不断增强其专业性、独立性、人文性和可读性。[④] 贺翠卿等人从档案角度对连续性内部资料性出版物进行研究。她们指出,保密性和可开发性是连续性内部资料性出版物档案价值的

---

① 彭雯峰.论企业报——结合深圳的企业报作实证研究[D].南宁:广西大学,2002.
② 刘文文.组织传播和大众传播视角下的企业报刊研究[D].济南:山东大学,2009.
③ 周云倩.组织传播视阈下的企业内刊现象[J].今传媒,2007(3):23-24.
④ 张明霞.企业内刊的价值研究[D].太原:山西大学文学院,2012.

重要表现。连续性内部资料性出版物只要进入档案，其完整性和安全性就会得到可靠保证。作为现实成果，它们具有应用价值；作为历史凭证，它们具有研究价值。作者建议有关部门加强对连续性内部资料性出版物的收集、整理和归档工作，使其成为真正的档案门类之一。① 缪晓明认为，与公开出版物相比连续性内部资料性出版物具有针对性强、专业性强、认同感强、时效性强等优势，能够满足人们多样化、多层次、多方面的精神文化需求，这使得其价值凸现。为进一步放大连续性内部资料性出版物的价值，应提高重视程度，加大管理力度，走规范化、职业化、现代化、多样化发展道路。②

关于连续性内部资料性出版物数字化的研究。王秋艳和聂晶磊研究发现，宁波企业"内刊"多为印刷版，拥有网络版的企业"内刊"不到一半，尚未出现采取"手机报"、"手机刊"方式进行传播的企业"内刊"。她们建议企业"内刊"充分借助互联网快捷性、广泛性和大众性的优势，通过论坛、在线问答、社区俱乐部等形式加强与读者的互动，扩大读者群，提高影响力。③ 杨然认为，电子版与纸质版是一种相互滋长的关系。企业"内刊"可以利用互联网带来的传播契机搭建交互平台，一些热点话题网络交互式讨论后再在纸质版发表，使得纸质版内容更丰富、思想更深刻，达成最佳传播效果。④ 王首程从运作和管理两个角度对连续性内部资料性出版物数字化进行

---

① 贺翠卿，支良菊，李洁.浅谈内部资料性出版物的档案价值[J].山东档案，2001（1）：41-42.
② 缪晓明.内部资料性出版物价值探究[J].安徽警官职业学院学报，2004（5）：86-88.
③ 王秋艳，聂晶磊.宁波企业内刊的发展现状与对策[J].全国新书目，2012（7）：39-43.
④ 杨然.组织传播视角下的企业内刊研究——以《浙江物产集团报》为例[D].杭州：浙江大学，2011.

研究。首先,他认为微博开通简便、功能强大、维护经济,有利于组织成员、管理层、编者之间的互动交流,建立官方微博应该成为连续性内部资料性出版物数字化的首选举措。其次,数字化必然冲击行政许可制度、日常审读制度、年度核验制度、分级管理制度、主管主办制度等制度,连续性内部资料性出版物现行管理制度面临挑战。①

关于连续性内部资料性出版物存在问题的研究。存在问题主要包括出版问题和规范问题。出版问题方面。李锦云等人指出,在石家庄市新闻出版行政部门和石家庄市书报刊出版协会的规范指导下,石家庄市连续性内部资料性出版物出版工作取得了突出成绩,但是同河北省、石家庄市经济社会发展要求相比,同连续性内部资料性出版物应当发挥的作用相比,仍然存在不容忽视的问题。问题之一是出版定位和创办宗旨不够明确。表现形式是有的连续性内部资料性出版物针对性不明确,系统或行业特征不明显,专栏设置不合理,内容比较分散。问题之二是出版质量和编辑水平有待提高。表现形式是个别连续性内部资料性出版物对上级重要工作部署不敏感,对组织内部的热点、难点、焦点问题反应迟缓,不能及时组织开展宣传引导;部分连续性内部资料性出版物总体策划重视不够,领导讲话多,评论文章少,标题制作不讲究,语言表述不恰当,甚至存在错别字、标点错误、文句不通等问题。②在以《山西出版传媒》为主要研究对象的硕士学位论文中,张婷深入剖析了"内刊"出版中普遍存在的4种问题,即"定位模糊,缺少战略思考"、"内容贫乏,可读性差"、"编辑、通讯员队伍缺乏专业

---

① 王首程."内部资料"的数字化转型[J].新闻与写作,2012(3):38-40.
② 李锦云,邢香菊,董孟怀.内资的作用及其存在的问题——以石家庄市内资为例[J].新闻爱好者,2012(8下):58-60.

培养"和"存在泛文化论倾向"。① 规范问题方面。 林少珍针对广东省部分连续性内部资料性出版物留存"内部报刊"痕迹,时常出现违规行为,导致出版秩序有点"乱"的实际情况,就规范管理提出"实施责任保证书制度,实现被动管理向积极管理转变"、"建立准入机制和淘汰机制,争取达到动态平衡"、"组织开展审读工作,建立日常监督机制"、"集中审批,分级管理,建立完善行政管理体系"、"组织评优活动和培训活动,努力提高出版质量"等5点对策建议。② 钱昭楚和梁维敏认为连续性内部资料性出版物存在管理标准缺失问题,主要表现在两方面:一是审批时判断主办单位是否具备必需的人力物力条件没有量化标准,二是编校质量是否依据《图书质量管理规定》等规制中的相关标准没有明确规定。 为尽快提高连续性内部资料性出版物规范管理水平,除明确相关管理标准外,他们提出了3项破解之道:一是发挥行业协会作用,实行自律管理;二是建立信息公开制度,推动社会监督;三是将连续性内部资料性出版物的申办和出版正式纳入报刊管理体系,为管理规范化、系统化、科学化创造条件。③

国内连续性内部资料性出版物研究已经取得不少进展,同时存在不容忽视的不足之处。

一是定性分析多定量分析少。 除《组织传播视角下的企业内刊研究——以〈浙江物产集团报〉为例》等几篇硕士学位论文以及《宁波企业内刊的发展现状与对策》等极少数几篇论文

---

① 张婷.出版集团企业内刊办刊策略分析——以山西出版传媒集团为例[D].太原:山西大学,2012.
② 林少珍.广东省连续性内部资料的现状与管理对策[D].广州:暨南大学,2003.
③ 钱昭楚,梁维敏.论连续性内部资料的出版和规范[J].农业图书情报学刊,2010(9):221-226.

外，绝大多数研究成果采用的都是定性分析的研究方法，研究方法显得过于单一。

二是出版研究多规制研究少。检索发现，目前大多数研究成果均围绕连续性内部资料性出版物的出版问题，尚无关于"连续性内部资料性出版物规制"的著述。与连续性内部资料性出版物规制相关的研究成果集中在行政管理方面。但是，规制与行政管理毕竟不是同一回事。

三是中文文献多外文文献少。国外针对内刊的专题研究起步早、成果多、质量高。可是，国内目前还没有一件关于连续性内部资料性出版物的研究成果直接参考国外文献。有的作者在文中提及西方关于内刊的研究论述，它们均转引自翻译过来的企业文化或公共关系方面的西方著作。①

1.4.2 国外研究综述

国外把与我国连续性内部资料性出版物相类似的出版物类型称作"House organ"，一般译为"内刊"。它还有其他称谓，如 House journal、Staff journal、House publication、Plant publication、Internal publication、Shop paper、Plant paper、House magazine、Employee magazine、Company sponsored magazine,等等。"维基百科"将内刊定义为企业为其雇员或客户出版的连续性出版物。"维基百科"认为内刊有两种类型，一种是内向型内刊，供企业雇员阅读，是雇员与管理层之间的交流渠道；另一种是外向型内刊，供企业客户阅读，它们有的是免费发放的定期简讯（Free regular newsletter），有的是收费商品（Commercial product）。"House magazine"在《新时代英汉大词典》里的释义

---

① 李想.企业内刊的网络化传播研究［D］.郑州：郑州大学，2010：3-4.

是:"(专业团体等的)内部出版物;商行内部报刊[亦作House organ]"。①

国外报刊出版一般实行注册登记制。主办机构向政府部门注册后即可创办,无须申请批准。这是一种较为宽松自由的出版制度。②出版内刊则既不需要注册登记更不需要行政审批,对于内刊本身也没有读者定位、广告刊登、定价收费、发行范围等方面的限制性规定,主办机构的自由度和自主权较大。内刊在西方被各类组织广泛使用,已成为组织本质的一部分。仅在1980年,美国企业为出版内刊支付的费用就超过一亿美元。国际商业传播者协会(The International Association of Business Communicators)根据调查得出结论,1986年美国、加拿大两国内刊总发行量达2.28亿份,是两国日报总发行量的3倍。③在美国,它走进了7500万个家庭。

西方国家内刊研究起步较早。例如,1920年The HW Wilson Company就出版过名为 *Employees' magazines for factories, offices, and business organizations* 的图书。总体来看,西方内刊研究主要有本质研究、作用与功能研究、变迁史研究、局限性研究等几大主题。

关于内刊本质。Griffiths认为内刊是一种文化产品,它既是组织文化的组成部分,也是组织文化建立、传递、感知和变

---

① 张柏然.新时代英汉大词典[M].北京:商务印书馆,2004:1141.
② 牛静.国外报纸出版制度评析[J].东南传播,2010(1):51.
③ Clampitt P G, Crevcoure J M, Hartel R L. Exploratory research on employee publications [J]. Journal of Business Communication, 1986,23:5.

化的"晴雨表"。① Marchand 认为内刊是资本主义福利措施的组成部分,可以借此"收购"灵魂、强化身份。他研究指出,在内部措施、主动精神和劳资关系的框架内,企业灵魂和形象可以通过内刊进行构建。② Jacoby 认为美国企业内刊强化了"一个快乐大家庭"的福利信息。③ Phillips 指出,内刊是"意义构建象征性标志"的一个部分,它包含神话、隐喻、形象回溯和道德标准。个体在组织认同上达成共识,并且在共同分享和普遍存在的价值观上形成一致后,内刊会以组织记忆的方式引导个体采取明智和传统的行事方式。④ Patmore 和 Rees 认为内刊是管理层、雇员、公众之间围绕企业政策和活动进行交流的手段。⑤

关于内刊作用与功能。主要有 4 种观点。一是塑造企业文化。Phillips 认为内刊的功能是培育企业精神、忠诚、自豪感

---

① Griffiths J. 'Give my regards to Uncle Billy…':The rites and rituals of company life at Lever Brothers [J]. c. 1900—c. 1990. Business History, 1995 (4): 35.
② Marchand R. Creating the corporate soul: The rise of public relations and corporate imagery in American big business [M]. Berkeley: University of California Press, 1998: 15-26.
③ Jacoby S M. Employing bureaucracy: Managers, unions and the transformation of work in American industry, 1900—1945 [M]. New York: Columbia University Press, 1985: 50.
④ Phillips S. 'Chemists to the Nation': House magazines, locality and health at Boots The Chemists 1919—1939 [J]. Management & Organizational History, 2008, 3 (3/4): 242-243.
⑤ Patmore G, Rees J. Employee publications and employee representation plans: The case of Colorado Fuel and Iron, 1915—1942 [J]. Management & Organizational History, 2008, 3 (3/4): 257.

和效率。① 二是获取员工认同。 Clampitt 及其同事的研究结论为"内刊的主要功能是员工认同"。 他们这个观点赢得了内刊编辑的广泛认同。 超过 90%的受访内刊编辑表示，他们所做的工作实际上是发表雇员认同方面的文章，这类文章的比重在各类文章中居于首位。② 三是宣传组织政策。 Wrigh 在对澳大利亚企业内刊进行研究后指出，战后澳大利亚企业内刊的主要作用是向雇员传递企业政策，即构建老板与工人之间的合作伙伴关系、追求更高产量和更低成本、实现企业利润等。③ 四是沟通劳资关系。 内刊又叫雇员期刊。 内刊提供了一个上下交流的平台。 就工人而言，通过内刊可以克服企业规模过大带来的不安感和异化感；就管理层而言，能够借助内刊向不断增长的劳动力传递企业哲学。④

关于内刊史。 Patmore 及其同事研究了科罗拉多燃料与铁公司（CFI）内刊 1915—1942 年间的发展变化。 他们指出，内刊是向雇员及大众宣传公司自由劳动政策的重要媒介。 *Industrial Bulletin*（1915—1929）清晰完整地记录了公司"雇员代表计划"（ERP）和福利政策，其停刊后的后续者 *The Blast*（1930—1942）虽然宣传重心、出版形式、题材类型、运作方式等发生变化，但仍然是促进 ERP 以及公司福利政策、管理哲

---

① Phillips S. 'Chemists to the Nation': House magazines, locality and health at Boots The Chemists 1919—1939 [J]. Management & Organizational History, 2008, 3 (3/4): 252.
② Clampitt P G, Crevcoure J M, Hartel R L. Exploratory research on employee publications [J]. Journal of Business Communication, 1986, 23: 5-17.
③ Wright C. The management of labour: A history of Australian employers [M]. Melbourne: Oxford University Press, 1995: 58.
④ Riley S G. Corporate magazines of the United States [M]. New York: Greenwood Publishing Group, 1992: 1-281.

学的重要手段。28年来，管理层将"庸常化策略"（Trivialization strategy）与"屈就化策略"（Capitulation strategy）结合起来运作内刊的方法没有变，内刊为公司服务的宗旨也没有变。他们的研究深刻揭示了时代变迁、企业自身变迁大背景下内刊的变与不变。[1] Riley认为，内刊的发展变化象征性地反映了企业、社会、劳动关系以及企业战略的发展变化。例如美国联合航空公司创办的内刊，其刊名经历了从 *Mainliner*（1957）到 *United*（1983）再到 *Vis a Vis*（1987）的变化过程。其中，*Vis a Vis* 针对的是竞争对手主办的 *Gourmet and Town and Country*。[2]

关于内刊局限性。Drott等在研究了266种美、英、法等国家企业主办的知名度平平的技术性内刊后指出，技术性文章在企业内刊发表后二次文献率很低，企业内刊很少被算作标准期刊。[3] Clampitt和他的同事们研究认为，内刊采取"庸常化策略"（即发布无害的、琐碎的、无可厚非的新闻），聚焦要命的"3b's"题材（即"Bowling scores"、"Babies"和"Birthdays"）以平衡管理层、编辑人员、企业雇员这3类主要利益相关者的需求。对53种内刊的内容分析表明，雇员认同、人事变化这类契合"庸常化策略"的文章在大多数内刊中占主要地位。CEO评论、"你问我答"、组织发展规划、合作方式案例分析等

---

[1] Patmore G, Rees J. Employee publications and employee representation plans: The case of Colorado Fuel and Iron, 1915—1942 [J]. Management & Organizational History, 2008, 3 (3/4): 257 - 272.

[2] Riley S G. Corporate magazines of the United States [M]. New York: Greenwood Publishing Group, 1992: 1 - 281.

[3] Drott M C, Bearman T C, Griffith B C. The hidden literature: The scientific journals of industry [J]. Aslib Proceedings, 1975, 27 (9): 376 - 384.

内容在大部分作为内容分析对象的内刊中明显欠缺。①

内刊研究人员中不少人来自大学，他们是研究质量和理论深度的可靠保证。概括起来讲，西方内刊研究具有理性化、整合化、定量化等显著特点。

理性化。注意运用相关理论对内刊进行深度研究。Phillips 运用"企业灵魂构建模型"（Model of the creation of a corporate soul）和"组织意义构建类型理论"（Typology of organizational sensemaking）研究两次世界大战期间内刊 The Bee 是如何传播到零售店员手中，以及公司"走向全国的药店"愿景是如何助力消费者健康福利和公司分支机构所在城市的。研究结果表明，内刊可以用来向雇员和客户展示企业灵魂，可以用来突出企业在当地社会发挥的重要作用。②

整合化。即从完整媒介史角度出发，将作为大众传播媒介的报刊与作为组织传播媒介的内刊放在共同背景下进行整体研究。Heller 指出："研究内刊对于理解 19 世纪末、20 世纪初英国媒介以及大型企业很重要。就前者而言，它展现了印刷媒介存在的普遍性和作用的多面性。除了地方社区、市民社会和国家层面，印刷媒介能够顺利栖身工作和组织空间。内刊与报刊形式相当且功能相近，均能发挥构建社区、传播信息和观念的

---

① Clampitt P G, Crevcoure J M, Hartel R L. Exploratory research on employee publications [J]. Journal of Business Communication, 1986, 23: 6-8.
② Phillips S. 'Chemists to the Nation': House magazines, locality and health at Boots The Chemists 1919—1939 [J]. Management & Organizational History, 2008, 3 (3/4): 239-255.

作用。"①他认为内刊必须定位在印刷媒介的传统之中。研究中他专设一节"Media history and company magazines，1880 - 1939"，指出这个阶段是英国报业的全盛期和期刊业的蓬勃发展期，为内刊的出现提供了背景和条件；与此同时，内刊的出现也反映了媒体环境较为广阔的发展。②

定量化。Hartz 和 Habscheid 选择德国一家大型汽车企业的 3 种内刊作为研究对象。他们以 3 种内刊 2004 年和 2005 年的语料库为基础，采用"批评话语分析"（Critical discourse analysis/CDA）方法对其主题群进行定量分析。分析结果显示，每种内刊都存在一个"统一话语"（Discourse of unity）模式。该话语模式的特点是：选择话语时态形式；符合受众理性行为；迎合读者感情需求；反映雇员生活世界。"统一话语"模式旨在淡化潜在斗争，促进持不同观点的组织成员相互认同。③

1.5 理论基础

1.5.1 现代出版理论

（一）现代出版理论概述

人类的出版活动经历了漫长发展过程，但是，以形成较为系统的知识体系为标志的现代出版理论则是 20 世纪中期以后逐

---

① Heller M. British company magazines，1878—1939：The origins and functions of house journals in large-scale organisations [J]. Media History，2009，15（2）：161.
② Heller M. British company magazines，1878—1939：The origins and functions of house journals in large-scale organisations [J]. Media History，2009，15（2）：145 - 147.
③ Hartz R，Habscheid S. "Ready to roll up their sleeves"——Creating scenarios of unity in employee magazines [J]. Intervention Research，2006（2）：19 - 36.

渐发展起来的。中外学者关于现代出版理论的研究主要集中在以下4方面。

① 出版内涵。 中外学者从不同角度研究出版活动，对出版内涵形成不同认识。联合国教科文组织1952年讨论通过、1971年修订发布的《世界版权公约》对"出版"的定义是：可供阅读或者通过视觉可以感知的作品，以有形的形式加以复制，并把复制品向公众传播的行为。第15版《不列颠百科全书》的表述是："出版是一种对文字或视觉材料进行选择、加工、发行的工作。它已经从微小、古老的开端发展成为传播各种文化载体的巨大而复杂的产业。它对人类文明的影响是难以估计的。"①美国《出版词典》对"出版"的解释是："制作并向公众销售或发行书面作品的活动。虽然通常指的是印刷型作品……新技术可以使人们不再像以前那样进行排版或印刷，可直接在电子网络上出版。"②林穗芳认为，"出版"是"选择文字、图像或音响等方面的作品或资料进行加工，用印刷、电子或其他复制技术制作成为书籍、报纸、杂志、图片、缩微制品、音像制品或机读件等以供出售、传播。现代出版工作包含编辑、制作、发行、管理等环节"。若采用概括说法，"出版"就是"选择作品复制发行"。③罗紫初认为，"出版"就是将知识信息产品经过加工后以商品生产形式大量复制在一定物质载体上，并使其广泛传播的过程。④师曾志把"出版"定义为将文字、图画、声音、图像、数字或符号等信息知识记录在一定介

---

① The new encyclopaedia britannica [M]. 15th ed. Chicago：Encyclopaedia Britannica，Inc.，2002：415.
② Brownstone D M，Franck R M. The dictionary of publishing [M]. New York：Van Nostrand Reinhold Company，1982：225.
③ 林穗芳.明确"出版"概念，加强出版学研究 [J]. 出版发行研究，1990(6)：13-19.
④ 罗紫初.出版学基础 [M]. 太原：山西人民出版社，2005：2.

质上，进行复制并向公众传播的行为。① 综合中外学者关于出版内涵的认识，"出版"包括以下3方面基本内容：一是对已有作品进行选择、整理和加工，使其成为出版物母本的过程；二是对出版物母本以一定载体形式进行大量复制，使其成为可供大众消费的出版物的过程；三是对出版物进行销售，使其传送到大众读者手中的过程。 从传播角度分析，出版具有传播内容的公开性、传播受众的隐匿性、传播流向的单向性、传播速度的快捷性、传播目的的营利性等特点。

② 出版性质。 出版活动的成果是出版物。 关于出版物有如下定义："出版物是以知识信息等精神内容为内核、以编辑加工为保证、以文字图像等为符号、以印刷复制为手段、以物质载体为依托、以社会传播为目的的物质产品。"②在精神内容、编辑加工、物质形式、③社会传播等出版物的4个基本要素中，精神内容和物质形式是基本要素中的根本要素。 出版物是精神内容与物质形式的有机统一。 它既是精神产品也是商品（物质产品），④这决定了它的性质具有两重性：既有意识形态属性，⑤也有商品属性（经济属性）。⑥ 意识形态属性与经济属性在对立统一中的地位和作用是不同的。 其中，意识形态属性处于主导和决定地位，经济属性处于次要和从属地位。 与出版物性质的两重性密切相关，出版物生产性质也具有两重性，它既

---

① 师曾志.现代出版学［M］.北京：北京大学出版社，2005：28.
② 张志强.现代出版学［M］.苏州：苏州大学出版社，2003：164-165.
③ 物质形式是表述符号、记录方式、物质载体三位一体的有机统一。
④ 刘杲.出版笔记［M］.石家庄：河北教育出版社，2006：23.
⑤ 姚德权.基于执政安全视野的新闻出版规制问题研究［D］.长沙：湖南师范大学，2005：摘要.
⑥ 许嘉璐.总序［M］//张志强.现代出版学.苏州：苏州大学出版社，2003：1.

是精神生产也是物质生产。美国学者 Dessauer 指出："正如我们注意到的，图书出版既是文化活动，又是商业活动。书籍是思想的载体、教育的工具、文学的容器，但书籍的生产和销售又是一种需要各种财力和管理者、企业家技能的商业活动。"①

③ 出版功能。一是政治功能。主要表现为维护现存政治制度、政治权力的合法性，推动社会民主法制进程，对权力机关进行舆论监督，为新的政治制度、政治权力制造舆论，等等。二是文化功能。包括文化选择功能、文化生产功能、文化传播功能和文化积累功能。文化选择功能是通过编辑加工实现的。不论是对选题还是对作品进行编辑加工，都是一种去劣存优的文化选择行为。文化生产功能是出版物生产性质决定的。它不仅表现为出版活动自身由一系列文化创造活动组成，而且表现为出版活动能为其他创造活动（如科技、文学、艺术、建筑、服饰等）的发展提供条件。所以，出版业发展状况可以作为衡量文化发展水平的标志之一。文化传播功能是通过出版物的批量生产和广泛传播实现的。文化积累功能是通过出版物为旧文化的保留和新文化的增长创造条件实现的。三是经济功能。包括3方面内容。从产值构成角度来看，出版活动通过出售产品或版权直接创造产值，构成国民经济总产值的重要组成部分；从经济促进角度来看，出版活动通过传播知识提高劳动者素质，促进社会生产力发展；从经济服务角度来看，出版活动通过传递信息为经济决策提供信息服务。四是社会功能。是指对社会环境具有的功用，主要表现在社会交流、大众教育、消遣娱乐等3方面。②

---

① Dessauer J P. Book publishing: What it is, What it does [M]. 2rd ed. New York: Bowker Company, 1981: 13.
② 张新华. 转型期中国出版业制度分析 [M]. 北京：中国传媒大学出版社, 2010: 21-22.

④ 出版特征。 现代出版业既是国家的文化部门,也是国民经济的产业部门。 首先,出版业是文化产业。 2004年,国家统计局在与中宣部等部门共同研究的基础上制订了《文化及相关产业分类》,它将文化及相关产业分类界定为"为社会公众提供文化、娱乐产品和服务的活动,以及与这些活动有关联的活动的集合"。 根据这个界定,出版业是文化产业的重要组成部分。 截至2011年年底,我国新闻出版企业总产出达1.5万亿元,营业收入1.46万亿元,占核心文化产业的60%,与2002年相比翻了三番。① 其次,出版业是信息产业。 不论是书报刊等传统出版物还是音像、电子、网络等新兴出版物,都是各种知识信息的载体。 出版业作为生产和传播信息产品的专门行业,具有信息产业的一般特征。 目前,西方发达国家已将通讯、广播、电视等13种行业划归信息产业,其中包括出版业。最后,出版业是知识密集型产业。 出版业从事的是加工初始知识信息并生产销售知识信息产品的生产经营活动。 从生产要素集中程度来看,它具有知识密集型产业的特征。 出版业对从业人员文化知识素养要求较高。 在内容创作、编辑加工、装帧设计、印刷复制、宣传发行等环环相扣的出版流程中,知识与技术是影响和制约出版业发展的重要因素。 知识经济时代,出版业作为知识创作与知识消费之间桥梁的作用更加显著。②

(二) 社会主义出版工作的"双效原则"

出版物生产性质的两重性决定了出版物生产价值实现的两重性:既有社会效益,也有经济效益。 任何国家的出版业都是

---

① 柳斌杰.当好文化产业主力军——十年来我国新闻出版业的改革发展[EB/OL].(2012-09-03)[2015-05-27]. http://www.gov.cn/jrzg/2012-09/03/content_2215526.htm.

② 张新华.转型期中国出版业制度分析[M].北京:中国传媒大学出版社,2010:22-23.

为自己国家利益服务的，绝无功利的出版事业从来不存在。①在处理社会效益与经济效益关系的问题上，我国出版工作遵循的是"双效原则"。作为"两点论"与"重点论"相结合的产物，"双效原则"是在融合出版性质、特征、规律后确立的一项出版原则，也是与诸多现实问题联系最紧密的一项出版原则，它是社会主义出版工作最重要的原则之一。《出版管理条例》（2011年修订版）第四条规定："从事出版活动，应当将社会效益放在首位，实现社会效益与经济效益相结合。"

① 社会效益离不开经济效益。党的十六大报告指出："当今世界，文化与经济和政治相互交融，在综合国力竞争中的地位和作用越来越突出。"当前，西方发达国家通过各种渠道向我国进行文化渗透，在大赚其钱的同时又企图冲击和消解我国的民族文化和民族精神。面对世界范围各种思想文化的相互激荡，只有大力发展出版产业、提高经济效益，才能有效抗击国际文化霸权并积极维护民族文化安全。经济效益不仅仅是一种利润指标，在很大程度上还反映着出版物的发行量和影响力。没有一定的发行量，没有一定的传阅率，任何出版物的思想内涵都难以传播，其宣传教育作用也无法实现。那些"政府是投资主体，领导是基本观众，得奖是主要目的，仓库是最终归宿"的出版物，既没有经济效益，也谈不上有什么社会效益。只有大量出版并广泛传播思想精深、艺术精湛、制作精良的各类出版物，才能使中国特色社会主义理论深入人心、深得人心，才能增强中华民族的凝聚力和创造力，才能提高我国的文化软实力和综合国力。②

---

① 许嘉璐.总序[M]//张志强.现代出版学.苏州：苏州大学出版社，2003：1.
② 宋木文.亲历出版三十年——新时期出版纪事与思考（下卷）[M].北京：商务印书馆，2007：604.

② 经济效益离不开社会效益。人们购买出版物，目的是阅读其精神内容以充实提高自己。因此，精神内容是经济效益的源泉和基础。邹韬奋先生曾经深刻指出："如果因为顾到商业性而对于文化食粮的内容不加注意，那也是自杀政策，事业必然要一天天衰落，商业也将随之而衰落，所谓两败俱伤。"[①]个别出版单位只顾眼前利益，忘却了出版业的精神追求，放弃了出版业的文化本位，其最终结果必然是失去长远利益。有识之士指出，造成日本"出版大崩溃"（出版泡沫）的主要原因之一，就是放弃了出版的文化追求，过分看重眼前的经济收益和商业利益。这个教训是相当深刻的。[②]

③ 坚持将社会效益放在首位。社会效益与经济效益之间的关系是同一性与对立性的有机统一。同一性表现为，在大多数情况下社会效益与经济效益是相互依存、相互促进的；对立性表现为，有的时候社会效益与经济效益之间存在着背离和矛盾。其中，同一性处于主导地位，它是两个效益结合的基础；对立性位于次要方面，它要求经济效益服从社会效益，坚持将社会效益放在首位。党的十四届六中全会《决议》指出："要坚持把社会效益放在首位，力求实现社会效益和经济效益的最佳结合。"刘杲同志指出："发展出版产业的目的在于更好地建设有中国特色的社会主义文化；其着眼点首先是文化，其次才是经济。归根到底，只有通过出版物实现了为经济发展和社会全面进步提供精神动力和智力支持的重任，又同时壮大了出版事业自身，才能完整地体现出版对增强综合国力的巨大促进作

---

① 张庆锟.两个效益可以而且应该统一起来——学习韬奋同志出版思想点滴体会 [J].河北财经学院学报，1994（1）：86.
② 安静.关于出版业"两个效益"关系问题的再思考 [J].河南社会科学，2006,14（5）：236.

用，也才能完整地体现出版也是'综合国力的重要标志'。"①

（三）"双效原则"视野下的连续性内部资料性出版物

连续性内部资料性出版物是用于组织内部指导工作、交流信息的组织传播媒介。②从精神内容、编辑加工、物质形式、社会传播等出版物构成4要素的角度进行考量，连续性内部资料性出版物客观本质属性系出版物。这一点毫无疑问。作为典型的具有中国特色的出版物类型，连续性内部资料性出版物必须遵循社会主义出版工作的"双效原则"。

连续性内部资料性出版物的意识形态属性是精神产品，经济属性是非营利性公共产品。主办单位创办连续性内部资料性出版物的目的是为组织建设和组织成员服务，而不是获取经济利益。连续性内部资料性出版物不得定价，不得刊登广告，不得征订发行，大多数连续性内部资料性出版物的出版经费来源于主办单位，少数连续性内部资料性出版物在依靠主办单位提供出版经费的同时，通过服务收费、会员会费、社会捐赠等途径补贴出版经费缺口。因此，连续性内部资料性出版物的"双效关系"，即社会效益与"经济效益"（来自组织外部的经费补贴）之间的关系，与正式出版物的"双效关系"相比迥然有别。就连续性内部资料性出版物而言，"双效原则"中的社会效益处于绝对主导、绝对优势和绝对首要的位置。

出版内容和出版质量是社会效益的落脚点，出版从业人员是社会效益的支撑点。由于连续性内部资料性出版物具有存在的广泛性、传播的内部性、受众的小众性等特点，故其社会效益的实现路径与正式出版物相比既有联系也有区别。

① 出版内容。出版物中的知识信息等精神内容必须坚持以

---

① 刘杲.出版笔记[M].石家庄：河北教育出版社，2006：40.
② 组织是一个"小社会"。

马克思列宁主义、毛泽东思想、邓小平理论为指导，坚持正确的政治方向和舆论导向，为人民服务，为社会主义服务。出版内容是执行特殊性禁止规定和一般性许可规定的产物。所谓特殊性禁止规定，主要是指法律、法规和规章做出的内容禁载规定，禁载内容的监督职责主要由新闻出版行政部门承担；所谓一般性许可规定，主要是指禁载内容以外的内容均可刊载的规定，刊载内容在科学文化上的是非、高低、优劣评价，主要由广大读者进行。这方面，主办方、编辑、作者、读者可以各抒己见，自由讨论，实行百花齐放、百家争鸣的方针，以达到坚持真理、修正谬误的目的。① 在执行特殊性禁止规定上，连续性内部资料性出版物必须与正式出版物保持一致，不得有丝毫含糊和懈怠，要将刚性规定和硬性要求不折不扣、有始有终地落到实处。在执行一般性许可规定上，可以适当放宽对连续性内部资料性出版物的要求。

② 出版质量。《产品质量法》（2009 年修订版）第二条规定："本法所称产品是指经过加工、制作，用于销售的产品。"《消费者权益保护法》（2013 年修订版）第二十三条规定："经营者应当保证在正常使用商品或者接受服务的情况下其提供的商品或者服务应当具有的质量、性能、用途和有效期限。"正式出版物的出版单位享有通过销售出版物获取收益的权利，与此同时承担提供质量合格出版物的义务。购买到质量不合格的出版物之后，读者可以依法提起维权诉讼。② 连续性内部资料性出

---

① 刘杲. 出版笔记 [M]. 石家庄：河北教育出版社，2006：8.
② 浙江有位读者于 1999 年打响了全国首例图书质量索赔官司，在随后的 8 年中起诉了 42 家出版社，勘误涉及图书达 122 套，均以被告双倍返还书款、补偿勘误费、承担诉讼费或销毁存书、停止再版终结。见：谢云挺. 浙江老人汪新章：8 年执着"叫板"图书差错 [EB/OL]. (2006 - 12 - 04) [2015 - 05 - 27]. http://news.xinhuanet.com/society/2006-12/04/content_5432568.htm.

版物免费赠阅，不同层次组织面向组织成员编印、发送连续性内部资料性出版物的活动并非经营行为，因此，主办单位不存在因出版质量问题被诉讼的风险。尽管如此，鉴于连续性内部资料性出版物客观具有的内在精神属性和外在社会影响，应当而且必须对其出版质量进行规制。① 表彰奖励出版质量优秀者，批评处罚出版质量低劣者，充分发挥规制的示范作用和导向功能。 另外，就政治标准、业务标准、编辑标准、出版标准等4项质量标准来说，②连续性内部资料性出版物必须执行与正式出版物相同要求的政治标准，至于业务标准、编辑标准和出版标准，则可以在正式出版物相应要求的基础上适当调低。

③ 出版人员。 出版物是精神产品，其内容正负、质量高下与出版从业人员素质息息相关。 2001年以来，人事部、新闻出版总署联合印发《出版专业技术人员职业资格考试暂行规定》和《出版专业技术人员职业资格考试实施办法》等文件，新闻出版总署印发《出版专业技术人员职业资格管理暂行规定》以及《出版专业技术人员职业资格管理规定》、《关于加强出版专业技术人员职业资格登记注册管理工作的通知》、《出版专业技术人员继续教育暂行规定》等一系列文件，建立健全针对正式出版单位出版从业人员的职业准入制度、岗位注册制度和继续教育制度，为增强人员素质夯实了基础，为提高出版质量提供了保障。 可以参考借鉴上述3项制度，在统筹兼顾必要性和可行性的前提下，确立并实施针对连续性内部资料性出版物从业

---

① 出版质量问题有时会演化为出版内容问题。 例如，有种连续性内部资料性出版物曾将"总经理"误印为"总理"，引发不大不小的风波。
② 根据1995年6月印发的《社会科学期刊质量管理标准》（试行）和《社会科学期刊质量标准及质量评估办法》（试行），社会科学期刊质量标准和质量评估办法均包括政治标准、业务标准、编辑标准、出版标准等4项内容。 这种划分方式值得参考借鉴。

人员的业务培训制度。通过建章立制,将接受政治理论、法律法规、专业知识、操作技能、职业道德等方面的教育培训明确为相关从业人员的权利和义务,并纳入制度化、规范化和日常化轨道,促使他们始终坚持正确的出版方向,持续提高出版质量和工作水平。

1.5.2 政府规制理论

(一)政府规制理论概述

政府规制理论是从产业经济学和新制度经济学中发展起来的一门学科,主要研究市场失灵情况下的政府干预问题。[①] 丹尼尔·F.史普博认为,政府规制(Government regulation)是行政部门制定并遵守的一般规则,它旨在直接干预市场配置资源机制发挥作用,或间接影响厂商和消费者的决策行为。[②] 史普博的上述观点在学术界影响较大。[③] 从根本上来说,政府规制是市场经济条件下政府对市场运转中出现问题的纠正,其目的在于维护市场运行秩序,提高资源配置效率,增进社会福利水平。

① 政府规制理论类型。政府规制理论主要有公共利益理论(Public interest theory)、规制俘虏理论(Regulatory capture theory)两种类型。[④] 其中,公共利益理论是一种规范性理论,长期以正统身份在政府规制理论中居于统治地位。与之相反,规制俘虏理论是一种非规范性理论。

[①] 王雪.规制理论的逻辑演进[J].法制与社会,2013(9上):175.
[②] [美]丹尼尔·F.史普博.管制与市场[M].余晖,何帆,钱家骏,译.上海:上海三联书店,上海人民出版社,1999:45.
[③] 史普博所言政府规制主要是指直接规制。
[④] 于立,肖兴志.规制理论发展综述[J].财经问题研究,2001(1):17.

市场失灵是公共利益理论的直接依据。市场会因自然垄断、信息不对称、外部性等出现失灵，社会福利无法实现最大化，甚至出现效率低下和公正缺失。在这样的状况下，规制的存在是合理的。下面举例自然垄断进行分析。从保证生产效率出发，进入规制禁止两个及以上的厂商进行生产；从保证资源配置效率出发，价格规制管控厂商推出最优价格。也就是说，在自然垄断情形下，进入规制和价格规制可以保证实现包括生产效率、资源配置效率在内的双重效率。公共利益理论基于以下理论假设：规制目的是通过克服市场失灵提高社会福利，这个目的同时也是政府（规制者）矢志不渝的追求。然而，实践中的诸多事例与此理论假设存在冲突。首先，进入规制和价格规制一直存在于非自然垄断产业和非外部性产业；其次，政府在纠正市场失灵之外还有许多其他经济目的需要介入；再次，规制并不总是效率的，等等。学者们对19世纪至今的美国经济史进行深入研究，研究结果表明，市场失灵与规制的联系并不密切。出人意料的是，厂商往往从规制那里获益颇多。规制俘虏理论借此出现。①

规制俘虏理论认为，政府仅仅代表某个特定利益集团的利益而非公共利益，规制者被产业俘虏。规制俘虏理论基于以下理论假设：第一，特定利益集团能够说服政府运用其基本资源（即权力）为集团利益服务；第二，政府作为经济人其行为准则是自身效用最大化；第三，规制是为实现特定利益集团的利益而设计和实施的。由于极为契合规制历史，规制俘虏理论比公共利益理论更能说明问题。但是，该理论仍然遭到不少诟病。例如，它被批评没有阐述产业控制和俘虏规制的方式和过

---

① 汤自军.市场失灵与政府失灵：论规制理论的发展[J].学理论，2011(25)：59-60.

程；再如，围绕规制存在许多利益相关者，为什么规制只是被产业控制和俘虏，而不是被消费者组织、劳动者组织等其他利益相关者控制和俘虏？等等。

公共利益理论和规制俘虏理论都存在片面之处。基于上述两种理论关于规制的辩证认识是：政府规制存在的原因是市场失灵；政府自身存在追求目标，故规制过程中会出现政府失灵；只有同时解决市场失灵问题和政府失灵问题，资源配置才能达成最优化，社会福利才能实现最大化。

② 规制划分。以目的和手段为划分尺度，规制一般分为直接规制（Direct regulation）和间接规制（Indirect regulation）。[1]其中，旨在建立并维护市场竞争秩序，不直接干预经济主体决策，只是对阻碍市场机制作用发挥的行为进行约束的政策，属于间接规制。间接规制由司法部门实施，反垄断法、商法、民法等系其法律依据。旨在防止发生与外部性、自然垄断、公共产品、信息不对称、非价值物品相关的事与愿违的市场结果，运用政府认可、政府许可等手段直接干预经济主体决策的政策，属于直接规制。直接规制由政府有关行政部门实施。

直接规制分为经济性规制（Economic regulation）和社会性规制（Social regulation）两种类型。经济性规制的目的是确保资源有效配置和公平利用，它运用认可、许可等手段对进入、退出、服务、价格、财会、投资等方面进行约束。[2]自然垄断和信息不对称是经济性规制针对的主要问题，交通、公共工程、公用基础设施等具有自然垄断性质的产业是其规制对象。

---

[1] 史东辉，王利明，董宝生. 中国图书出版业的产业组织分析 [M]. 南宁：广西人民出版社，2008：86.

[2] [日]植草益. 微观规制经济学 [M]. 朱绍文，胡欣欣，译. 北京：中国发展出版社，1992：22.

经济性规制内容包括进入规制、数量规制、设备规制、价格规制、提供服务规制等。其中，进入规制和价格规制是最基本内容，进入规制的根本目的是限制过度进入。西方发达国家已构建成庞大的政府规制体系，对市场失灵进行广泛干预。其主要对象是自然垄断产业，主要内容是进入规制和价格规制。目前，这个体系已进一步延伸到许多竞争性领域。①

社会性规制的目的是维护安全、健康、卫生以及保护环境、防止灾害。外部性、公共产品、信息不对称、非价值物品是社会性规制针对的主要问题。社会性规制为产品质量、服务质量以及相关活动制定标准，限制或禁止特定行为。②社会性规制内容主要包括安全规制、健康规制、环境规制和文化规制。

③ 规制失灵。规制不当地限制市场竞争造成资源配置效率低下，③导致规制安排与预期目的相悖，④此即规制失灵。从规制失灵产生原因角度来看，存在着内生性规制失灵、外生性规制失灵、体制性规制失灵等3种形式的规制失灵。其中，体制性规制失灵又包括政府决策性失灵、政府组织性失灵、政府时滞性失

---

① 以价格规制为例。价格规制是指政府从资源有效配置和服务公平供给观点出发，以限制垄断企业确定垄断价格为目的，在自然垄断产业中对价格水平和价格体系进行干预。与此同时，政府在竞争性产业中也对价格进行规制。就后者而言，同样是从资源有效配置和服务公平供给观点出发的制度安排。见：张新华.转型期中国出版业制度分析[M].北京：中国传媒大学出版社，2010：19.
② [日]植草益.微观规制经济学[M].朱绍文，胡欣欣，译.北京：中国发展出版社，1992：22.
③ 张新华.转型期中国出版业制度分析[M].北京：中国传媒大学出版社，2010：67.
④ 李雯.规制变迁的制度经济学分析[D].北京：中国人民大学经济学院，2002：71.

灵等3种情况。① 规制失灵主要表现在以下几方面：一是规制行业内部产生低效率；二是规制企业采取寻租行为；三是规制费用和规制机构膨胀。规制失灵的存在引发关于规制的反思和规制变迁。

④ 规制变迁。规制变迁是指规制的替代、转换与交易过程。林毅夫将"规制变迁"与"规制创新"作为同义语使用。他认为，对现有规制的修正就是一种创新活动。② 本书认为，规制变迁的内因是规制失灵，外因是规制对象的客观需求和制度环境的发展变化。制度环境的发展变化主要包括政治、经济、文化等时代背景的变迁，③以及产业性质、政策思想④、技术条件⑤、市场规模、规制理论⑥等具体方面的变动。其中，政策思想和规制理论属于意识形态。学者们研究认为，规制的调整、改革和变迁是克服"市场失灵"、"规制失灵"这样两种"失灵"、寻求新

---

① 王雅莉，毕乐强. 公共规制经济学［M］. 2版. 北京：清华大学出版社，2005：18.
② 林毅夫. 关于制度变迁的经济学理论：诱致性变迁与强制性变迁［M］//［美］R. 科斯，A. 阿尔钦，D. 诺斯，等. 财产权利与制度变迁——产权学派与新制度学派译文集. 上海：三联书店上海分店，上海人民出版社，1996：406.
③ 张新华. 转型期中国出版业制度分析［M］. 北京：中国传媒大学出版社，2010：32.
④ 夏大慰，史东辉. 政府规制：理论、经验与中国的改革［M］. 北京：经济科学出版社，2003：65-73.
⑤ 张红凤，杨慧. 西方国家政府规制变迁与中国政府规制改革［M］. 北京：经济科学出版社，2007：376.
⑥ 李雯. 规制变迁的制度经济学分析［D］. 北京：中国人民大学经济学院，2002：71.

的规制均衡的演变过程,[①]而且是一个长期的动态过程。[②]

以经济性规制为对象的规制变迁有两种方式,即激励性规制和放松规制。激励性规制是一种较温和的改革措施,其目的是通过适当刺激促使被规制企业提高内部效率,采用的主要方法有社会契约、价格上限、区域间竞争、特许权投标等制度。放松规制是一种较为激进的改革措施,其做法是在市场机制可以发挥作用的产业,完全或部分地取消对规制产业进入、价格、投资等方面的经济性规制,通过竞争提供新的服务,降低收费水平,促进技术革新,等等。[③]但是,放松规制并不等于不要规制。即便是那些最为自由激进的经济学家,也反对将经济置于无政府主义状态。他们认为,政府规制改革的方向应当是探寻最合时宜的形式并确定更接地气的目标,绝非简单化地取消一切规制。

值得注意的是,以国民健康、环境保护等为目标的社会性规制一般不能放松。[④] 以典型的成熟市场经济国家美国为例。美国的规制变迁历程可以概括为:经济性规制经历了一个动态变迁的过程(即规制、放松规制、再规制与放松规制并存),社会性规制自20世纪60年代以来一直保持不断加强的态势。[⑤]

西方政府规制理论对我国政府管理方式变革具有借鉴意义。但是,由于我国与西方发达市场经济国家在经济发展、政治体

[①] 周学荣.政府规制论[M].武汉:湖北人民出版社,2010:4.
[②] 李雯.规制变迁的制度经济学分析[D].北京:中国人民大学经济学院,2002:39.
[③] [日]植草益.微观规制经济学[M].朱绍文,胡欣欣,译.北京:中国发展出版社,1992:166.
[④] 李雯.规制变迁的制度经济学分析[D].北京:中国人民大学经济学院,2002:33.
[⑤] 张红凤,杨慧.西方国家政府规制变迁与中国政府规制改革[M].北京:经济科学出版社,2007:366.

制、文化传统等方面存在差异，特别是在市场发育、市场垄断等方面存在极大差异，所以，我国政府规制的基点、方式等都与西方国家有着明显差别。具体到中国出版业来说，其面对的主要问题是形成于计划经济时代的行政垄断问题，这与西方政府规制主要针对自然垄断和外部性问题截然不同。[1] 因此，在运用西方规制理论分析中国出版问题时，须结合中国出版业实际情况展开论述。

（二）外部性与出版规制

① 出版业的外部性。外部性是市场失灵的一种重要表现。外部性产生的根源是：厂商或个人的行为影响到社会或他人却没有支付相应成本或获得相应补偿。外部性意味着厂商或个人没有承担自身行为的全部后果。根据外部性产生的经济后果可以将其分为负外部性和正外部性。负外部性意味着他人或社会的福利遭受损失，但行为主体没有支付相应成本，如吸烟、污染等；正外部性意味着他人或社会的福利有所增加，但行为主体没有获得相应补偿，如国防、发明等。外部性独立于市场机制之外，市场机制无力对产生外部性的行为主体给予惩罚或奖励。因此，需要政府出面对具有外部性的行业进行规制。[2] 出版业的产品出版物"是一种典型的外部性产品"，[3]所以出版业是一个具有外部性的行业。出版物的正外部性表现为，舆论导向正确、价值观念挺拔、思想内容健康的出版物对读者和社会产生积极影响；出版物的负外部性表现为，舆论导向错误、价值观念扭

---

[1] 张新华. 转型期中国出版业制度分析 [M]. 北京：中国传媒大学出版社, 2010：19-20.

[2] 张新华. 转型期中国出版业制度分析 [M]. 北京：中国传媒大学出版社, 2010：70.

[3] 陈昕. 中国出版产业论稿 [M]. 上海：复旦大学出版社, 2006：14.

曲、思想内容低俗的出版物对读者和社会产生消极影响。借助政府力量对出版业进行规制是合理的也是必需的。通过规制对具有正外部性的出版物给予补贴和激励，对具有负外部性的出版物进行限制和惩罚。外部性是出版规制的理论依据。①

② 出版规制内容。② 首先是经济性规制。③ 主要包括进入规制、经营规制等内容。其中，进入规制主要实行"一般性限

---

① 吴新颖，姚德权. 外部效应：新闻出版规制的理论依据[J]. 湖南师范大学社会科学学报，2005（4）：110.
② 出版规制主要包括图书出版规制和报刊出版规制。因出版形态和运作方式等不尽相同，图书出版规制与报刊出版规制存在较大差异。考虑到连续性内部资料性出版物与报刊具有相似性和可比性，这里选择报刊规制进行分析论述。
③ 鉴于以下原因，尽管报刊出版业属于竞争性产业、连续性内部资料性出版物出版处在非竞争性领域，均不具有自然垄断性质，本书在研究其规制时仍然采用"经济性规制"这个规制类型。首先，中国出版业长期沿袭计划经济管理模式，目前的"出版规制"并非严格意义上的"规制"概念（见：陶志峰. 中国报业规制问题研究[D]. 上海：复旦大学管理学院，2004：69）；其次，在当下的规制实践中，经济性规制业已扩展到许多竞争性产业（见：张新华. 转型期中国出版业制度分析[M]. 北京：中国传媒大学出版社，2010：19）；再次，有学者认为，中国出版业经济性规制本质上是传统计划经济体制下政府对出版业实施行政垂直管理的延续，其形成与其说是源于克服自然垄断和信息不对称所致严重弊端的需要，不如说是计划经济体制使然（见：王晨. 中国出版业的产业竞争与政府规制[M]. 北京：中国书籍出版社，2009：193）；最后，有学者在探讨中国出版业规制改革时提出放松经济性规制、改善社会性规制的基本思路（见：夏大慰，史东辉. 政府规制：理论、经验与中国的改革[M]. 北京：经济科学出版社，2003：314-317）。

制的多家进入许可"。① 出于报刊意识形态属性的考虑,我国在报刊业实行限制性进入规制。经营规制由产权、价格、广告、发行等规制组成,在规制变迁中变化较大。其次是社会性规制。主要包括内容规制、质量规制、激励性规制等内容。其中,内容规制有事前审查的预防制、事后审查的追惩制两种基本方式。事后审读制度是追惩制的主要实现形式。质量规制主要包括报刊质量管理标准和报刊出版质量综合评估制度。《出版管理条例》(2011年修订版)第七章明确规定了激励性规制的适用范围。具体激励手段包括税收优惠、经济资助、荣誉授予等。

③ 出版规制变迁。改革开放以来,由于党中央、国务院对意识形态工作持续高度关注,报刊社会性规制一直呈现不断加强态势,具体表现为强调政治上严格把关,强化党在意识形态领域的领导地位。与此同时,顺应发展社会主义市场经济潮流,报刊经济性规制呈现不断放松态势。1978年以来,报刊经济性规制变迁经历了4个阶段,即始于1978年以"财政成本拉动型"为特征的企业化规制变迁,始于20世纪80年代末以"经济效益推动型"为特征的市场化规制变迁,始于20世纪90年代中后期以"行政力量控制型"为特征的产业化规制变迁,始于2003年以"政治与资本合作型"为特征的资本化规制变迁。② 政府逐步放松对报刊经营活动的干预,报刊意识形态属

---

① 许可进入按照数量多少可以分为以下几种类型:一是独占许可;二是严格限制的少数进入许可;三是一般性限制的多家进入许可;四是放松进入规制的审批进入许可(即只要符合条件就可以被审批进入);五是登记进入(即只要登记就可以进入,既没有许可限制也没有数量控制,完全自由竞争)。见:王晨.中国出版业的产业竞争与政府规制[M].北京:中国书籍出版社,2009:201-202.
② 周劲.转型期中国传媒制度变迁的经济学分析——以报业改革为案例[J].现代传播,2005(1):93.

性和经济属性达成动态平衡，媒介产业发展迅速。①

报刊经济性规制变迁一定程度上折射了规制观念的3个转变：一是媒介认知的转变。不再单纯地把报刊看作政治舆论工具，逐步承认并强化其产业属性。二是政府角色的转变。不再直接从事经济活动，逐步转变为政策的制定者和监督者。三是规制目标的转变。不再仅仅从政治意识形态角度规制报刊，逐步把报刊当作市场主体，向着建立现代产权制度和现代企业制度的目标努力。②

（三）连续性内部资料性出版物的本质规定性及其规制

① 从本质属性角度来看，连续性内部资料性出版物客观上是一种出版物。因此，有必要对创办连续性内部资料性出版物进行规制。③ 既要对其本体内涵（概念、内容、运行等方面的规定性）进行界定，也要对其载体进入设定许可。在运行规制方面，应牢牢把握将其与报刊严格区分的原则，明确规定不得定价、不得刊登广告、不得征订发行这3个关键性禁止条件。在进入规制方面，应明确规定连续性内部资料性出版物须经行政许可后方可创办。2002年，广东省人民政府印发《省政府常

---

① 吴曼芳.媒介的政府规制［M］.北京：中国电影出版社，2008：119.
② 田韶华，严明，赵双阁.传媒产业法律规制问题研究［M］.北京：中国传媒大学出版社，2009：29-30.
③ 《内部资料性出版物管理办法》在对连续性内部资料性出版物进行规制时，在法律层面将其本质属性确定为"特殊印刷品"，这与其客观属性不相吻合。在新闻出版总署法规司编辑、中国民主法制出版社2013年出版的《中华人民共和国新闻出版法规文件汇编（下）》中，该《办法》位于"规章、规范性文件"板块"印刷复制"栏目。另外，在新闻出版总署法规司编辑、商务印书馆2010年出版的《中华人民共和国新闻出版法规文件选编》中，该《办法》同样位于"规章、规范性文件"板块"印刷复制"栏目。

务会议决定事项通知》，决定取消广东省新闻出版局（版权局）关于企业创办报型、刊型连续性内部资料性出版物的审批事项。2003年3月，新闻出版总署就此事专门向广东省人民政府发出《关于请保留广东省新闻出版局内部资料审批事项的函》。总署认为，取消该项审批条件尚不成熟，建议保留。总署指出，目前全国连续性内部资料性出版物数量很多，内容上出问题的情况时有发生，其监管工作不但不能削弱反而应该加强。总署强调，广东省如果取消该项审批，会削弱对连续性内部资料性出版物的监管，并可能会在全国产生消极影响，不利于我国的社会稳定和意识形态安全。

② 从经济属性角度来看，连续性内部资料性出版物是一种非营利性公共产品。因此，要处理好创办宗旨与经费补贴之间的关系，把实现社会效益放在具有压倒性优势的位置。在报刊社会效益与经济效益的对立统一中，社会效益应始终放在首位，①经济效益必须服从社会效益。但是，经济效益又具有相当强的独立性。新闻出版体制改革中，除极少数公益性报刊外，绝大多数报刊出版单位均须转企改制，通过发展产业做大做强。连续性内部资料性出版物的创办宗旨是服务组织成员和组织建设，经济上营利与出版初衷无涉。另外，大多数连续性内部资料性出版物均依靠主办单位专项拨款解决出版经费问题，行使获取经费补贴权利的连续性内部资料性出版物在总体中为数不多。因此，连续性内部资料性出版物社会效益与"经济效益"（即经费补贴）之间的关系是一种极度不均衡的关系，后者处于边缘化地位。"经济效益"完全服从并服务于社会效益，不具有独立性。评价连续性内部资料性出版物最为重要的

---

① 李长春.正确认识和处理文化建设发展中的若干重大关系，努力探索中国特色社会主义文化发展道路[J].求是杂志，2010(12)：5.

指标，是其社会效益的达成情况。经济性指标、产业性指标不能够进入连续性内部资料性出版物评价体系。

③ 从市场属性角度来看，连续性内部资料性出版物是一种非竞争性个性产品。因此，要充分尊重主办单位的出版自由权利。连续性内部资料性出版物面向组织成员创办并免费赠阅。每个组织存在的唯一性使得连续性内部资料性出版物客观上具有鲜明的针对性、独特性和不可替代性。也就是说，连续性内部资料性出版物是一种个性化的非竞争性读物。不同连续性内部资料性出版物所共同形成的"场域"并非严格意义上的"市场"，所以也就不存在所谓的完全竞争、垄断竞争、寡头垄断、完全垄断等市场结构。在这样一个非竞争性的"场域"，创办连续性内部资料性出版物并不存在"进入过度"问题。创办连续性内部资料性出版物是每个组织出版自由权利的外在表达，同时也是市场配置资源的表现形式。每个组织的出版自由权利都是平等的。尊重出版自由权利就是肯定和维护市场配置资源的决定性作用。

1.5.3 日常生活理论

（一）日常生活理论概述

日常生活理论又称日常生活评判、日常生活哲学，①它是近代西方哲学向现代西方哲学转向的产物。

① 日常生活理论产生的历史背景。西方近代哲学家大都在不同程度上认可哲学应以"人"为中心，而不应以"神"为中心。他们主张人可以而且应当凭借与生俱来的理性能力（包括理性反思和经验感知）去认识世界。高扬理性使得作为主体的"人"与作为对象（客体）的世界清晰区分开来，哲学研究的首要位置被认识论和方法论所占据。尽管将"人"放到哲学的中

---

① ［匈］阿格妮丝·赫勒. 日常生活［M］. 衣俊卿，译. 重庆：重庆出版社，1990：7（中译者序言）.

心位置,但是,受西方近代哲学形而上学思辨倾向影响,"人"不是没有灵魂的机器就是形而上学体系的组件。这意味着原本洋溢着进步精神的西方近代哲学已经走向自己的对立面,只有凤凰涅槃才能在快速变化的社会现实中站稳脚跟,才能扶陷入困境中的西方资本主义大厦之将倾。

19世纪中期,西方哲学开始由近代哲学朝着现代哲学转向。从某种意义上来说,近代西方哲学向现代西方哲学转向实际上是由抽象思辨转向现实生活。现代西方哲学家大都以批判近代西方哲学脱离现实生活为出发点,将转向现实生活作为理论起点或归宿。胡塞尔主张哲学回到"日常生活世界",海德格尔强调"日常状态"的价值,维特根斯坦转向"日常语言",杜威提出"经验就是生活",他们的动机就是使哲学转向现实生活。[1] 尽管在哲学究竟如何面向现实生活上见解各异,但是,把面向现实生活作为哲学的研究方向是越来越多哲学家的共识。日常生活理论的产生就是这一转向的重要成果之一。[2]

② 日常生活概念的演化。作为一个现代意义上的哲学概念,"日常生活"是法国哲学家亨利·列斐伏尔首先提出的。20世纪30年代,他在与古特曼合作撰写的论文《神秘化:走向日常生活批判的札记》中阐述了这个概念。从理论溯源及发展的角度分析,日常生活概念在哲学范畴经历了一个从"确立本体"到"彰显价值"的渐进性演化过程。

首先是"确立本体"阶段。马克思、恩格斯认为,由于能够维持个体基本生存,因此与其他活动相比个体的物质生活具有优先性。随后,胡塞尔把"日常生活世界"看作"阐释缺

---

[1] 刘放桐.现代西方哲学的历史演变及发展趋势[J].求是杂志,2002(2):45-47.

[2] 韩德信.日常生活:背景、观点与意义[J].贵州社会科学,2007(9):43.

位"的意向对象,认为它是具有自我本体地位的"哲学世界"的原始基础。海德格尔在关于沉沦、两可、闲谈等"日常状态"研究分析的基础上,强调日常生活的前存在性。卢卡奇和列斐伏尔认为资本主义异化的主要领域包括日常生活,指出消除资本主义异化的前提是进行日常生活批判。这个阶段,日常生活研究从不同角度凸显了日常生活的本体地位,旨在反抗资本主义异化。然而,在反抗异化、彰显人性等任务面前,日常生活的地位稍逊风骚。

其次是"彰显价值"阶段。以本体地位确立为基础,哲学范畴的日常生活概念在人类历史进程和个体再生产层面的独特价值进一步呈现。就前者而言,法国年鉴学派第二代学者费尔南·布罗代尔强调,作为中时段的日常生活既是长时段"结构"的基础建构者又是短时段"事件"的内在决定者,在人类历史进程中的地位和作用非常重要。就后者而言,不管是"自在存在"的生产方式还是"自为存在"的生产方式,日常生活都是个体再生产的故乡。它不仅是非日常生活的来源渠道,而且具备意识形态属性和社会政治功能。① 赫勒说过:"我们可以把'日常生活'界定为那些同时使社会再生产成为可能的个体再生产要素的集合。"②在人类生活世界,"日常生活是以个人的家庭、天然共同体等直接环境为基本寓所,旨在维持个体生存和再生产的日常消费活动、日常交往活动和日常观念活动的总称,它是一个以重复性思维和重复性实践为基本存在方式,凭借传统、习惯、经验以及血缘和天然情感等文化因素而加以

---

① 张贞.中国大众文化之"日常生活"研究[D].武汉:华中师范大学文学院,2006:1(内容摘要).
② [匈]阿格妮丝·赫勒.日常生活[M].衣俊卿,译.重庆:重庆出版社,1990:3.

维系的自在的类本质对象化领域"。① 依据上述标准，日常生活主要包括衣食住行、饮食男女、婚丧嫁娶等行为，政治经济、革命宗教、文化艺术等活动则被划入非日常生活范畴。②

③日常生活的基本特征。首先，日常生活是个性化与一般化的统一。这是从静态角度进行的分析。日常生活与非日常生活并非完全隔绝，前者的个性化当中往往蕴含着后者的一般化因素。例如，个人消费主要归属日常生活范畴，消费方式、消费对象、消费时空等的择定具有个性化、隐私化、差异化等特点。可是，社会分配原则和时代消费观念无时无刻不在影响和制约个人消费。③有学者认为，日常生活与非日常生活的互动是社会历史演进的重要方面，在日常生活中挖掘非日常生活因素有利于建立日常生活与大历史的关系。④

其次，日常生活是重复性与变化性的统一。这是从动态角度进行的分析。日常生活是一个发展过程。一方面，日常生活涉及的都是人为了维护其直接生存所必不可少的基本因素和基本条件，这些因素和条件具有稳定性和不变性等特征，构成其重复性的客观基础。⑤赫勒指出："在生活的给定时期，这种'每一天都发生'的无条件的持续性，是一组日常活动的特

---

① 衣俊卿.现代化与日常生活批判[M].北京：人民出版社，2005：31.
② 张贞.中国大众文化之"日常生活"研究[D].武汉：华中师范大学文学院，2006：3.
③ 胡敏中.论日常生活和日常认识[J].求是学刊，2000(3)：35.
④ 常建华.从社会生活到日常生活——中国社会史研究再出发[N].人民日报，2011-03-31(07).
⑤ 许大平.日常生活批判及其当代意义[D].上海：复旦大学哲学系，2003：102.

征。这是我们的生活方式的生存基础。"①另一方面,日常生活是一种不断变化、持续更新的范畴。在《文化的用途》一书中,理查德·霍加特强调工人阶级的生活既有连续性又有变化性,指出该群体所消费的大众文化会发生相应改变。②

最后,日常生活是长时段与短时段的统一。这是从历史时间角度进行的分析。布罗代尔从地理时间(长时段)、社会时间(中时段)、个体时间(短时段)等3种历史时间来研究历史。其中,长时段是指长期不变或变化极其缓慢的"结构"(如生态环境、地理气候、思想传统、社会组织等),它们是历史上发挥长期性决定作用的重要因素;中时段是指在较短时期(10年、20年、50年、100年以至200年)内起伏兴衰、形成周期和节奏的"局势"(如生产增减、工资起伏、物价升降、人口消长等),它们是影响历史进程的直接原因;短时段是指一些突发"事件"(如条约、革命、地震等),它们是稍纵即逝的闪亮尘埃,对历史进程只起微小作用。③"历史事件是一次性的,或自以为是独一无二的;杂事则反复发生,经多次反复而取得一般性,甚至变成结构。它侵入社会的每个层次,在世代相传的生存方式和行为方式上刻下印记。"④布罗代尔认为,决定历史进程的长时段历史"结构"是由作为中时段"局势"的衣食

---

① [匈]阿格妮丝·赫勒.日常生活[M].衣俊卿,译.重庆:重庆出版社,1990:6.
② 张贞.中国大众文化之"日常生活"研究[D].武汉:华中师范大学文学院,2006:37.
③ 张芝联.费尔南·布罗代尔的史学方法[J].历史研究,1986(2):33-34.
④ [法]费尔南·布罗代尔.15至18世纪的物质文明、经济和资本主义(第一卷)——日常生活的结构:可能和不可能[M].顾良,施康强,译.北京:生活·读书·新知三联书店,1992:27.

住行等日常生活琐事建构的。① 他同时认为，那些偶尔发生、没有规律可循、看似改变人类命运的重大史实是短时段"事件"，它们是由日常生活决定的。因此，长时段和短时段经由日常生活获得了统一。

④ 日常生活理论的两个基本观点。观点一：日常生活具有价值两重性。首先是正面价值。就个体生存而言，与日常生活如影随形的安全感、亲密感和放松感以及意义世界、自在价值是生存所必需的；就社会存在而言，日常生活所代表的个体生存与再生产铸就社会实践的基础和前提；就活动方式而言，日常生活的重复性实践是个体日常生活得以开展，社会的政治、经济以及哲学、艺术、科学等活动能够进行的必要条件。其次是负面价值。就个体发展而言，日常生活压抑人的本体意识和创造精神，延缓个体的发展进程；就社会发展而言，日常生活侵蚀政治经济、经营管理、科学艺术等各类活动，消解社会发展的内驱力，"面向过去"成为主流价值取向。

观点二：日常生活必须变革和重建。从前工业文明角度来看，日常生活的自在性质必须超越，自由自觉的非日常生活主体必须取代自发自在的日常生活主体，这是向工业文明过渡的必然要求。从高度发达的工业文明角度来看，人的意义世界和精神故乡必须重塑，日常生活的异化性质必须扬弃，这是高度发达工业文明深化发展的必然要求。中国社会日常生活的变革与重塑归属于前一种，核心是"人的现代化"。②

（二）日常生活理论与日常生活史研究

西方传统史学"几乎总是以戏剧性的'重大事件'为中心

---

① 张贞.中国大众文化之"日常生活"研究[D].武汉：华中师范大学文学院，2006：17.
② 李小娟，肖玲诺.90年代日常生活批判研究述评[J].教学与研究，1998（7）：52.

的政治史"。[1] 根据法国学者西米昂在《历史方法与社会科学》一文中的论述,作为"大历史"的政治史,其研究重点是政治事件(政治、外交、军事等方面的历史事件)、政治人物(英雄豪杰、帝王将相等精英人物)和政治年表(历史事件的年表排列)。20世纪下半叶,在西欧当下深刻的社会背景作用下以及日常生活理论引领下,日常生活史作为一个概念化的史学新领域开始兴起于西欧。日常生活史是深刻反思传统史学关注"大历史"、忽略"小人物"这样的功能分析方式的产物,它对后者忽略作为历史主体的人的存在进行批评。[2] 日常生活史学者认为:"历史上发生的一切事件包括生活琐事都富于意义,历史学家的任务就是说明其意义。尽管这种说明未必能够转化为对未来的预见,但毕竟可以形成某种'解释的框架',提高人们的认识水平,最终深化人们对过去也包括对未来的理解。"[3]法国年鉴学派在日常生活史的兴起和发展中发挥了关键作用。年鉴学派关注日常生活和习俗,认为这才是历史中最重要、最持久的因素。经过半个多世纪的学术实践,日常生活史已形成自己的研究特色。

① 研究观念全面化。在个别学者眼里,传统史学无异于"帝王将相的家谱"。[4] 这种观点尽管有点偏激,但它确实道破了传统史学的缺陷所在。与之相反,日常生活史倡导"全面

---

[1] [法]费尔南·布罗代尔.论历史[M].刘北成,周立红,译.北京:北京大学出版社,2008:31.
[2] 胡悦晗,谢永栋.中国日常生活史研究述评[J].史林,2010(5):178.
[3] 刘新成.日常生活史:一个新的研究领域[N].光明日报,2006-02-14(12).
[4] 雷颐."日常生活"与历史研究[J].史学理论研究,2000(3):121.

的历史"或"整体的历史"观念,①主张突破政治史的局限,扩大史学研究范围,研究人类社会生活的一切方面,②特别是经济、社会和心理现象。

② 研究对象微观化。 日常生活史研究面向丰富多彩、婀娜多姿的日常生活,旨在再现其风貌并探究其发生演化机制,因此,研究对象微观化成为必然方向。 日常生活史学者认为,个人、街区、村落等是最为适宜的研究对象。 但是,他们强调指出,"研究对象微观化"与"研究意义微小化"不能画等号,"见微知著"乃其目标追求。

③ 研究目光向下化。 日常生活史主张"从历来被忽略的人群中寻获历史动因"。 日常生活史学者对社会大众的情绪、心态、观点等非常敏感且高度关注。 他们认为,对于一个事件、一个时代、一个社会的认知,绝不能仅仅停留在获取时代精英的态度和观点上,恰恰相反,把握普通民众的心态和思绪更为重要。 以法国文艺复兴时期的思想史研究为例。 如果单纯研究这个时期思想家们的思想,那么充其量只能算作法国文艺复兴时期思想家的思想史。 只有同时研究普通民众的心态和想法,才能全面了解法国文艺复兴时期的思想状况。③

④ 研究内容宽泛化。 日常生活史研究内容包罗万象,一般将其研究内容软界定为"日常行为"。 日常行为包括工作行为和非工作行为。 依据上述界定,职业工种、人际沟通、衣食住行、灾变节庆、生死爱憎等都处在日常生活史研究领域。 此

---

① 张芝联.费尔南·布罗代尔的史学方法[J].历史研究,1986(2):31.
② 陈启能.当代西方史学的演变与中国史学[J].史学理论研究,1995(2):70.
③ 陈启能.当代西方史学的演变与中国史学[J].史学理论研究,1995(2):76.

外,与日常行为相关联的产权关系、人口结构、财产继承、伦理关系、司法诉讼、家族组织、城市制度等,也可以以背景方式进入日常生活史研究视野。

⑤ 研究史料多元化。传统史学的史料大都局限于文字材料,尤其是政府公文、地方志等官方文献。这些文献记载的一般都是与政治史有关的内容,芸芸众生的日常生活很少涉及。日常生活史强调尽可能扩大史料来源,把一切日常生活中的遗存物都用作史料,譬如家谱族谱、报刊传单、笔记文集、蒙学读物、戏剧唱本以及碑刻照片、契约文书、遗嘱账册、税收清单、医院病案等。① 从这种历史观出发,一纸通知、一个项圈、一磅胡椒的价格等都成为重要史料。而在以往,它们被认为没有意义和价值,是不值得保留的材料或信息。②

近年来,我国学术界对日常生活史研究的重视程度日益提高。研究者们从历史学、宗教学、人类学、民族学等不同角度出发,围绕日常消费、日常社会关系、城市与乡村、信仰与礼俗、生命与健康等问题进行深入研究,产生了一批颇有见地的研究成果。③

(三) 日常生活史研究与连续性内部资料性出版物

作为个体的人有其日常生活,同样,作为社会基本单元的组织也有其日常生活。依据衣俊卿教授关于个体日常生活的定义,我们可以将组织的日常生活作如下简洁定义:"组织的日常生活是以组织空间等直接环境为基本寓所,旨在维持组织生存

---

① 洪煜.近代报刊和城市文化研究——以近代上海小报为例[C]//都市文化研究(第7辑)——城市科学与城市学,2012:219.
② 雷颐."日常生活"与历史研究[J].史学理论研究,2000(3):127.
③ 张传勇.从日常生活中发现历史——"中国日常生活史的多样性国际学术研讨会"述要[N].人民日报,2011-11-17(07).

和发展的日常生产活动、日常交往活动和日常观念活动的总称。"旨在为组织成员服务、为组织建设服务而出版的连续性内部资料性出版物,实际上是不同层次组织日常生活(日常观念、交往和生产活动)的纸质媒介。

① 日常生活史研究从历史研究角度强化了连续性内部资料性出版物的文本价值。1949年以后,我国的纸质媒介史是由报刊史、内部连续性出版物史("内部报刊"史以及后继的连续性内部资料性出版物史)两部分组成的。与报刊史研究的花气氤氲、春意盎然相比,内部连续性出版物史研究显得寂寥落寞许多,相关著作只有《企业沟通——企业公关刊物传播运作研究》(武汉出版社,2006年)、《中国企业报发展史》(上海三联书店,1999年)、《中国企业报研究》(新华出版社,1993年)、《企业报概论》(兰州大学出版社,1990年)等屈指可数的几种,且全部集中在"企业报"方面。① 此外,内部连续性出版物个案史的研究著述也乏善可陈。日常生活史研究强调"全面史"或"整体史"观念,主张研究人类社会生活的一切方面。根据这种历史观,须进一步重视"内部报刊"和连续性内部资料性出版物的文本价值,强化内部连续性出版物史研究,使得媒介史研究向着全面化、均衡化方向发展。

② 日常生活史研究从史料来源角度强化了连续性内部资料性出版物的文献价值。日常生活史研究强调尽可能扩大史料来源。连续性内部资料性出版物作为聚焦组织日常生活的灰色文献,真实记录并全面反映组织日常生活史,具有独特的史料价值和档案价值。如果说报刊更多的是记录历史的主线和筋骨,那么,连续性内部资料性出版物则更多的是饱含历史的细节和血肉。因此,连续性内部资料性出版物毫无疑义地成为日常生

---

① 企业报绝大多数不是正式报纸。它们大都经行政审批后获颁"内部报刊准印证"或《连续性内部资料性出版物准印证》。

活史研究的重要史料来源之一。通过连续性内部资料性出版物，我们不仅可以认识组织的日常生活史，而且能够发现决定社会历史进程的结构性因素。

③日常生活史研究从个体认识角度强化了连续性内部资料性出版物的文化价值。列斐伏尔认为，人归根结底不是经济人、政治人、劳动人、理性人和技术人而是日常生活中的凡夫俗子，人的最终解放并非体现在经济领域或政治领域而是要落实到日常生活中来。①赫勒指出："社会变革无法仅仅在宏观尺度上得以实现，人自身的改变，人的态度的改变无论如何都是一切变革的内在组成部分。"②日常生活史研究认为，人的个体解放和认识改变是在日常生活③中完成的，这种完成是一个渐进性的缓慢过程。在此过程中，对认识变化产生主要影响的是传播媒介。④连续性内部资料性出版物是组织成员日常生活中的身边读物，具有觉得亲、读得进、信得过等特点，其宣传文化功能（即意识形态功能）对组织成员的认识变化产生重要影响。在当前日常生活意识形态多元化的态势下，⑤必须进一步

---

① 刘怀玉. 列斐伏尔与20世纪西方的几种日常生活批判倾向 [J]. 求是学刊，2003 (5)：46.
② [匈] 阿格妮丝·赫勒. 日常生活 [M]. 衣俊卿，译. 重庆：重庆出版社，1990：15（中译者序言）.
③ 日常生活史的研究内容被软界定为"日常行为"，包括工作行为和非工作行为两大类。根据这个界定，组织成员的日常工作是其本人日常生活的一部分。也就是说，从作为组织成员的个体角度来看，组织日常生活与个体日常生活具有一定的重叠性。见：刘新成. 日常生活史：一个新的研究领域 [N]. 光明日报，2006-02-14 (12).
④ 胡敏中. 论日常生活和日常认识 [J]. 求是学刊，2000 (3)：38.
⑤ 赵司空. 国外马克思主义的日常生活转向及启示——以卢卡奇、葛兰西和赫勒的日常生活理论为例 [J]. 哲学分析，2013 (3)：135.

牢固坚持马克思主义意识形态的指导地位，凝聚成员广泛共识，形成共同思想基础，从而推动组织建设和谐健康发展。

1.5.4 公共产品理论

公共产品理论系新政治经济学基本理论之一，它是构建公共财政、转变政府职能、处理政府与市场关系的基础理论。

（一）公共产品理论概述

① 公共产品的基本特征。与私人产品相比，公共产品是一种为社会所共同需要、整体消费的产品或服务。私人产品是个人或组织独占的产品或服务，所有者可以禁止他人消费该产品或服务，非所有者只有经过所有者同意才能消费该产品或服务，且通常需要支付一定费用。私人产品具有排他性、竞争性等基本特征。所谓排他性，是指一个人消费就排除其他人进行消费的可能性；所谓竞争性，是指在私人产品数量一定的情况下，消费人数增加会减少原消费者的消费数量或消费机会。

公共产品具有非排他性（Non-excludability）、非竞争性（Non-rivalness）等基本特征。所谓非排他性，是指只要有人提供公共产品，无论其本人意愿如何都不能排除其他人消费该公共产品。无法排除他人消费的原因在于以下两点：一是技术上不可行或难度极大，二是因排除成本过高而缺乏可操作性。在《经济学》一书中萨缪尔森指出，不管人们是否有意购买公共产品，公共产品带来的利益都难以分割地扩散到整个社会中。① 所谓非竞争性，是指增加一个消费者带来的产品生产边际成本为零。换句话说，在公共产品数量既定的情形下，多分配给一个消费者的边际成本为零。其实质是，在对公共产品进行消费的过程中该公共产品不存在损耗或减损。公共产品两个基本特征的约束因素不同：非竞争性的决定因素是公共产品的

---

① ［美］保罗·A.萨缪尔森，威廉·D.诺德豪斯.经济学［M］.胡代光，译.北京：北京经济学院出版社，1996：571.

自身特点，非排他性的决定因素是公共产品以外的有关因素。①

② 公共产品的一般特征。 现实生活中的公共产品纷繁复杂。 除非竞争性、非排他性这两个基本特征外，公共产品还具备以下这些一般特征。

一是质差性。 以是否同时具有非排他性和非竞争性为尺度，可以将公共产品区分为纯公共产品和准公共产品。 其中，那些同时具有这两个基本特征的称为纯公共产品，如"公正"和"安全"；那些不同时具有这两个基本特征的称为准公共产品（或曰混合产品）。 准公共产品是介于公共产品和私人产品之间的产品或服务，兼具公共产品和私人产品性质。 尽管准公共产品在技术上有可能有效排他，但其排他成本远远高于私人产品，甚至在有的情况下其排他成本会高于提供成本。 因此，准公共产品的属性更靠近公共产品，而不是更靠近私人产品。② 那些具有非竞争性但可以有效排他的准公共产品称为"俱乐部产品"（Club goods），如教育、社会保障；那些具有竞争性但无法有效排他的准公共产品称为"公共池塘资源"（Common-pool resources），如道路运输系统。③

二是层次性。 以普及范围或获益范围为标准，公共产品可以分为全国性公共产品、地方性公共产品和社区性公共产品。在现实生活中，公民的生活和居住具有区域性特征，所以地方性公共产品在公共产品中占据多数。 地方性公共产品与社区性公共产品有很多共同之处，其不同在于许多地方性公共产品具

---

① 程浩，管磊.对公共产品理论的认识［J］.河北经贸大学学报，2002（6）：10-11.
② 叶子荣.公共经济学［M］.北京：清华大学出版社，2010：67.
③ 郑书耀.公共经济学领域准公共物品及相关概念的界定与区分［J］.华北水利水电学院学报（社科版），2009，25（1）：44.

有一定的外部性，而社区性公共产品几乎没有外部性。

三是动态性。随着经济、技术等因素的变化和社会不断进步，公共产品的范围一直处于变化之中。例如，目前国民教育仍然是有容量限制的拥挤性准公共产品。但是，计算机远程教育技术的发展已使学校容量扩大成为可能。随着国家经济实力增强，政府有财力承担国民教育经费支出，国民教育将会从眼下的准公共产品提升为纯公共产品。再如，在义务教育早已被视为纯公共产品的今天，仍然存在民办中小学现象，贵族学校一度受到不少人青睐。

四是相对性。在现实生活中，公共产品的非排他性和非竞争性概念不能绝对化。例如，国防是一种典型的纯公共产品。但是，国防所提供的保护也只是相对于该国公民而言。从这个意义上说，国防同样具有排他性特征。如果一个国家新增人口数量过于庞大，国防投入成本会有所增加，其非竞争性也将受到冲击。

③ 公共产品的有效供给。公共产品具有供给上的非竞争性、消费上的非排他性特征，不可避免地存在"搭便车问题"（Free-rider problem），由此产生市场失灵。根据庇古均衡分析、萨缪尔森一般均衡分析以及马斯格雷夫均衡模型、威克塞尔-林达尔均衡模型等4种主要均衡模型关于公共产品供给问题的研究结论，传统公共产品理论主张：只有政府才能完成有效供给公共产品的任务。但是，依据公共选择学派的观点，政府失灵是始终存在的，由此决定了政府在公共产品供给问题上也会发生低效率、无效率、供应短缺和消费拥挤等问题。从社会实践来看，的确存在公共产品需求效率性与政府行政垄断膨胀性的矛盾、公共产品需求多样性与政府提供方式单一性的矛盾、公共产品需求增长性与政府自身财力有限性的矛盾等一系

列矛盾。① 随着国际新公共管理运动的兴起和市场经济的深入发展，强调"竞争性供给"的现代公共产品理论逐步形成并日臻成熟。

现代公共产品理论认为，应该放开公共产品市场，推动公共产品政策制定与生产过程相分离，实现供给主体由公共部门向多种主体演进、供给方式由单一化向多样化转变，将公共产品有效供给建立在基于公开招投标的竞争性供给基础上。当前，公共产品的多元供给格局正在逐步走向成熟，具体表现为政府供给、私人部门供给、个人自愿供给、非营利组织供给、联合供给等多种供给主体的共存与匹配②以及多样化供给方式的共存与匹配。以政府作为供给主体为例，既可以采取政府直接供给方式，也可以采取招标采购、合约出租、特许经营、政府参股等供给方式。③

（二）非营利组织与公共产品供给

① 非营利组织的基本特征与一般分类。非营利组织（Nonprofit organization）又称"第三部门"（The third sector），是指追求公益性或互益性目标，④不以获取利润为目的，从事商品生产

---

① 滕世华.公共物品非营利组织提供的可行性研究［J］.北京行政学院学报，2003（1）：22.
② 沈满洪，谢慧明.公共物品问题及其解决思路——公共物品理论文献综述［J］.浙江大学学报（人文社会科学版），2009，39（6）：141.
③ 迟福林.公共产品短缺时代的公益机构改革［EB/OL］.（2010-07-12）［2014-12-27］.http://news.xinhuanet.com/politics/2010-07/12/c_12324013.htm.
④ 谢颖宁.浅析我国非营利组织的营利行为［J］.企业导报，2011（13）：66.

流通或提供公共服务的社会组织。① 非营利组织的基本作用在于弥补政府和市场的双重失灵。② 美国约翰斯·霍普金斯大学教授莱斯特·萨拉蒙（Lester Salamon）将具有组织性、民间性、非营利性、自治性、志愿性等5个基本特征的组织界定为非营利组织。这一界定符合西方国家非营利组织状况，因而在西方比较流行。就中国而言，完全符合该标准的非营利组织几乎不存在。中国学者从推动我国非营利组织发展的角度出发，大多数认为只要符合组织性、非营利性、自治性等3个基本特征就可以定义为非营利组织。③ 所谓组织性，是指有相应的组织机构，该组织机构系注册后合法设立，并制定有规范化的规章制度。所谓非营利性，主要包括以下3层意思：首先，设立组织不能以营利为目的；其次，组织成员不能分配组织利润；再次，组织资产不能"化身"为私人财产。非营利性是针对设立组织的目的而言，不等于不能开展经营活动并营利。非营利组织的所有权结构及其公共服务宗旨注定其资金存量的匮乏性和经济来源的局限性。在一定范围内开展经营活动并获取一定利润，这是维持组织自身生存和发展的需要，也是更好地实现其公益性或互益性追求的需要。④ 所谓自治性，是指组织实行自我管理，拥有独立的决策权、经营权和管理权。

根据服务范围大小，非营利组织可以分为公益性非营利组

---

① 臧红雨.论中国公益性非营利组织的绩效评价与治理问题[J].经济研究导刊，2011（24）：248.
② 吕来明，刘娜.非营利组织经营活动的法律调整[J].环球法律评论，2005（6）：730.
③ 张江丽.基于社会定位认识的公益性非营利组织建设[D].成都：西南交通大学，2010：13.
④ 吕来明，刘娜.非营利组织经营活动的法律调整[J].环球法律评论，2005（6）：732.

织和互益性非营利组织两种。公益性非营利组织是以服务社会公众整体利益为目的的非营利组织。它不仅可以促进社会的整体福利,而且能够在很大程度上改善社会的道德环境。互益性非营利组织是以服务成员或会员利益为目的的非营利组织。它代表某一特定群体的互助性利益,能够促进组织内部沟通,也叫作"成员面向型组织"。①

② 非营利组织公共产品供给的内在优势。公共产品供给不足是市场失灵的表现之一,因此,提供公共产品成为政府的基本职能。然而,政府失灵的存在使得公共部门提供公共产品并非完美,需要引入非营利组织等主体实现公共产品的有效供给。非营利组织不以营利为目的,其提供公共产品(产品或服务)的目的是实现社会公共利益最大化。它处在政府与市场之间,扮演着桥梁和纽带的角色,既可以弥补市场失灵造成的损失,也能够补偿政府失灵带来的损耗,具有提供公共产品的天然优势。

首先,非营利组织能够有效解决市场失灵带来的突出问题。一是免费搭便车问题。公共产品的搭便车特点使得追求利润最大化的私人部门不能有效供给。非营利组织不以营利为目的,它能够有效供给市场不能提供而消费者又不能缺少的公共产品。二是市场外溢性问题。许多产品或服务具有外溢性特征,社会成本收益与私人成本收益之间存在着不一致性。由于外溢利益得不到补偿,私人部门较少涉足此类活动。与此相反,不以营利为目的的宗旨决定了非营利组织可以从事上述活动。三是偏好不合理问题。现实生活中,每个人的要求或愿望并非全部合理。某种产品能够为个人带来很大收益,消费者却意识不到这点。由于存在上述事实,需要非营利组织涉足该

---

① 张江丽.基于社会定位认识的公益性非营利组织建设[D].成都:西南交通大学,2010:13-14.

类产品生产,借此弥补由个人偏好带来的损失。

其次,非营利组织能够有效解决政府失灵带来的突出问题。一是资金不足问题。政府自身财力有限造成公共产品短缺现象。非营利组织能够配合政府部门提供尽可能丰富的公共产品,积极回应不断增长的社会公共需求。二是机构膨胀问题。委托非营利组织办理那些并非一定需要政府部门亲力亲为的事务,这样做能够遏制政府机构的膨胀势头,并提高其工作效率。三是权力寻租问题。非营利组织参与公共事务能够积极克服行政权力过于集中的弊端,有效压缩权力寻租空间,大力推进廉洁政府建设。① 自20世纪80年代以来,非营利组织在全球范围迅速发展,已成为推动社会进步的重要力量。

③非营利组织公共产品供给的模式建构。非营利组织的发展状况与国家政治、经济、文化等密切相关,其公共产品供给模式是衡量一个国家现代化水平的重要标志。实践中,非营利组织公共产品供给逐步形成以下两种主要模式。一是非营利组织主导型模式。即非营利组织独立提供公共产品或服务。为筹集足够资金,除接受社会捐赠外,非营利组织广泛采用收取会费、有偿服务、发行彩票等市场化经营方式实现营利。通过解决财务可持续发展问题,有效保持非营利组织自身的独立性。二是非营利组织辅助型模式。这种模式的特点是政府部门、私人部门在合作中处于主导地位。非营利组织与政府部门合作提供公共产品主要有招标采购、特许经营、政府资助等方式,与私人部门合作提供公共产品主要有公益推广、主题营销、形象使用等方式。在现实生活中,主导型模式与辅助型模

---

① 吕江.准公共产品与非营利组织刍议[J].中共山西省委党校学报,2006(5):64.

式往往相容使用。①

（三）内部连续性出版物的准公共产品性质及其承办机构的互益性非营利组织特征

① 内部连续性出版物是一种准公共产品。内部连续性出版物包括"内部报刊"和连续性内部资料性出版物，它们均是在本系统、本行业、本单位内部用于指导工作、交流信息的非卖性报型或刊型纸质载体。首先，作为精神产品，内部连续性出版物记载的信息、知识和文化是无形的、公共的，具有可复制、可共享等特点。② 它们可以重复消费且每次消费量均一致，能够无数次满足消费需求，其内核永不损耗或消失，即"精神不灭"。内部连续性出版物的精神内容形态使其具有非竞争性。消费者与消费者之间不是竞争关系，也就是说，既不存在你消费我就不能消费的情形，也不存在你消费多我就消费少的情形。其次，在现实生活中，内部连续性出版物是以物质载体方式存在的，具有排他性。这是纸质出版物的共性特征。即使是免费发行的纸质出版物，也不能例外。免费发行只是表明主办单位主动放弃了这种排他性，但并不意味着不能对其建立排他性。故尽管内部连续性出版物系免费赠阅的非卖品，其物质载体形态仍然决定其具有一定的排他性。由此可知，内部连续性出版物是一种具有非竞争性和一定排他性的准公共产品。值得注意的是，伴随信息技术发展出现的数字化连续性内部资料性出版物兼具非竞争性和非排他性特征，是一种纯公共产品。

---

① 杨兆武.非营利组织与公共产品供给模式构建［J］.商场现代化，2007（7下）：48.
② 张新华.转型期中国出版业制度分析［M］.北京：中国传媒大学出版社，2010：73.

② 内部连续性出版物承办机构具有互益性非营利组织特征。① 首先，内部连续性出版物承办机构具有互益性。主办单位设立承办机构（编辑部）的目的是出版内部连续性出版物，内部连续性出版物的出版宗旨是为组织成员服务、为组织建设服务，即为组织及其成员提供指导工作、交流信息的平台。内部连续性出版物读者定位于组织成员，这决定它代表的是组织成员这一特定群体的互助性利益。

其次，内部连续性出版物承办机构具有组织性。主办单位获得新闻出版行政部门行政许可并获颁"内部报刊准印证"或《连续性内部资料性出版物准印证》后设立编辑部，具体承办内部连续性出版物。编辑部一般都制定有工作章程，对出版宗旨、岗位职责、业务流程等做出明确规定。

再次，内部连续性出版物承办机构具有非营利性。从组织的设立宗旨来看，设立承办机构不以赚取利润为目的。内部连续性出版物免费赠阅，为主办单位的成员提供无偿服务。从组织的经营行为来看，不同承办机构存在强弱不等的经营行为。内部连续性出版物主办单位有党政机关②、事业单位、企业单位、社会团体等4个类别，承办机构经费来源有主办单位专项拨款、社会捐赠、服务收费、会员会费等途径。其中，服务收

---

① "承办机构具有互益性非营利组织特征"中的"组织"与"内部连续性出版物系不同层次组织创办"中的"组织"是两个迥然有别的概念。前者指的是内部连续性出版物承办机构，即主办单位的内设部门，一般不具备法人资格；后者指的是内部连续性出版物主办单位（包括系统、行业、单位等），一般系法人。
② 党政机关可以细分为两类。一类是党委政府（如出版"县市报"的县市党委），另一类是党委政府部门（如出版《江苏外事》的江苏省外事办公室）。参见：钱昭楚，梁维敏. 论连续性内部资料的出版和规范[J]. 农业图书情报学刊，2010（9）：223.

费和会员会费①具有经营性质,社会捐赠具有准经营性质。 一般来说,党委政府部门、事业单位、企业单位能够为内部连续性出版物出版提供较为充足的专项经费,其承办机构较少通过经营活动营利以补贴出版。 党委政府②、社会团体为内部连续性出版物出版提供的专项经费较为有限,其承办机构往往经由服务收费、会员会费等方式获得收入以补贴出版经费缺口。 从组织的制度安排来看,"内部报刊"规制已蕴含将"内部报刊"承办机构当作非营利组织的元素。《内部报刊管理原则》、《报纸管理暂行规定》、《期刊管理暂行规定》均规定"内部报刊"可

---

① 为获得足够的出版资金,有的连续性内部资料性出版物承办机构建立理事会制度。 理事会单位会员以缴纳会费等方式支持连续性内部资料性出版物出版,并享有业务研讨、工作建议等权利。 与此同时,单位会员根据缴纳会费多少在理事会中分别担任不同职务,并获得连续性内部资料性出版物承办机构提供的相应宣传服务。 在不同类型的主办单位中,行会协会是选择建立理事会制度最多的一种主办单位类型。 需要注意的是:① 理事会单位会员与行业协会单位会员不完全统一。 非行业协会单位会员的可以成为理事会单位会员,甚至担任要职。 ② 行业协会会费与理事会会费是两个截然不同的概念。 行业协会单位会员根据协会章程缴纳协会会费后,可以而且应当获得免费赠阅的协会会刊。 理事会会费是理事会单位会员(大多数同时也是行业协会单位会员)为支持会刊出版而另外缴纳的一笔费用,从某种意义上带有一定的赞助性质。 ③ 理事会会费不能简单地理解为服务收费。 有的理事会单位会员缴纳理事会会费纯属公益捐赠,拒绝获得宣传服务作为回报。

② 以"县市报"为例,其具有出版周期短、印刷数量多等特点,县市党委为承办机构提供的专项工作经费难以满足全部需求,不足部分主要依靠通过"协办"方式获得宣传服务费加以解决。

以收取工本费，①但"不得以此营利"。直到1995年10月《关于内部报刊管理若干问题的通知》印发，工本费才开始被禁止收取。

最后，内部连续性出版物承办机构具有自治性。内部连续性出版物承办机构有的是主办单位内的二级部门（即中层部门），有的是主办单位内的三级部门。无论层级高低，它们均具有相对独立性，能够而且必须围绕宗旨做好出版工作。

由此可见，内部连续性出版物承办机构是一种不具备法人资格的互益性非营利组织。②

③ 作为准公共产品的内部连续性出版物的一般特征。首先是供给的强制性。内部连续性出版物是自动提供给所有组织成员的，而不论其是否愿意接受。③ 其次是消费的无偿性。内部连续性出版物向组织成员免费发放，不收取任何费用。最后是经营的非营利性。可以着眼于补贴内部连续性出版物出版经费缺口组织实施经营活动，但经营活动不以营利为目的，经营活动赚取的利润不能在编辑部成员之间进行任何形式的分配。

根据非营利组织理论和公共产品理论，从客观属性来看，连续性内部资料性出版物是一种非营利性公共产品。作为非营利性公共产品，连续性内部资料性出版物具有互益性、强制性、无偿性等特征。

---

① 允许"内部报刊"收取工本费对于解决出版经费短缺问题具有积极意义。但是，从规制角度来看，"内部报刊"工本费与报刊定价没有本质区别，故难以对这两种出版物类型进行有效区分。由此可以管窥时代的局限性以及对非营利组织理论、公共产品理论把握的欠缺性。
② "县市报"承办机构一般具备法人资格。此系特例。
③ 叶子荣.公共经济学[M].北京：清华大学出版社，2010：48.

1.6 研究方法

在传统人文社会科学研究方法之外，本书还采用了另外 4 种研究方法，力求研究客观全面，结论科学可靠。

一是抽样研究方法。本书在写作过程中对全国副省级市和江苏省省辖市连续性内部资料性出版物规制运行情况进行全面的抽样分析，对南京地区连续性内部资料性出版物出版情况进行部分抽样分析，获得大量第一手资料，为研究奠定了扎实基础。

二是比较研究方法。本书将具有中国特色的连续性内部资料性出版物与国外内刊进行比较研究，将作为组织传播媒介的连续性内部资料性出版物与作为大众传播媒介的报刊进行比较研究，将法律层面本质属性系"特殊印刷品"的连续性内部资料性出版物与法律层面本质属性系"出版物"的"内部报刊"进行比较研究，从多个角度深入剖析连续性内部资料性出版物的特点和本质。

三是案例研究方法。本书运用了大量案例。通过案例研究充分阐释连续性内部资料性出版物的基本特征和主要功能，深刻揭示连续性内部资料性出版物与规制之间的互动关系，从而达成理论与实践的有机统一。

四是交叉研究方法。连续性内部资料性出版物是一种具有"草根"性质的组织传播媒介，也是一种非营利性的公共产品。只有从组织行为理论、组织传播理论、日常生活理论、公共产品理论、政府规制理论以及非营利组织理论等多学科汲取养分，规制研究以及规制变迁研究才能获得宽阔的理论视野和坚实的理论依据。

第 2 章

连续性内部资料性出版物概述

连续性内部资料性出版物的法律渊源是组织的出版自由权利。报刊作为大众传播媒介，连续性内部资料性出版物作为组织传播媒介，两者互为补充，涵盖了我国现阶段几乎所有应当纳入规制范畴的连续性出版物类型。与此同时，它们之间存在着相互转化的可能性和现实性。可以说，当下的连续性出版物出版场域就是报刊与连续性内部资料性出版物的互动场。

2.1 连续性内部资料性出版物的法律渊源

出版自由是一项基本政治权利。最早将"言论出版自由"纳入宪法的是1787年美国宪法第一修正案。其规定:"国会不得制定法律……剥夺言论自由或出版自由。"①如今在大多数国家,出版自由作为公民的基本政治权利已得到宪法保护。中华人民共和国成立至今,历次宪法都规定公民享有这项基本政治权利。以现行宪法为例,其第三十五条即规定中华人民共和国公民有言论、出版自由。宪法规定公民享有出版自由,也就是规定国家必须承担保障公民出版自由不受侵犯的义务。公民的出版自由自然延伸到由公民组成的不同层次组织。

就目前而言,出版自由主要包括两方面内容:一是指公民通过以印刷或其他复制手段制成的出版物公开表达和传播意见、思想、感情、信息、知识等的自由;②二是指不同层次组织创办出版物的自由。③《出版管理条例》、《报纸出版管理规定》、《期刊出版管理规定》、《内部资料性出版物管理办法》等

---

① 'Congress shall make no law... abridging freedom of speech or of the press.' See: Skinner D, Compton J R, Gasher M. Converging media, diverging politics: A political economy of news media in the United States and Canada [M]. Lanham: The Rowman & Littlefield Publishing Group, Inc., 2005: 26.

② 魏永征. 新闻传播法教程 [M]. 2版. 北京: 中国人民大学出版社, 2006: 42-43.

③ 苏磊. 论我国出版业的行政规制 [D]. 北京: 中央民族大学法学院, 2013: 14.

法规和规章明确规定，组织而非公民可以按规定申请创办报纸、期刊或连续性内部资料性出版物。

出于意识形态属性考虑，我国报刊业目前实行的是"一般性限制的多家进入许可"规制。报刊进行总量控制，原则上不新审批报刊，申请创办报刊的难度极大。这种规制模式无疑与将为组织成员服务、为组织建设服务作为创办宗旨的组织出版需求产生广泛而尖锐的矛盾。组织出版需求其实是组织出版自由权利的外在表达。从某种意义上来说，连续性内部资料性出版物规制实际上是报刊规制与组织出版自由权利相互博弈的产物。通过确立连续性内部资料性出版物规制，基本上达到了既维持现行报刊规制模式又保障组织出版自由权利的目的。权利义务相互统一，自由并非没有边界。出版自由也是如此。不同层次的组织在其出版自由权利得到《内部资料性出版物管理办法》保障的同时，必须接受关于连续性内部资料性出版物的概念界定，也必须遵守内容规制、进入规制、运行规制等相关管理规定。

连续性内部资料性出版物规制从制度层面确立了连续性内部资料性出版物作为组织传播媒介的法律地位。在《报纸出版管理规定》《期刊出版管理规定》《内部资料性出版物管理办法》等规章的保障下，作为大众传播媒介的报刊与作为组织传播媒介的连续性内部资料性出版物共同构筑起我国连续性出版物出版体系。

2.2 连续性内部资料性出版物的成因分析

2.2.1 基于组织行为视角的分析

组织是社会的基本单元，也可以说是社会的基础。关于组织可以给出如下简明定义：组织是拥有共同目标的人的集合体。人、财、物和信息是组织的4大构成要素。组织进行的各项活动实际上是4大要素在特定时空中的协同和组合过程。

传统管理理论中，人、财、物这3个要素获得广泛关注。毫无疑问，这3个要素是组织生存和发展的前提条件。伴随科技进步和信息科学发展，人们开始注意到信息在管理活动中的重要作用。在著名未来学家约翰·奈斯比特看来，21世纪竞争的本质是管理竞争，竞争焦点是组织成员之间的有效沟通以及组织成员与组织外部环境的有效沟通。管理的灵魂是沟通。沟通决定管理效率。通过沟通可以将组织的目标、使命、愿景等信息全面准确地传递到组织成员，从而有效协调成员关系、改善管理职能、实现组织改革并促使组织适应外部环境变化。[1]

组织行为学认为，管理活动的瓶颈是信息沟通。所谓信息沟通，指的是两个及以上个体经过信息通道交流观点、情感、愿望以达成相互理解的过程。如若瓶颈不畅甚至堵塞，任何管理活动都难以组织实施。信息沟通的主要作用表现在以下几方面。一是有助于协调工作。信息沟通犹如组织的神经系统，如果出现问题，个体之间、群体之间、部门之间就不能协同工作。二是有助于分享信息。组织中只要有两个以上的人共同工作，就一定要分享信息，否则工作无法开展。信息分享是普遍需要的，其效果事关信息沟通质量。三是有助于表达情感。组织由人汇集而成，情感表达是每个人与生俱来的客观需要。例如，向身边人表达喜悦、恼怒、悲伤、痛心或恐惧并期望得到理解和回应。唯有信息沟通才能表达情感，唯有表达情感才能改善关系，进而达成稳定情绪、增进友谊、改进工作的功效。一言以蔽之，良好的信息沟通能够提高组织计划的透明度，增强组织成员的满足感，强化组织机构的凝聚力。[2]

---

[1] 李曦，牟尧. 组织内部的信息沟通与障碍研究［J］. 中国西部科技，2011, 10 (25)：51.

[2] 胡君辰，杨永康. 组织行为学［M］. 上海：复旦大学出版社，2002：306-307.

Bavelas 和 Barrett 认为："组织目标的确定，组织方法的应用，组织效力以及将其运用于对组织程序的改进，所有这些都取决于组织内部信息的质量和有效性。"[1]由此可见，信息沟通是管理的纽带。在管理过程中，信息沟通方式、信息利用水平以及信息流动质量对管理效果具有决定性作用。

信息沟通离不开信息通道。信息通道分为正式通道、非正式通道两种。经由正式通道传递信息称作正式沟通，经由非正式通道传递信息称作非正式沟通。非正式沟通又称小道消息，它建立在社会关系的基础上，与组织内部规章制度没有关系。小道消息虽然并非都是空穴来风，但往往是不完整的信息，受个人兴趣、情感等因素影响较大。正式沟通是组织内部明文规定的沟通，与组织结构密切相关。正式通道主要包括：正式会议；正式接触；组织颁布的公告、通知、指示、规章、制度等；组织发布的手册、简报、内部出版物等。[2]

不同层次组织（系统、行业或单位）的内部信息交流、工作指导需要渠道或平台，连续性内部资料性出版物就是组织内部正式沟通的重要通道。连续性内部资料性出版物信息来源权威，刊载内容丰富，在组织内部信息沟通方面扮演着重要角色。它将组织工作决策、规章制度、人事变更等最新信息直接传递给组织成员，帮助组织成员把握组织发展动态，使组织成员在明确组织发展理念、奋斗目标的基础上对自我设计进行调整。它把组织成员的思想动态、工作创新以及意见建议及时传递给组织管理层，方便管理层了解一线真情实感、真知灼见，为改进工作、提高效率提供宝贵的决策支撑。连续性内部资料

---

[1] Bavelas A, Barrett D. An experimental approach to organizational communication [J]. Personnel Journal, 1951, 27: 369.

[2] 胡君辰，杨永康. 组织行为学 [M]. 上海：复旦大学出版社，2002: 319.

性出版物的内容大多是组织成员的身边人和身边事，具有较强的针对性和说服力。文章作者大多是组织成员。从某种意义上来说，稿件择登是对组织成员的有效激励手段。毫无疑问，连续性内部资料性出版物是组织内部信息沟通的重要载体。

2.2.2 基于组织传播视角的分析

组织就是传播。形成组织的5个构件（即集体、目标、章程、领导体系和物质基础）[1]均离不开信息交流，传播是组织产生的前提。组织为实现自我目标必须进行组织内部信息交流和组织外部信息交流，传播是组织存在和发展的必要条件。[2] 所以，传播是组织的血脉，没有传播就没有组织。组织传播是"发生在组织内、组织间，以及组织与其环境间的传播"，[3]它依靠组织系统自身力量进行，具有统领性、秩序性、目的性等特征。[4]

组织传播理论认为组织传播有3个主要特征。首先是传播内容有序化。时代发展节奏加快，组织感到困惑的是信息过剩而不是信息匮乏。组织必须选择其想要产生的信息、想要收集的信息和想要传播的信息。为使信息有效服务组织目标，各类组织建立或完善相互关联的传播渠道，如会议、文件、内部出版物等。[5] 其次是传播结构多维化。组织传播包括组织内部信息传播、组织外部信息传播两个方面。组织内部信息传播有正

---

[1] 《社会学概论》编写组.社会学概论（试讲本）[M].天津：天津人民出版社，1984：102.
[2] 顾孝华.论组织传播的意义[J].上海大学学报（社会科学版），2003，10(2)：84.
[3] 胡河宁.组织传播学：结构与关系的象征性互动[M].北京：北京大学出版社，2010：12.
[4] 周云倩.组织传播视阈下的企业内刊现象[J].今传媒，2007(3)：23.
[5] 胡河宁.组织传播学：结构与关系的象征性互动[M].北京：北京大学出版社，2010：5.

式渠道、非正式渠道之分。正式渠道的传播形式分为两种，即横向传播和纵向传播。纵向传播又分为上行传播和下行传播。①组织外部信息传播主要包括信息输入和信息输出两个方面。组织内部信息传播渠道有会议、简报、通告、幻灯片、工作手册、闭路电视、内部出版物、工作备忘录、电子公告板等；组织外部信息传播渠道有大众传媒、公共服务、年度报告、内部出版物、企业标识系统等。最后是传播层级跳跃化。组织内部信息传播的准确性与组织层级成反比。也就是说，层级越少准确性越高，层级越多失真性越高。为提高信息传播准确性，组织一般采用减少层级、跨越中介的面对面直接传播方式。此外，还经常采用文字传播以及基于电话、传真的电信传播等直接传播方式。

任何传播活动都离不开符号和媒介这两种载体。②作为"独特的组织传播媒介"(Unique organizational communication medium)，③连续性内部资料性出版物有别于其他组织传播媒介的特点在于，在传播内容有序化、传播结构多维化、传播层级跳跃化这3个维度均能彰显自身价值。

就前者而言，与其客观层面的本质属性"出版物"相维系，连续性内部资料性出版物是"文化选择功能"的产物。④主办单位在指导思想上坚持为组织成员服务、为组织建设服务的创

---

① 胡河宁.组织传播学：结构与关系的象征性互动［M］.北京：北京大学出版社，2010：89.
② 彭凤仪.论组织与组织传播［J］.杭州大学学报，1996，26（3）：154.
③ Clampitt P G, Crevcoure J M, Hartel R L. Exploratory research on employee publications［J］. Journal of Business Communication，1986，23：5.
④ 张新华.转型期中国出版业制度分析［M］.北京：中国传媒大学出版社，2010：21.

办宗旨,在选题策划上执行旨在加强组织内部舆论引导的"议题设置",①在稿件加工上采用"记录组织立场并传播对于实现组织目标至关重要信息"②的编辑标准,借此保证连续性内部资料性出版物内在气质的规范性、严谨性和连贯性,并实现信息有序传播。

就中者而言,无论是组织内部抑或组织外部,连续性内部资料性出版物都能在信息传播方面发挥积极作用。它通过"传声筒"或"喉舌"式的"上情下达"实现下行传播功能;通过"晴雨表"或"耳目"式的"下情上传"实现上行传播功能;通过发布有关同级部门或同级成员的信息实现横向传播功能;通过将连续性内部资料性出版物发送给"组织外特定对象"并传播组织文化、塑造组织形象得以实现信息输出功能③(见表2-1);通过从环境中收集有用信息并吸纳进诸如"域外来风"、"他山之石"、"行业视点"之类的专栏得以实现信息输入功能。Heller指出:"研究内刊可以发现英国大型企业是如何渗透进社会、文化和意识形态结构的,又是如何接受来自更为广阔的外部环境影响的。……内刊告诉我们,组织发展并非自成一统,而是更为广阔的历史、社会、文化进程的一部分。"④

就后者而言,纸质版连续性内部资料性出版物具有固化特

---

① 张婷.出版集团企业内刊办刊策略分析——以山西出版传媒集团为例[D].太原:山西大学,2012:10.
② 刘文文.组织传播和大众传播视角下的企业报刊研究[D].济南:山东大学,2009:26.
③ 根据规制,连续性内部资料性出版物系"内部导向型"出版物。其读者定位于组织成员,其发送对象除组织成员外还包括"组织外特定对象"。
④ Heller M. British company magazines, 1878—1939: The origins and functions of house journals in large-scale organisations [J]. Media History, 2009, 15 (2): 161.

征,能够保证高层决策跨越多个层级直达基层,不变形、不走样,"原封不动"、"原汁原味"。①

由此可见,连续性内部资料性出版物实际上是组织内部正式传播渠道中的一种主导性媒介。②

2.2.3 基于组织生活视角的分析

"无征不立"是历史学最基本的学术规范。就某种角度而言,文献是进入历史的通道,没有载入文献就难以迈进历史。③承载事实,记录历史,这既是日常生活史研究对不同层次组织的客观需求,同时更是各个组织的内在要求。有学者总结出日常生活史研究具有的3个特点,即日常性、人本性和综合性。④日常生活史研究的特点从某种意义上来讲就是日常生活史的特点。连续性内部资料性出版物客观上亦具有上述3个特点,这使它成为组织日常生活史不可替代的记录者和承载物。

表 2-1 国外内刊读者定位类型一览表

定位 类目	内部导向型	内外兼顾型	外部导向型
读者定位	组织成员⑤	组织成员 组织外特定对象	组织外特定对象
发送对象	组织成员 组织外特定对象	组织成员 组织外特定对象 组织外不特定对象	组织外特定对象 组织外不特定对象

---

① 彭凤仪.论组织与组织传播[J].杭州大学学报,1996,26(3):154.
② 周云倩.组织传播视阈下的企业内刊现象[J].今传媒,2007(3):23.
③ 雷颐."日常生活"与历史研究[J].史学理论研究,2000(3):126.
④ 常建华.从社会生活到日常生活——中国社会史研究再出发[N].人民日报,2011-03-31(07).
⑤ 组织成员是一种特定对象。

续表

定位 类目	内部导向型	内外兼顾型	外部导向型
传播范围	组织成员 组织外特定对象 组织外不特定对象	组织成员 组织外特定对象 组织外不特定对象	组织成员 组织外特定对象 组织外不特定对象
代表性 出版物	*Sears East Wind*①	*The Bee*② *Perspective*	*31 Rue Cambon*③ *Cascades*

① Click 将内刊内容划分为 5 类，即与雇员有关的内容、与企业有关的内容、一般和杂项内容、广告内容以及封面、刊头和邮件标识内容。其中，*Sears East Wind*（Sponsored by Sears, Roebuck and Co.）与雇员和企业有关的内容占全部版面 87.7%，具有"内部导向"特征；*Perspective*（Sponsored by Cornell Aeronautical Laboratory, Inc.）与雇员和企业有关的内容占全部版面 57.7%，一般内容（即综合新闻与行业新闻）和广告内容占全部版面 33%，具有"内外兼顾"特征；*Cascades*（Sponsored by Pacific Northwest Bell Telephone Co.）一般内容和广告内容占全部版面 70.1%，具有"外部导向"特征。See: Click J W. Employee magazines in the public relations program [J]. The Public Relations Quarterly, 1967, summer: 48.

② *The Bee* 是英国医药公司 Boots The Chemists 的内刊。其读者定位是企业内部雇员和外部客户。通过围绕"走向全国的药店"（Chemists to the Nation）这个愿景进行宣传，*The Bee* 在雇员和客户中塑造企业形象。See: Phillips S. 'Chemists to the Nation': House magazines, locality and health at Boots The Chemists 1919—1939 [J]. Management & Organizational History, 2008, 3（3/4）: 240.

③ *31 Rue Cambon* 是专供香奈儿（Chanel）全球店铺新顾客阅读的企业内刊。见：露西·格林. "品牌杂志"（企业内刊）正在全球兴起 [EB/OL].（2010-02-01）[2014-09-21]. http://www.mellnet.com/mellnet/news/201002/news20100628101434.html.

首先是日常性。组织日常生活的日常性是"琐事"重复性与"细节"变化性的交融。由于组织的业务性质长期基本保持不变，故其日常生产活动、日常交往活动和日常观念活动呈现出重复性的特征，即列斐伏尔眼中"永恒的轮回性"。[1] 与此同时，重复进行的日常活动（琐事）其具体细节又各有特点，即"每一件'时事'包含着不同的原始运动和不同的节奏"。[2] 组织日常生活的日常性体现在连续性内部资料性出版物上就是版面、专栏的相对固定，并以此为平台对琐事及其细节进行聚焦性、重复性、持续性的反映和记录。以《江苏公路通讯》（江苏省交通厅公路局主办）"五项执法在行动"专栏为例。从2013年2月27日起，《江苏公路通讯》在第3版"行业管理版"设立"五项执法在行动"专栏，为在江苏省公路系统路政执法队伍中开展的以"规范执法、严格执法、阳光执法、智能执法、文明执法"为基本内容的执法行动提供舆论支持。到2014年4月2日止，先后发文74篇，涉及单位80家次（见表2-2）。报刊可以间断性地展现组织日常生活的"浪花"，但绝对无法承担记录其全部日常生活的重任。

其次是人本性。人是组织日常生活的核心。连续性内部资料性出版物出版发送的各个环节均体现出以人为本。从读者对象角度来看，连续性内部资料性出版物定位于服务组织成员（普通员工及管理层），为他们提供交流信息、指导工作的平台。从文章内容角度来看，连续性内部资料性出版物将基层组织成员作为关注的焦点，着力反映其工作情况和思想感情。以

---

[1] 张馨月.论列斐伏尔日常生活批判理论及其意义[D].太原：山西大学哲学社会学学院，2013：9.
[2] 孙晶.布罗代尔的长时段理论及其评价[J].广西大学学报（哲学社会科学版），2002（3）：83.

2011年7月21日出版的《雷电院新闻》（位于苏州的中航工业雷达与电子设备研究院主办）为例。该期第2版同时刊发两篇以本单位科研一线知识分子为主角的通讯报道《给力雷达系统工程研究——记院优秀共产党员曹正林》、《软件研发战线上的精英——记优秀共产党员张麦龙》，宣传介绍其为国防现代化做出的突出贡献，肯定歌颂他们勇攀科技高峰的奋斗精神。从出版功能角度来看，连续性内部资料性出版物除传递信息、提供娱乐等功能之外，更重要的是用社会主义核心价值观培育组织文化，促进组织成员认识水平和文明素质不断提升。

最后是综合性。组织日常生活具有综合性和完整性等特征。连续性内部资料性出版物对组织日常生活的记录是百科全书式的，涉及政治、经济、社会、文化等方方面面。另外，在反映手法上既有消息、通讯、评论，也有小说、诗歌、散文，还有摄影、绘画、书法作品，等等。以2013年8月31日出版的《南京水务》（南京水务集团有限公司主办）为例。头版"要闻版"刊发《市城建集团领导深入排水公司调研》、《水务集团公司水质监测中心顺利通过国家级评审》等近期要闻；第2版"综合版"发表《江南地区消防栓普查工作全面展开》、《抄收管理所多举措助力高峰降差》等一系列消息；第3版"专版"以整版篇幅登载两篇重头通讯报道《弘扬优良作风，解决突出问题，保持清廉本色——深入开展党的群众路线教育实践活动》和《战高峰，保亚青，斗酷暑——高温保供奏凯歌》；第4版"珍珠泉版"刊登公司员工撰写的《致青春》（散文）、《遇见——致友情》（诗歌）等数篇文学作品——整期出版物系一个特定时段内组织日常生活全方位、多角度的反映和观照。以共时性和全景式的方式记录组织日常生活，这在报刊是难以实现的。

表2-2 2013年《江苏公路通讯》"五项执法在行动"专栏刊发文章一览表

序号	文章标题	日期	刊期
1	"智能化"提升执法效率,"标准化"促进队伍建设	2013年2月27日	总第184期
2	①徐州:落实执法培训计划;②南京:注重五型公路打造;③昆山:坚持多措并举推进	2013年3月6日	总第185期
3	①标本兼治着力"强能化";②观看录像敲响警钟;③规范行为提升形象	2013年3月13日	总第186期
4	"公路尖兵"上岗监督"五项执法"	2013年3月20日	总第187期
5	①敲警钟收看涉路专题片;②座谈会提出年度新要求;③多举措增强决策执行力;④拉网式检查路政宣传牌	2013年3月27日	总第188期
6	①将任务分解落实;②靠培训提升素质	2013年4月3日	总第189期
7	①沿海路政队强化服务意识;②张家港路政用"三化"助推农路管理	2013年4月10日	总第190期
8	①主动服务增强为民意识;②多措并举营造优美环境;③踏青巡查提高执法效能	2013年4月17日	总第191期
9	①查处施工违规违法行为;②梳理执法热点难点问题	2013年4月24日	总第192期
10	南通治超"春雷"发威	2013年5月1日	总第193期
11	①坚决清除障碍标语;②善意劝改路边取土	2013年5月8日	总第194期
12	南京"公路卫士"大练兵	2013年5月15日	总第195期

续表

序号	文章标题	日期	刊期
13	① 营造良好的办公环境；② 赠送可靠的安全保险	2013年5月22日	总第196期
14	① 执法大比武分阶段展开；② 缴费刷卡机解难题便民；③ 法制宣传日送政策到位	2013年5月29日	总第197期
15	① 东海组织联合巡查；② 宝应暗查执法行为；③ 盐城开展会操训练	2013年6月5日	总第198期
16	① 泰州：创建"路政管理示范乡镇"；② 南通：提速"公路行政许可审批"	2013年6月12日	总第199期
17	① 律师为执法人员"充电"；② 路政到物流现场"送法"	2013年6月19日	总第200期
18	① 宜兴公路执法人员集体"充电"；② 徐盐路政第二大队练兵强身	2013年6月26日	总第201期
19	组织执法大讨论，开展岗位大练兵	2013年7月3日	总第202期
20	学知识，练本领，求优化	2013年7月10日	总第203期
21	① 宁杭路政：交流执法文书制作；② 滨潮治超站：参与多方联动治超	2013年7月17日	总第204期
22	徐州：注重人性化执法	2013年7月24日	总第205期
23	苏州路政开启"联合治超"新模式	2013年7月31日	总第206期
24	"四抓"树立新形象	2013年8月7日	总第208期
25	查找问题，转变作风	2013年8月14日	总第209期
26	"五到位"构筑廉政"防火墙"	2013年8月21日	总第210期

续表

序号	文章标题	日期	刊期
27	打造阳光执法品牌	2013年8月28日	总第211期
28	灯塔照亮前行的航向	2013年9月4日	总第212期
29	黑名单追查肇事逃逸车	2013年9月11日	总第213期
30	整合力量强化治超	2013年9月18日	总第214期
31	三环站开展专项督察	2013年9月25日	总第215期
32	创建优美路域环境	2013年10月9日	总第216期
33	注重工作实效	2013年10月16日	总第217期
34	沿江路政"每月学一法"	2013年10月23日	总第218期
35	多举措提升法律文书质量	2013年10月30日	总第219期
36	以案为鉴自查自纠	2013年11月6日	总第220期
37	开展执法大讨论	2013年11月13日	总第221期
38	警示教育杜绝"三乱"	2013年11月20日	总第222期
39	严格规范执法行为	2013年11月27日	总第223期
40	调看视频找问题	2013年12月11日	总第225期
41	演讲比赛话文明	2013年12月18日	总第226期
42	铜山接受检查考核	2013年12月25日	总第227期

2.3 连续性内部资料性出版物的基本特征

2.3.1 互动性

互动性是针对连续性内部资料性出版物与报刊的相互关系而言的。报刊与连续性内部资料性出版物的刚性差异在于定价、刊登广告、征订发行这3点。其他方面虽然也存在这样那样的差异，但具有弹性，不呈现刚性。上述特点使得连续性内部资料性出版物与报刊之间相互转化成为可能。

2003年7月印发的《中共中央办公厅、国务院办公厅关于进一步治理党政部门报刊散滥和利用职权发行，减轻基层和农民负担的通知》明确规定，要通过停办一批、分离一批、整合一批等方式切实解决党政部门报刊散滥问题。《通知》指出：个别确因工作需要须保留的报刊可以转为连续性内部资料性出版物，不得收费，免费赠阅。2011年5月印发的《中共中央办公厅、国务院办公厅关于深化非时政类报刊出版单位体制改革的意见》明确规定：党政部门主管主办的用于指导本系统工作的非时政类报刊，可以转为连续性内部资料性出版物，也可以由党报党刊出版单位或其他新闻出版传媒企业吸纳整合。根据《意见》精神，新闻出版总署2012年7月印发《关于报刊编辑部体制改革的实施办法》。《办法》规定：承担学术科研领域指导工作、交流信息职能的期刊以及高校校报，一律改为连续性内部资料性出版物；党政机关、民主党派、人民团体、行业协会、社会团体、企事业单位主管主办的用于指导本系统、本单位工作的报刊，一律改为连续性内部资料性出版物；连续性内部资料性出版物内部交流使用，严禁收费发行，严禁刊登广告，严禁从事拉赞助等经营活动。

原江苏省出入境检验检疫局主管、江苏出入境检验检疫协会主办的连续性内部资料性出版物《东方国门》(准印证号：苏新出准印JS—S302)，2011年12月根据新闻出版总署有关文件编入"国内统一连续出版物号"(CN 10-1058/F),主管单位国家质量监督检验检疫总局,主办单位中国质检出版社、江苏出入境检验检疫协会。

在当前的规制语境下,这种互动性表现出强烈的不对等性。具体来说就是,报刊转化为连续性内部资料性出版物相对容易,而连续性内部资料性出版物转化为报刊则难上加难。

2.3.2 依附性

连续性内部资料性出版物的创办宗旨是为组织成员服务、为组织建设服务。结合关于连续性内部资料性出版物的出版规制,这个宗旨可以具体分解为3个定位:一是在内容定位上须贴合主办单位的业务性质;二是在读者定位上须面向主办单位的组织成员;三是在目的定位上须用作组织及其成员指导工作、交流信息的平台。这3个定位充分说明了作为组织传播媒介的连续性内部资料性出版物对于组织的依附性。在实际运作中,经费支持、内容来源、发送渠道等几乎所有环节均离不开对于组织的依附。

这种依附性不可避免地酿就相应隐患。管理层是组织的代表。与普通组织员工相比,管理层客观上处于强势地位。绝大多数情况下,管理层与普通组织员工之间的关系是和谐的。但是,不排除极个别情形下会产生利害冲突。在此情况下,是秉持公正立场还是偏向处于强势地位的管理层?对连续性内部资料性出版物来说,这是一个问题。这样的问题带有普遍性,西方的公开传媒和内刊均屡屡遭遇。就公开传媒而言,在日趋集中化和独占化的市场竞争中,报纸越来越成为表达创办者意见的工具,公众通过报纸表达己见的权利被不断侵蚀。[1] Clampitt 及其同事研究认为,内刊编辑人员在处理与管理层的关系时采取"屈就化策略"。他们对管理层言听计从,就像前

---

[1] 牛静.国外报纸出版制度评析[J].东南传播,2010(1):52.

苏联《真理报》执行党的路线一样。雇员的诉求被忽视，结果是要么内刊被轻视，要么其内容遭到质疑。①

西方的教训值得汲取。连续性内部资料性出版物在处理矛盾时应该始终坚持实事求是的原则，上情下达、下情上传，纾缓情绪、凝聚共识。既不能"视角朝上不朝下、内容报喜不报忧"，也不能"对上级低眉顺眼、对下情虚与委蛇"。只有秉持客观公正的立场，才能赢得尊重、站稳脚跟，并最终实现各方利益的最大化。

2.3.3 针对性

连续性内部资料性出版物的读者对象是特定的，即组织内部的组织成员。由于读者定位于组织成员，这使得连续性内部资料性出版物具有鲜明的针对性、聚焦性和贴近性。相对报刊的开放式和大众化，连续性内部资料性出版物呈现出的是内敛式和小众化。它们既彼此独立又互为补充。

连续性内部资料性出版物的这种针对性主要体现在版面设计的编辑思想上。以南京和谐物业管理有限责任公司主办的《和谐物业》为例。公司成立主要领导担任主任的编委会，以加强对编辑出版工作的组织领导。该连续性内部资料性出版物4开4版，每月下旬出版。头版"要闻版"，主要报道企业大事要事，设"公司论语"、"和谐人语录"等专栏；第2版"综合新闻版"，是头版的延伸，设"事业如歌"、"战地黄花"等专栏；第3版"工作专版"（版名"和谐之光"），以专版形式报道重大事件、介绍工作经验、宣传优秀员工；第4版"企业文化版"（版名"和谐花"），主要发表企业员工创作的散文、诗歌、绘画作品、摄影作品等，设"人生箴言"、"美文欣赏"等

---

① Clampitt P G, Crevcoure J M, Hartel R L. Exploratory research on employee publications [J]. Journal of Business Communication, 1986, 23: 5-17.

专栏。

国外内刊读者定位有内部导向型、内外兼顾型、外部导向型等3个类别。其中，占比最大的是内部导向型。Patmore等认为，管理层创办内刊的主要目的是针对雇员，雇员是内刊考虑的优先对象。① Clampitt及其同事1986年发表了针对内刊的调查结果。关于读者对象，受访者中的97.5%认为是雇员，67.2%认为是雇员家庭，54.6%认为是管理层，54.6%认为是退休雇员，24.4%认为是董事会，18.5%认为是其他，10.9%认为是客户，9.2%认为是社会。②

2.3.4 互益性

如果将服务范围大小作为区分标准，那么存在着两类公共服务，一类是针对社会公众整体利益的公益性公共服务，另一类是将"特定空间"全体成员作为自己消费主体③的互益性公共服务。前者的服务对象是不特定的社会公众，公益性很强；后者的服务对象是具有特定性的社会成员，它是特定社会成员之间互惠互助的工具，公益性相对较弱。④

连续性内部资料性出版物的读者定位于组织成员，其创办宗旨是为组织及其成员提供指导工作、交流信息的平台，所以提供的是一种典型的互益性公共服务。例如，《南京价格》（主办单位南京市价格协会）的创办目的是为协会会员（包括团体

---

① Patmore G, Rees J. Employee publications and employee representation plans: The case of Colorado Fuel and Iron, 1915—1942 [J]. Management & Organizational History, 2008, 3 (3/4): 259.
② Clampitt P G, Crevcoure J M, Hartel R L. Exploratory research on employee publications [J]. Journal of Business Communication, 1986, 23: 11.
③ 叶子荣.公共经济学 [M].北京：清华大学出版社，2010：66.
④ 唐雯.论非营利组织的非营利性及所得税优惠 [J].税收经济研究，2011 (5)：48.

会员和个人会员）相互之间的信息沟通、经验交流、理论研讨提供服务，而不是服务协会外的不特定对象。在国外，内刊被看成是企业"福利策略"（Welfare strategies）的一部分。①

2.3.5 思想性

作为一种特殊的出版物类型，连续性内部资料性出版物的思想性是由其意识形态属性决定的。现代社会，媒体对社会的影响力和支配力越来越大。连续性内部资料性出版物广泛而深入地介入组织的日常生活，深刻地影响着组织成员的思想情绪、价值判断、生活态度和行为选择。

作为宣传思想战线的重要阵地，连续性内部资料性出版物同报刊一样，担负着坚持先进文化的前进方向，为实现中华民族伟大复兴提供精神动力、智力支持、思想保证和舆论环境的重要职能。连续性内部资料性出版物思想性的核心是导向问题。"导向正确是党和人民之福，导向错误是党和人民之祸。"导向问题关系到改革发展稳定大局，关系到社会主义新闻出版业繁荣发展，关系到不同层次组织的精神文化建设，关系到广大组织成员的基本文化权益。导向正确的连续性内部资料性出版物以科学的理论武装人、以正确的舆论引导人、以高尚的精神塑造人、以优秀的作品鼓舞人，获得党和政府肯定，赢得人民群众欢迎。导向偏差的连续性内部资料性出版物传递问题信息、传承落后文化，既是误人子弟的精神垃圾也是危害社会的思想糟粕。

《中国国情动态》即反面事例。在国家统计局党组已做出"停止中国国情研究会下属机构一切活动"决定的情况下，中国国情研究会教育培训中心擅自申领《连续性内部资料性出版

---

① Patmore G, Rees J. Employee publications and employee representation plans: The case of Colorado Fuel and Iron, 1915—1942 [J]. Management & Organizational History, 2008, 3 (3/4): 258.

物准印证》出版《中国国情动态》。《中国国情动态》内容出现严重违反出版纪律、宣传纪律的问题。2004年2月，新闻出版总署印发《关于对〈中国国情动态〉等违规出版的内部资料性出版物查处情况的通报》，决定由北京市新闻出版局注销其《连续性内部资料性出版物准印证》。

2.4 连续性内部资料性出版物的主要功能

2.4.1 工作指导

在《内部资料性出版物管理办法》的制度设计中，工作指导是连续性内部资料性出版物最主要的作用之一。"对于高管而言，内刊的决定性功能之一是'喉舌'功能，即它是一种管理工具。"[1]实践中，连续性内部资料性出版物是通过宏观上的政策指导、中观上的典型指导、微观上的业务指导来充分发挥工作指导作用的。

政策指导方面，主要是通过采取领导讲话传达、文件内容披露、会议精神报道等方式增强组织成员的政治意识和大局意识。以中国民主促进会江苏省委员会主办的《江苏民进》为例。《江苏民进》2013年第3期"卷首语"专栏摘登全国人大常委会副委员长、民进中央主席、中央社会主义学院院长严隽琪在民进中央全国宣传思想工作会议开幕式上的讲话，提出当前民进宣传思想工作重点在于促进目标认同、道路认同和价值认同。

典型指导方面，主要是通过采取宣传推介典型人物、典型案例、典型经验等方式激发组织成员的学习精神和进取精神。以南京市月牙湖小学主办的《月牙》为例。《月牙》2013年出版

---

[1] Heller M. British company magazines, 1878—1939: The origins and functions of house journals in large-scale organisations [J]. Media History, 2009, 15 (2): 159.

4期,其"论坛"专栏共刊发校内作者撰写的典型经验介绍文章13篇,如《"识字魔宫"趣味多》、《让"阅读"成为"悦读"》等,具有较强的创新性、启发性和实践性。

业务指导方面,主要是通过采取疑难解答、技能传授、理论剖析等方式提高组织成员的业务能力和工作能力。以中国电子科技集团公司第十四研究所主办的《地面雷达通讯》为例。该连续性内部资料性出版物2000年创刊,设有"技术论坛"、"故障检修"等专栏,旨在介绍雷达基本工作原理和专业技术知识,传授雷达操作、保障和维修实践技能,促进新装备战斗力形成和优化。2014年2月出版的《地面雷达通讯》在"技术论坛"专栏刊发《提高三坐标雷达测高精度的对策思考》等7篇文章,在"故障检修"专栏刊发《×××B雷达故障检修两例》等9篇文章,对提高一线官兵的专业技能大有助益。

2.4.2 信息沟通

连续性内部资料性出版物是组织及其成员信息沟通的桥梁和纽带。Heller认为,传播信息是内刊的核心职能。[1] 南京市社会科学界联合会明确要求旗下各学会会刊设置服务于信息沟通的"学会园地"专栏,并将此作为出版质量评审的8项指标之一。

连续性内部资料性出版物沟通交流的信息类型丰富。从性质分布来看,有生产信息、人事信息、文化信息等。例如,《望电之窗》(主办单位望亭发电厂)2013年第12期"文艺园地"专栏推出散文《美就在我们身边》、诗歌《老人与海》等5篇文艺作品,展示员工个性风采,促进企业文化建设。从来源渠道来看,有组织内信息、组织外信息等。其中,组织内信息在分

---

[1] Heller M. British company magazines, 1878—1939: The origins and functions of house journals in large-scale organisations [J]. Media History, 2009, 15 (2): 156.

量上处于绝对主导地位。《南京交通》（主办单位南京市交通运输协会）2014年第4期"研究探讨"专栏刊发本行业外作者撰写的题为《网络环境下机关图文资料管理员的基本素质和要求》的文章，以期与交通运输行业相关专业人士达成交流。从传播方向来看，有自上而下信息、自下而上信息等。《正大天晴通讯》（主办单位正大天晴药业集团股份有限公司）2013年第6期"管理者说"专栏刊发文章《用内部流动激活人才管理》（此系自上而下信息），与此同时，"员工论坛"专栏发表短文《由绩效改革话人本经营》（此系自下而上信息）。

作为组织信息的"博览会"和时代信息的"万花筒"，信息沟通功能使得连续性内部资料性出版物能够反映组织风貌并折射时代变迁。

2.4.3 形象塑造

连续性内部资料性出版物是组织文化的载体。不同的组织有不同的组织文化。连续性内部资料性出版物服从并服务于不同层次组织的文化理念，以组织文化理念统领谋篇布局，栏目设置、版式安排、稿件组织、写作手法等具有内在的逻辑性和历史的延续性，并共同构筑组织成长的思想基础和舆论氛围。

每期连续性内部资料性出版物都是文化理念的积淀和文化精神的传扬，都是组织形象的塑造和组织风貌的展现。以航天晨光股份有限公司主办的《创新与发展》为例。作为一家具有军工背景的上市公司，该公司将企业核心文化价值观确定为"国家利益高于一切"。围绕这个文化理念，《创新与发展》设置"观海潮"、"晨光论坛"、"技术创新"、"文化建设"、"展望航天晨光'十二五'"、"图片故事"等专栏，2014年刊发《改进作风，凝心聚力，持续推动航天晨光转型升级二次创业》、《瘦身减负，轻装前行》、《引进核心技术，打开市场局面》、《我们可以为创新做些什么》、《中国梦·我的营销梦》、《劳动竞赛竞风采》等文章，在统一思想、凝聚力量、鼓舞士气、振奋精神、促进发展、维护稳定等方面发挥了重要作用。它在将企业文化理念"国家利益高于一切"不断灌输给企业员工，最大限度调动起广大员工工作积极性、主动性和创造性的同时，也向员工和社会展示了肩负重任、敢于担当的企业形象。

英国 Prudential Assurance Company 的企业文化理念是"做领先全国的人寿保险公司"。企业内刊 Prudential Bulletin 通过刊发相关文章不断强化这种文化理念。文章内容有的是关于公司对公共卫生事业做贡献的，有的是关于公司创始和发展简史的（用以支持其价值理念并证明其历史合法性），等等。公司总经理及其他高管经常用 Prudential Bulletin 宣传和解释企业文化和实际工作，在面对批评时也是如此。[1]

2.4.4 资料留存

连续性内部资料性出版物如实记录组织的日常生产活动、日常交往活动和日常观念活动，是组织日常生活的"大事记"和"编年史"，具有重要的文献功能和档案价值。

1998年第3季度，根据中共江苏省委工作部署，连续性内部资料性出版物《南京党史》（主办单位南京中共党史学会）在当年第5期首发了江泽民同志撰写的《忆厉恩虞同志》一文。文章中，江泽民同志肯定了厉恩虞同志率领进步学生不畏日伪强暴统治，英勇机智开展扫除鸦片斗争的革命经历，回忆了在长期地下斗争中与厉恩虞同志结下的深厚友谊，赞扬了中华人民共和国成立后厉恩虞同志在受到不公正对待时仍忠于党的政治表现。该文2006年8月收入人民出版社出版的《江泽民文选》第二卷。

Clampitt 及其同事研究认为，内刊是信息沟通的书面形式，

---

[1] Heller M. British company magazines, 1878—1939: The origins and functions of house journals in large-scale organisations [J]. Media History, 2009, 15 (2): 159.

纸质材料是永久保存档案的一种方式。① Riley 表示，有些内刊办刊持续时间长，它们能够成为历史学家研究企业沟通的有价值的资料来源。②

数字化时代，纸质出版物在资料留存方面的独特优势获得越来越多的关注。2014 年 3 月，南京水务集团有限公司所辖《南京水务》编辑部在提交的调查问卷中表示："作为综合体现企业大事小情的内部纸质刊物，《南京水务》见证着企业发展，也记录着企业各项重要工作和重大事件，具有收藏意义和留存功能。"

连续性内部资料性出版物的文献功能和档案价值得到公共文化服务机构的认同。以江苏省为例，省立南京图书馆以及市立金陵图书馆、市立扬州市图书馆等公共图书馆均专门收藏本地区创办的连续性内部资料性出版物。

2.4.5 文化娱乐

组织成员之间生活、情感、才艺等方面的互动有助于调动其积极性并强化组织向心力，对组织发展具有促进作用。连续性内部资料性出版物基本上都设置聚焦文化娱乐的专版或专栏。南京际华三五〇三服装有限公司主办的《零三天地》创刊于 1959 年，其文化娱乐版取名"绿苑"，与自身军工企业"国防绿"特质相一致。《零三天地》将"绿苑"定位于职工群众的"后花园"，发表散文、诗歌、书画作品、摄影作品等各类文艺作品，作者大多是公司在职员工或退休职工。策划组版"绿苑"时关注具有时令感的主题，使得版面的集中度、表现性和

---

① Clampitt P G, Crevcoure J M, Hartel R L. Exploratory research on employee publications [J]. Journal of Business Communication, 1986, 23: 5-17.

② Riley S G. Corporate magazines of the United States [M]. New York: Greenwood Publishing Group, 1992: 1-281.

感染力更加突出。"绿苑"旗下"人生百味"、"灯下漫笔"、"多情人间"、"人在天涯"等专栏贴近实际、贴近生活、贴近群众,能够积极满足公司员工不同层次的精神文化需求,达到了展现个性、增进了解、陶冶情操、鼓舞士气、拓宽视野、丰富知识的目的。文化娱乐专版或专栏其实就是"组织观念活动"的聚焦性载体。

出版具有政治功能、经济功能、文化功能、社会功能等4种主要功能。① 从这个角度进行分析,连续性内部资料性出版物的工作指导系政治功能,信息沟通、形象塑造系社会功能,文化娱乐、资料留存系文化功能。

2.5 小结

(1)连续性内部资料性出版物的存在具有必然性。连续性内部资料性出版物在基层、接地气、有个性,是组织成员靠得近、摸得着、用得上的组织传播媒介,在指导工作、交流信息、记录历史等方面发挥着不可替代的作用。连续性内部资料性出版物具有的独特功能得到组织出版自由权利的积极保障,同时也引起政府规制的充分关注。

(2)连续性内部资料性出版物与报刊共筑互动场。报刊作为大众传播媒介,连续性内部资料性出版物作为组织传播媒介,它们互为补充,涵盖了我国现阶段几乎所有应纳入规制范畴的连续性出版物类型。② 与此同时,它们之间存在着相互转化的可能性与现实性。可以说,当下的连续性出版物出版场域就是报刊与连续性内部资料性出版物的互动场。

---

① 张新华.转型期中国出版业制度分析[M].北京:中国传媒大学出版社,2010:21.
② "县市报"不在此列。

第 3 章
连续性内部资料性出版物规制及其变迁

连续性内部资料性出版物规制在降低交易成本、抑制机会主义、保护受众利益等方面具有积极意义。但是，因其脱胎于静态出版安全观，故自带局限性。规制变迁的内因是规制失灵，外因是规制对象的客观需求和制度环境的发展变化。出版安全观作为核心意识形态是连续性内部资料性出版物规制变迁的重要外因，同时也是规制变迁方向的决定性因素。

连续性内部资料性出版物是具有中国特色的一种出版物类型。《内部资料性出版物管理办法》1997年12月30日颁布、1998年1月1日起实施后,连续性内部资料性出版物规制几经变迁,历程曲折,并在出版方面烙下深深印记。

3.1 连续性内部资料性出版物规制及制度

3.1.1 连续性内部资料性出版物规制

（一）连续性内部资料性出版物规制的内容

① 进入规制。 我国对连续性内部资料性出版物实行出版许可制度。[①] 只有经过新闻出版行政部门审批同意并取得《连续性内部资料性出版物准印证》,方可从事连续性内部资料性出版物委印、承印活动。 出版许可制度是消除出版负外部性、确保意识形态安全的一项预防性制度安排。[②]《内部资料性出版物管理办法》对连续性内部资料性出版物总量未设限,即只要符合条件就可以被许可进入。 这种许可形式具有"放松进入规制"的性质。[③] 另外,该《办法》没有对主办单位规格和性质

---

① 连续性内部资料性出版物出版许可制度在2003年8月第十届全国人大常委会第四次会议通过、2004年7月施行的《中华人民共和国行政许可法》中得到确认。 该法第十二条第一款规定,直接涉及国家安全、公共安全的事项可以设定行政许可。

② 吴新颖,姚德权.外部效应:新闻出版规制的理论依据[J].湖南师范大学社会科学学报,2005(4):114.

③ 王晨.中国出版业的产业竞争与政府规制[M].北京:中国书籍出版社,2009:201.

作出规定。

②运行规制。 连续性内部资料性出版物只能在本系统、本行业、本单位内部交流使用，交流使用过程中必须执行"七个严禁"规定：一是严禁收取费用，二是严禁刊登广告，三是严禁征订发行，四是严禁传播到境外，五是严禁拉赞助或搞有偿经营活动，六是严禁用《连续性内部资料性出版物准印证》出版其他出版物，七是严禁与外单位以"协办"等形式印刷发行。 简单点说，连续性内部资料性出版物主办单位不得从事任何经营活动。

③承印规制。 连续性内部资料性出版物须安排在出版物印刷企业印制。 这种规定有其特殊背景。 印刷业是我国意识形态领域的重要阵地，加强印刷业管理是巩固社会主义上层建筑的重要手段。① 出版物印刷企业是各省（自治区、直辖市）根据本地区对出版物印刷能力总体需求及合理布局的要求，经严格审查，从确有出版物印刷设备、具备一定生产能力和技术力量、遵纪守法、管理基础工作健全、物资供应渠道畅通的印刷企业中择优产生的。 未获得出版物印刷资质的单位，一律不得从事出版物印刷业务。 实行出版物印刷许可制度，目的是在提高出版物印制质量的同时加强和完善出版物印刷管理，制止和打击非法印刷活动，从印制环节确保国家文化安全。 作为出版物印刷许可制度的"加强版"，新闻出版署 1990 年 12 月在全国正式实行书刊印刷定点制度。 该制度规定，出版社、期刊社（编辑部）出版的正式出版物不得安排到非书刊印刷定点企业印制。 根据该制度，出版物印刷企业是书刊印刷定点企业的"母体"和源泉，后者从前者当中从严择优产生。 1997 年 8

---

① 黄文虎.在全省整顿和规范印刷市场秩序会议上的讲话（2001 年 10 月 29 日）[M]//江苏出版年鉴（2001）.南京：江苏人民出版社，2003：28.

月，新闻出版署颁布《出版物印刷管理规定》，从规章层面对出版物印刷许可制度予以确认和强化。

④ 内容规制。 连续性内部资料性出版物须遵守 8 项禁载规定：一是反对宪法确定的基本原则；二是危害国家统一、主权和领土完整；三是危害国家安全、荣誉和利益；四是煽动民族分裂，破坏民族团结，侵害少数民族风俗习惯；五是泄露国家秘密；六是宣扬淫秽、迷信或渲染暴力，危害社会公德和民族优秀文化传统；七是侮辱或诽谤他人；八是法律法规规定禁止的其他内容。 其中，前 7 项禁载内容与《刑法》、《民法通则》、《国家安全法》、《保守国家秘密法》等法律的规定基本衔接，第 8 项禁载内容包括《反不正当竞争法》规定的商业秘密、《证券法》规定的证券市场内幕信息等。

⑤ 惩罚性规制。 连续性内部资料性出版物主办单位和承印单位违反规定的，根据情节轻重，将受到警告、罚款等行政处罚。

上述 5 项内容，①、②和③系经济性规制，④和⑤系社会性规制。 就社会性规制和经济性规制的关系而言，确保意识形态安全的内容规制处于发挥引领作用的核心地位。 首先，只有符合确保内容安全条件的主办单位才能获得行政许可创办连续性内部资料性出版物。 其次，与"内部报刊"规制相比，连续性内部资料性出版物规制增加了"不得与外单位'协办'"的规定，该规定配合其他相关规定使得连续性内部资料性出版物承办机构不能从事任何经营活动。 这是采用经济手段提高进入门槛，限制连续性内部资料性出版物数量，服务于确保意识形态安全的目的。 最后，连续性内部资料性出版物规制要求连续性内部资料性出版物必须安排在出版物印刷企业印制，这在很大程度上也是出于意识形态安全的考虑。 值得注意的是，《内部资料性出版物管理办法》中没有质量规制和激励性规制。

（二）连续性内部资料性出版物规制的作用

① 降低交易成本。 连续性内部资料性出版物在我国是一种

受到规制的出版物形式,与国外内刊几乎不受经济性规制制约截然不同。 连续性内部资料性出版物规制在进入、运行等方面作出规定,明确连续性内部资料性出版物既区别于国内报刊也区别于国外内刊的质的规定性,大大降低了规制主体、规制对象围绕连续性内部资料性出版物出版所可能产生的交易成本。2011年,"南京乐学小记者团"拟创办一种面向团员的报型连续性内部资料性出版物,营利模式是收取广告客户广告费和团员会费。 获悉连续性内部资料性出版物不得开展广告等经营活动的规定后,主办方转而与南京广播电视报社合作,使用该报空余刊期每周出版一期《南京广播电视报·乐学少年》,平均期印数两万份。

② 抑制机会主义。 基于"经济人"本性,[1]有的主办单位或承印单位会在连续性内部资料性出版物出版过程中为降低交易成本放任机会主义倾向,或投机取巧,或欺骗隐瞒,采取狡黠方式追求各自利益。 着眼于省时省事、减少交易费用以及规避审批过程中存在的不确定性,他们往往未经行政许可就直接委印或承印连续性内部资料性出版物。《内部资料性出版物管理办法》就擅自委印或承印行为规定了警告、罚款等行政处罚措施,旨在打击和抑制机会主义倾向。 2013年12月,南京市公共安全行政部门发现南京某文化传播有限公司未经许可擅自出版具有连续性内部资料性出版物特征的《中国反歧视法律行动通讯》、《我们》等两种刊型出版物,并在公司网站提供下载服务。 掌握公共安全行政部门提供的案情信息后,江苏省新闻出版行政部门、南京市文化广电新闻出版行政部门依据《内部资料性出版物管理办法》等相关规定及时进行查处,有效遏制了负面效应的扩大。

---

① 卢现祥,朱巧玲.新制度经济学[M].北京:北京大学出版社,2007:93.

③ 保护受众利益。规制能够强化正外部性的社会效应，切实保护消费者利益。① 南京市文化广电新闻出版局、南京市社会科学界联合会自2006年起联合主办年度"南京市社科系统学会会刊出版质量评审"活动，对南京市社科系统各学会、协会、研究会主办的30种左右会刊的出版定位、政治方向、栏目设置、版式装帧、编校质量等综合质量进行全面评审。持续开展的评审活动激励性效果显著。以2011年度评审活动为例。评审结果显示，参评会刊出版行为越来越规范，整体质量进一步提高。该年度30种参评会刊得分均在85分以上，最高分95.42分，最低分85.08分，差距不到11分，与往届相比差距缩小较为显著。另外，印刷装帧质量进一步提高。《金陵警坛》、《南京政协》、《梅园通讯》、《南京城市金融》、《南京旅游研究》5种会刊全部升级为铜版纸印刷，《南京党史》实现内芯全彩印刷。会刊整体质量提高对读者社科知识的获取、阅读快感的增强产生了积极作用。

（三）连续性内部资料性出版物规制的内在局限性

① 属性表达存在错位实际的问题。连续性内部资料性出版物客观层面的本质属性和经济属性在《内部资料性出版物管理办法》中没有得到准确表达和全面维护，法律属性与客观属性不相符合。

首先，《内部资料性出版物管理办法》将连续性内部资料性出版物本质属性确定为"特殊印刷品"，与其客观属性"出版物"错位。将法律属性从出版物调整到特殊印刷品，体现出的是一种"降格以待"的思维倾向。如此定性源于1996年年底启动的报刊业治理工作。

1996年12月，《中共中央办公厅、国务院办公厅关于加强

---

① 王雅莉，毕乐强.公共规制经济学[M].2版.北京：清华大学出版社，2005：184.

新闻出版广播电视业管理的通知》印发。站在转变发展方式的战略高度，中央要求新闻出版广播电视业从注重规模扩张向注重效益提高转变，采取切实有力的措施遏制散滥现象发展态势。转化"内部报刊"是报刊业治理重点之一。《通知》要求将现有符合条件的"内部报刊"改成在本系统、本单位指导工作、交流信息的连续性内部资料性出版物，不再列入报刊系列。这个原则要求被此后颁布施行的相关法规、规定吸纳并不断得到固化。

1997年1月颁布、1997年2月施行的《出版管理条例》第二条规定："本条例所称出版物，是指报纸、期刊、图书、音像制品、电子出版物等。"这里的"出版物"概念不包括连续性内部资料性出版物。1997年3月印发的《关于报业治理工作的通知》和《关于期刊业治理工作的通知》规定取消"内部报刊"管理系列，同时规定连续性内部资料性出版物不列入报刊管理系列，纳入机关文件资料管理范畴，遵守印刷管理有关规定。1997年3月颁布、1997年5月施行的《印刷业管理条例》第二条规定："本条例适用于出版物、包装装潢印刷品及其他印刷品的印刷经营活动。"该条款详细列举了《印刷业管理条例》调整的出版物、包装装潢印刷品、其他印刷品等3个种类印刷品的外延：出版物包括报纸、期刊、书籍、地图、年画、图片、挂历、画册及音像制品、电子出版物的装帧封面等；包装装潢印刷品包括商标标识、彩色包装盒（袋）、纸制包装用品、印铁制罐、以介绍产品为内容的广告宣传品等；其他印刷品包括文件、资料、图表、票证、名片等。其第二十三条规定："承接内部资料性出版物印制的，印刷企业必须验证省、自治区、直辖市人民政府新闻出版行政部门核发的准印证。"由此可见，连续性内部资料性出版物属于"其他印刷品"范畴，但须经行政许可方能承印，是一种特殊的"其他印刷品"。1997年12月颁布、1998年1月施行的《内部资料性出版物管理办法》第一条明确规定:"为了加强内部资料性出版物的管理,根据《印刷业管理条例》和《出版物印刷管理规定》,制定本办法。"第二条规定:连续性内部资料性出版物是指折页或散页印刷品,机关编印的公文性简报等信息类资料不在此列。

"内部报刊"转化为连续性内部资料性出版物后,在客观属性以及内容、形式、功能①都没有改变的情况下,其本质属性在法律层面由出版物降格为特殊印刷品,这的确让人感到困惑。这种客观属性与法律属性相错位的状况给行政管理带来不少麻烦。如前所述,2002年,广东省人民政府在未征求新闻出版总署意见的情况下决定取消企业创办报刊型内部资料性出版物的审批事项,尽管新闻出版总署及时出面干预,建议予以保留,但被动局面业已形成。

其次,就客观层面的经济属性而言,连续性内部资料性出版物是一种具有强制性、无偿性、非营利性特征的公共产品。这种属性是符合客观实际的,同时也得到非营利组织理论、公共产品理论的确认和支持。但是,《内部资料性出版物管理办法》仅仅将连续性内部资料性出版物界定为一种具有无偿性特征的免费产品。免费产品作为法律层面的经济属性定位,未能全面表达出其客观具有的经济属性。连续性内部资料性出版物规制禁止主办单位从事任何经营活动,公共产品的非营利性特征被遮蔽,导致市场配置资源的决定性作用难以发挥,造成社会福利损失。

② 客体外延存在调整缺失的问题。正式连续性出版物规制和内部连续性出版物规制的组合承担调整具备连续性出版物特征的所有出版物的功能。然而,由于顶层设计不够科学周密,内部连续性出版物规制(包括"内部报刊"规制、连续性内部

---

① 龙公冰.关于转化内部期刊问题[J].长江水利教育,1997,14(4):77.

资料性出版物规制）在调整报刊以外的连续性出版物时一直难以实现全覆盖。这突出表现在出版"县市报"方面。

"县市报"是存续于县市域这个"系统"的一种报型连续性出版物。在中央、省（自治区、直辖市）、省辖市、县（市）4级党报系列中，"县市报"是最基层的报纸，其读者定位主要是县市域内的基层干部和广大群众。"县市报"有正式出版、内部出版两种形式。2003年上半年，全国正式出版的"县市报"500余种。2003年启动的报刊治理工作结束后，正式出版的"县市报"锐减到48种。后来新办6种，共计54种。① 在正式出版的"县市报"之外，存在大量内部出版的"县市报"。②

内部出版的"县市报"具有3个主要特点。

一是自身存在的必要性。它们是地方党委部门指导工作、交流信息的宣传阵地，也是当地干部群众接受指导、获取信息的媒体平台，发挥着不可替代的重要作用。不管规制如何变化，内部出版的"县市报"一直顽强存在。截至1997年年底，江苏省64个县市有"县市报"58种，其中正式出版23种、内部出版35种。

2001年9月，江苏省委办公厅、江苏省人民政府办公厅转发省报刊专项治理领导小组办公室《关于停办省内刊号报刊或转为内部资料性出版物的请示》。根据《中共中央办公厅、国务院办公厅关于调整中央国家机关和省、自治区、直辖市厅局报刊结构的通知》关于"各地区、各部门要按规定做好'内部报刊'的转化工作"的要求，决定持"江苏省内部报刊准印证"的"内部报刊"2001年年底前全部停办或转化为连续性内部资料性出版物，"县市报"可由市级党报吸纳。此《通知》涉及

---

① 李骏，洪佳士. 浅析中国县市报的发展与突破 [J]. 中国出版，2011（2上）：60.
② 这些内部出版的"县市报"绝大多数未经行政许可。

《宝应日报》等29种"县市报"。

2003年，根据《中共中央办公厅、国务院办公厅关于进一步治理党政部门报刊散滥和利用职权发行，减轻基层和农民负担的通知》精神，江苏省研究制定《江苏省报刊治理工作方案》并获中央治理党政部门报刊散滥和利用职权发行工作协调领导小组办公室批复同意。就"县市报"而言，《方案》要求在2003年年底前完成以下任务：①《昆山日报》等12种正式出版的"县市报"由新华日报报业集团或省辖市党报有偿兼并，兼并后的"县市报"主要在本区域发行，面向市场，自费订阅，不再作为当地党委机关报；②停办《江宁日报》等17种正式出版的"县市报"，停办29种以市级党报地方新闻（如《南京日报·六合新闻》）、连续性内部资料性出版物（如《宝应日讯》）等形式出版的"县市报"，共计46种；③县市级党政部门一律不办连续性内部资料性出版物。

从2004年年初开始，有关县市相继成立新闻（信息）中心，作为承办机构继续内部出版地方党委部门主办的"县市报"。为规避"县市级党政部门一律不办连续性内部资料性出版物"的规定，他们将字号"××信息"、"××通讯"、"××快报"、"今日××"的"县市报"称作"工作简报"。2005年4月，新闻出版总署将这类"工作简报"鉴定为非法出版物。但是，这并没有遏制住"县市报"的发展势头。

截至2011年年底，江苏省全部49个县市中有46个出版"县市报"。其中，持有独立刊号正式出版的11种，以合作出版方式正式出版的两种，未经行政许可内部出版的33种。

二是财政拨款的有限性。内部出版"县市报"的承办机构一直都是全民事业单位，地方财政部门每年拨付部分工作经费（涉及人头费、办公费、印刷费、发行费、稿费等）支持"县市报"出版，不足部分须承办机构自行解决。

三是经营行为的普遍性。2003年年底前，内部出版的"县市报"主要依靠广告、发行收入弥补财政拨款的不足。1997年，江苏省35种内部出版的"县市报"期发行总量76.4万份，年广告总收入2450万元。[①]从2004年起，内部出版的"县市报"开始采取"订阅变赠阅、广告变联办"的经营模式，通过与相关部门"联合办版"获取宣传服务费。

在难以获得正式刊号的情况下，不少内部出版的"县市报"希望通过获颁《连续性内部资料性出版物准印证》使出版行为合法化，有的甚至就把自己当作连续性内部资料性出版物。[②]截至2013年年底，江苏省只有3种"县市区报"[③]获颁《连续性内部资料性出版物准印证》。

在"内部报刊时代"，内部出版的"县市报"的广告、发行行为与有关规定正面冲突，根据"内部报刊"规制应该责令整改或予以取缔。然而，实际情况却是大批内部出版的"县市报"持续持有《内部报纸准印证》，合法出版身份保持不变。这种突破规制的"集体无意识"行为在某种程度上应该说是一种无可奈何的变通之举。尽管不一定存在"寻租"问题，规制主体以及规制本体的严肃性和公正性不可避免地受到负面影响。

在"连续性内部资料性出版物时代"，内部出版的"县市报"的联办行为与"不得与外单位'协办'"的规定存在矛盾，导致难以将其合法化为"体制内"的连续性内部资料性出

[①] 贺宁芳.报刊管理[M]//江苏出版年鉴(1998).南京：江苏人民出版社，1999：17.

[②] 盱眙日报社[G]//江苏省县市新闻中心工作委员会.江苏省县市新闻中心年鉴(2012)，2013：189.

[③] "县市报"作为一个专有名词特指县市党委主办的报型连续性出版物。随着时代发展，其外延有所扩大，也包括市辖区所办报型连续性出版物。一些区特别是"县改区"后设立的区，同县市一样办有报型连续性出版物。为表达准确，不至于引起歧义，本书在涉及区办报型连续性出版物时采用"县市区报"的表述方式。

物。尽管3种内部出版的"县市区报"经由变通途径合法化，但93.75%内部出版的"县市区报"（共计45种）一直处于未经行政许可的"非法出版"状态。由于众所周知的原因，它们一直未被责令整改或取缔。凡此种种，同样给规制主体以及规制本体造成不可避免的负面影响。

前述江苏省存在的现象和问题在全国具有一定代表性，江苏省可以说是全国的一个缩影。

表3-1和表3-2统计数据显示，华东地区379种"县市区报"，超过89%系内部出版。由于规制刚性，内部出版的"县市区报"绝大多数没有获颁《连续性内部资料性出版物准印证》，长期面临"身份问题"困扰。《内部报纸准印证》和《新闻网站许可证》属于"打擦边球"，于法无据。解决"县市报"问题必须进行制度安排的顶层设计。

③ 传播限制存在难以实现的问题。连续性内部资料性出版物的读者定位和传播范围存在不统一性。连续性内部资料性出版物的读者定位是组织成员。印制出版后，主办单位除了主要将连续性内部资料性出版物发送给组织成员外，还会发送给"组织外特定对象"，即与组织或出版物有密切关系的领导机关、客户单位、业内同行、公共图书馆等机构及相关个人。[①]"组织外特定对象"获得连续性内部资料性出版物后，有时候可能会经由二次传播使其发送至"组织外不特定对象"，即与组织或出版物没有任何关系的社会大众。也就是说，连续性内部资料性出版物的传播范围实际上是不可控的。连续性内部资料性出版物规制明确规定连续性内部资料性出版物交流使用范围只能囿于本

---

① 组织信息运行存在组织内部信息传播、组织外部信息传播两个方向。进行组织外部信息传播是组织存在和发展的必然要求。见：周云倩.组织传播视阈下的企业内刊现象[J].今传媒，2007（3）：24.

系统、本行业和本单位,这在现实生活中难以真正实现。

表 3-1　华东地区内部出版"县市区报"主要许可模式一览表

模式名称	许可证	许可机关	样例	备注
上海模式	《内部报纸准印证》	新闻出版行政部门	黄浦报（沪报字第155号）	
浙江模式	《新闻网站许可证》	宣传部门	① 今日黄岩（浙新办34号）② 天台报（浙新办29号）③ 新平阳（浙新办18号）	"县市区报"承办机构系当地新闻中心,新闻中心同时还承办新闻网站等媒体,其擅自将《新闻网站许可证》用作"连续性内部资料性出版物出版许可证"
江苏模式	无①	无	① 姜堰日报 ② 高邮日报 ③ 今日金坛 ④ 今日高淳	

表 3-2　华东地区"县市区报"数量统计表

省/市　　形式	山东	安徽	江苏	上海	浙江	福建	江西	总计
持有独立正式刊号	3种	0	12种	1种	19种	2种	2种	39种
没有独立正式刊号②	81种	53种	50种	18种	40种	40种	58种	340种

---

① 江苏省只有3种"县市区报"获颁《连续性内部资料性出版物准印证》,仅占48种内部出版"县市区报"的6.25%,且其获颁《准印证》存在争议,故将"江苏模式"的许可证、许可机关定义为"无"。
② 没有独立正式刊号的"县市区报"绝大多数未经行政许可。

3.1.2 连续性内部资料性出版物制度

从广义上讲,规制是制度的首要组成部分。1993年,诺斯发表《制度变迁的理论》一文。在这篇檄文中,诺斯对"制度"进行了详尽阐述。他强调指出,制度是人们创设的对其自身彼此互动关系的一种约束,它包括正式规制、非正式约束、实施机制等组成部分。① 正式规制即约束人们互动关系的有意识的契约安排,包括政治规则、经济规则、一般契约等,也就是说包括宪法、成文法、不成文法、个别契约、特殊细则等一系列人们主动创设的行为规则。非正式约束即不是人们有意识创设的规则,它是人们在长期交往实践中无意识形成的行为规范,主要包括意识形态、价值观念、道德信仰、风俗习惯等。非正式约束在正式规制没有"涉足"的领域发挥约束人们互动关系的功能,影响面广,生命力强。非正式约束具有复杂性、顽固性、反复性等特点。其中,意识形态处于非正式约束的核心地位,它有可能取得优势地位或以指导思想的形式构成正式规制的理论基础或最高原则。② 制度实施机制的主体一般是政府部门。离开实施机制,任何制度尤其是正式规制将形同虚设。

连续性内部资料性出版物制度由正式规制、非正式约束和实施机制构成。

(一)正式规制。连续性内部资料性出版物规制具有下述特点。首先,规制的制定衣钵是"内部报刊"规制。连续性内部资料性出版物是"内部报刊"的历史延续和发展。连续性内部资料性出版物规制中的概念界定、进入规制、运行规制以及内容规制都留下"内部报刊"规制的深深烙印。与此同时,

---

① 程恩富,胡乐明.新制度经济学[M].北京:经济日报出版社,2007:9.
② 胡正荣,李继东.我国媒介规制变迁的制度困境及其意识形态根源[J].新闻大学,2005(春):6.

"内部报刊"规制的一些局限性也被连续性内部资料性出版物规制继承下来。

其次,规制的目标取向是严格区分正式连续性出版物与内部连续性出版物。连续性内部资料性出版物规制紧扣收费①、刊登广告、征订发行这3个关键点,对连续性内部资料性出版物的经营行为做出禁止性规定,旨在将连续性内部资料性出版物与报刊严格区分,为规范出版物市场秩序奠定基础。在严格区分的基础上,连续性内部资料性出版物规制拟结合报刊规制建构一幅完整的连续性出版物规制版图。但是,这种规制努力并不完全成功。

最后,规制的指导思想是静态出版安全观。静态出版安全观具有两个典型特征:一是将消除负外部性放在首位,强调确保内容"万无一失"。②《内部资料性出版物管理办法》只有惩罚性规制,没有激励性规制。其传播范围限制、承印单位限制等经济性规制的确立,主要目的是控制可能出现的负外部性扩大和蔓延。二是将文化安全与数量控制联系起来,强调进入环节和运行环节管制。除不得收费、不得刊登广告、不得征订发行等旨在与报刊严格区分的规定外,其运行规制进一步做出不得拉赞助或搞有偿经营活动、不得与外单位"协办"等规定,即连续性内部资料性出版物承办机构不得从事任何经营活动。这种制度安排的动机是采用经济手段抬高进入门槛,从而达到限制连续性内部资料性出版物数量的目的。

静态出版安全观与当时的客观环境有着密不可分的关系。

---

① 实际上,收费中的"定价"是正式连续性出版物与内部连续性出版物的区分标志之一,而收费则并不是这两者的区分标准。
② 贡献.我省举办首届"双十佳期刊"及优秀期刊评选、首次期刊质量评估分级[M]//江苏出版年鉴(1995).南京:江苏人民出版社,1997:38.

1996年3月，新闻出版署署长于友先同志在全国新闻出版局长会议上就出版单位数量控制问题表示：新建出版单位实行的是与国家政治、经济和文化发展阶段相适应的审批制，加之目前新闻出版法制体系还不健全，出版物生产者和经营者的自律能力还很不强，批那么多单位既违背客观规律，又徒增工作难度。① 从某种意义上来讲，连续性内部资料性出版物规制本身就是规制过度的表现形式。

（二）非正式约束。 这里着重研究分析作为规制主体的新闻出版行政部门、作为规制对象的主办单位对待连续性内部资料性出版物的"心理问题"。"心理问题"可以说是意识形态的一种表现形式。

由于个别"内部报刊"存在内容偏差问题，部分"内部报刊"存在摊派发行拉广告②等问题，1988年以来有关部门连续出台《关于内部报刊整顿的意见》（1988年）、《中共中央办公厅、国务院办公厅关于压缩整顿报刊和出版社的通知》（1989年）、《中央宣传部、新闻出版署关于压缩整顿内部报刊的通

---

① 于友先.总结"八五"，规划"九五"，努力推进新闻出版工作的阶段性转移——在全国新闻出版局长会议上的讲话（1996年3月19日）[M]//新闻出版工作文件选编（1996年）.北京：中国ISBN中心，1998：30.

② 以营利为目的摊派征订拉广告等违规行为与国家文化安全和政治安全存在关联。 首先，摊派征订拉广告突破运行规制的规定，解决了生存乃至发展的资金问题，内部出版的连续性出版物数量进一步增加。 数量增加导致出现内容问题的可能性增大，文化安全隐患加剧。 其次，以营利为目的导致难以将全部精力用于提高出版质量，甚至可能为了"吸引眼球"、扩大发行而不惜刊载内容错误、格调低下的文章，文化安全隐患加剧。 再次，利用行政权力或其他权力摊派征订拉广告，影响党和政府形象，不利于社会稳定，政治安全隐患加剧。

知》(1990年)、《关于加强内部报纸期刊审批管理的通知》(1994年)、《关于加强内部报刊管理的通知》(1994年)、《关于进一步做好清理内部报刊工作的通知》(1994年)、《关于内部报刊管理若干问题的通知》(1995年)等一系列文件,旨在通过治理整顿遏制问题蔓延、规范出版秩序。问题的长期存在使得规制主体产生"防范心理"这样一种心理定式。1995年印发的《关于内部报刊管理若干问题的通知》甚至做出"各地审批新办内部报刊原则上不突破现有总数"的严厉规定。1996年12月印发的《中共中央办公厅、国务院办公厅关于加强新闻出版广播电视业管理的通知》决定"内部报刊"退出报刊系列,某种意义上可以看作对"内部报刊"存在问题的一个"总清算"。1997年年底印发的《内部资料性出版物管理办法》并没有做出"从严审批"的规定,但是,由于"防范心理"的存在和作用,从1998年到2003年,"从严审批"一直都是江苏省新闻出版行政部门在履行连续性内部资料性出版物审批职能时执行的基本原则或隐形规制。2004年1月,新闻出版总署印发《关于开展连续性内部资料出版物专项治理工作的通知》,规定"从严掌握对连续性内部资料性出版物的审批,严格审核申请办理连续性内部资料性出版物准印证单位的资质",将隐形规制明确为正式规制。2008年11月,新闻出版总署决定废止包括《关于开展连续性内部资料出版物专项治理工作的通知》在内的31件规范性文件,"从严审批"退出正式规制。但是,作为一种非正式约束或一种习惯性思维,它仍然不时发挥影响。

作为连续性内部资料性出版物规制的规制对象,主办单位存在着4种有失偏颇的心理。

一是"茫然心理"。有的主办单位从朴素的出版自由观出发,认为出版一种免费赠阅的出版物,不收钱,不拉广告,故不需要经过行政审批。他们当中的绝大多数人并不知道还存在《内部资料性出版物管理办法》这样一个专门性的管理规定。

二是"侥幸心理"。由于出版时间紧、申办手续多以及怕麻烦、图省事等原因,有的主办单位即使经承印单位再三提醒也不去办理《准印证》。他们心存侥幸:尽管未办理行政审批手续,连续性内部资料性出版物印制发放后不一定会被监管部门发现并被追究责任。

三是"自负心理"。有的主办单位明明知道连续性内部资料性出版物不得从事经营活动,依然利用手中职权拉赞助、搞摊派、登广告,破坏市场秩序,影响机关形象。他们自恃"块头"大、规格高,认为即使被举报或被发现也奈何不了自己。

四是"无奈心理"。县市党委部门迫切希望创办"县市报"这一宣传载体,服务党委政府工作需要,服务地方干部群众信息需求。由于"县市报"获取宣传服务费的做法与连续性内部资料性出版物不得从事经营活动的规定相抵牾,主办单位一直无法正大光明地申办《连续性内部资料性出版物准印证》。面临这种矛盾状况,客观需求的合理性"战胜"了行政许可的合法性,县市党委部门纷纷主办并出版具有报型连续性内部资料性出版物特征的所谓"工作简报"。这种"打擦边球"的做法实属无奈之举。

4种"偏颇心理"已经并将继续对连续性内部资料性出版物的出版产生消极影响。有学者研究认为,我国媒介改革更为重要、更为艰难也更为复杂的问题在于非正式约束的变革。[①]

(三)实施机制。出版规制执行不力是一个长期存在的问题。1996年11月,于友先同志在全国新闻出版局长座谈会上指出,新闻出版管理工作中存在这样那样的问题,主要与制度不落实、管理不到位有关,与一些管理部门或管理者有法不依、执法不严有关。他要求加强管理、严格执法,克服监督不力、执法不严的问题,把"治软"作为新闻出版管理工作"治散

---

① 胡正荣,李继东.我国媒介规制变迁的制度困境及其意识形态根源[J].新闻大学,2005(春):6.

治滥"的一个重要内容。①

"内部报刊"和连续性内部资料性出版物长期存在各种问题，实事求是地讲，这里有主办单位的原因，同时也与规制主体没有严格执行"事前把关、事中检查、事后监管"的运行机制有关。新闻出版署1994年2月印发的《关于加强内部报纸期刊审批管理的通知》强调："对违反规定批准、登记的要追究其责任。新闻出版署实施对内部报刊审批的监督，内部报刊的批准文件应报新闻出版署备案。对备案的批准文件，如发现不符合内部报刊规定或超越范围的，新闻出版署可宣布其批准文件无效，并不准登记。"1994年11月印发的《关于进一步做好清理内部报刊工作的通知》指出："《关于加强内部报刊管理的通知》下发后，清理工作取得一定成效。但也有一些地区执行不够有力，有的观望等待，有的只把文件照转而没有具体抓落实，一些内部报刊公开发行、刊登广告等违规问题仍然存在。《通知》必须坚决贯彻落实，不能以有困难、情况特殊等理由留口子。"上述两个文件清楚地表明，有的地方新闻出版行政部门在履行"内部报刊"实施机制方面存在突出问题。

2001年新闻出版总署成立后，根据中央领导同志"要完成政府职责转变，从过去既是治理者又是经营者向治理者转变，把工作重点转变到对新闻出版活动和出版物市场的监管上来"的指示精神，抓紧推动各级新闻出版行政部门转变职能、加强监管。2005年1月，新闻出版总署印发《关于进一步推进新闻出版行政机关职能转变的意见》，明确要求各级新闻出版行政部门进一步强化市场监管和社会管理职能，不断完善预警、引导、赏罚、调节、责任、监督和保障机制。此后，连续性内部资料性出版物的实施机制不断得到强化，取得较为显著的成

---

① 于友先同志在新闻出版局长座谈会上的讲话（1996年11月14日）[M]//新闻出版工作文件选编（1996年）.北京：中国ISBN中心，1998：69.

效。但是，问题仍然存在。这些问题概括起来就是："一些内部资料性出版物违反《内部资料性出版物管理办法》的有关规定，在内容和导向上出现问题；有些内部资料性出版物以赢利为目的，违规定价，向社会上公开征订发行并刊登广告；有的新闻出版行政部门审批监管不力，对一些违规出版行为未能及时加以纠正。"①另外，社会上长期存在不少具有连续性内部资料性出版物特征的灰色文献②，它们一直没有引起规制主体的充分重视，也没有得到及时查处。

把规制放到制度框架中进行分析研究，有助于更好地理解规制本体及其变迁的原因、背景和方向。

3.2 连续性内部资料性出版物规制变迁的历时性研究——以江苏省为例

3.2.1 社会性规制变迁

（一）相对放松阶段（1997年1月—2004年2月）

1996年12月，《中共中央办公厅、国务院办公厅关于加强新闻出版广播电视业管理的通知》印发。站在转变发展方式的战略高度，中央要求新闻出版广播电视业从注重规模扩张向注重效益提高转变，采取切实有力的措施遏制散滥现象发展态势。《通知》要求将现有符合条件的"内部报刊"改成在本系统、本单位指导工作、交流信息的连续性内部资料性出版物，退出报刊系列。1997年3月印发的《关于报业治理工作的通知》和《关于期刊业治理工作的通知》明确"内部资料"纳入机

---

① 见：《新闻出版总署、全国"扫黄""打非"办关于清理整顿内部资料性出版物的通知》（新出联〔2002〕15号）。
② 本书出现的涉及连续性内部资料性出版物的"灰色文献"概念，特指未经行政许可擅自出版的具有连续性内部资料性出版物特征的出版物，与已经行政许可的连续性内部资料性出版物对应。

关文件资料管理范畴，遵守印刷管理有关规定。1997年12月，新闻出版署颁布依据《印刷业管理条例》和《出版物印刷管理规定》制定的《内部资料性出版物管理办法》。

关于"内部报刊"改成连续性内部资料性出版物后的管理部门定位问题，新闻出版署的意见是：具体职能部门由各省、自治区、直辖市新闻出版局确定。根据新闻出版署的意见精神，江苏省新闻出版局确定由局印刷业管理处履行连续性内部资料性出版物管理职能。1997年11月，印刷业管理处起草完成《关于加强内部资料性出版物管理的暂行办法》，并正式颁布实施。

根据政事分开、管办分离的指导思想，江苏省出版体制改革2000年正式启动。2000年9月印发的《江苏省人民政府办公厅关于江苏省新闻出版局（省版权局）职能配置、内设机构和人员编制规定》明确规定，江苏省新闻出版局（省版权局）系主管全省新闻出版事业和著作权事业的省政府直属机构，原江苏省新闻出版局、江苏省版权局、江苏省出版总社三块牌子、一套机构的运行模式不再延续。"三定"方案在"职能调整"方面规定江苏省新闻出版局承担"内部报刊转化为内部资料的审批和管理"职能。根据"三定"方案，局报纸期刊出版管理处承担以下工作职责：一是拟定报刊总量、结构和布局规划；二是承担新办报刊、建立报刊集团及报刊更名的审核报批工作；三是组织报刊社年检，组织报刊审读和质量监督，组织查处违禁报刊和违规出版行为；四是承担与有关部门共同管理驻江苏记者站的工作；五是承担核发新闻记者证的工作。与之相应，局印刷业管理处（挂"科技发展处"牌子）承担以下工作职责：一是负责印刷业监督管理；二是拟定印刷业发展规划、管理政策并组织实施；三是指导全省印刷企业的年检工作，承办承接境外一般出版物印制的审批工作；四是承担中小学教科书的印制管理工作；五是负责内部资料性出版物的印制管理和出版物印刷质量的监督管理；六是拟定新闻出版业科研、技术进步、技术监督规划和有关标准并监督实施。①"三定"方案进一步确认了印刷业管理处对于连续性内部资料性出版物的管理职能。

这个阶段有以下几个特点。

一是规制客体处于职责边缘。从印刷业管理处工作职责可以看出，连续性内部资料性出版物的管理位于该处工作职责的非主流位置。在"内部报刊时代"，由于报刊与"内部报刊"之间存在天然的亲近性和相似度，报刊规制可以及时传递到并作用于"内部报刊"，有利于不断强化"内部报刊"管理。但在当前阶段，这点难以做到（见表3-3）。

二是履职重点在于转化清理。1997年1月到2001年12月，印刷业管理处协助报纸期刊出版管理处组织开展"内部报刊"转化为连续性内部资料性出版物的工作。2001年年底，最后100种"内部报刊"的转化工作完成，全省连续性内部资料性出版物总数为708种。在转化工作完成前后，一直积极组织实施内部连续性出版物的清理整顿工作。例如，1998年执行"内部报刊"转化工作要求，停办218种不符合条件的"内部报刊"；2002年根据新闻出版总署《关于清理整顿内部资料性出版物的通知》、江苏省委宣传部等部门《关于规范全省机关报刊发行秩序的通知》等文件精神，开展连续性内部资料性出版物清理整顿，停办96种不符合条件的连续性内部资料性出版物；2003年结合报刊治理工作启动连续性内部资料性出版物专项治理，全年暂停新审批连续性内部资料性出版物。

三是制度建设止于形式规范。这个阶段出台的涉及连续性内部资料性出版物的管理规定主要是江苏省新闻出版局2003年印发的《内部资料性出版物版式规格》，在内容规制、质量规制

---

① 江苏省人民政府办公厅关于江苏省新闻出版局（省版权局）职能配置、内设机构和人员编制规定［M］//江苏出版年鉴（2000）.南京：江苏人民出版社，2001：61-65．

和激励性规制方面没有实质性进展。

四是内容监管偏于负面消除。在着力组织实施转化及清理工作的同时,借助专题会议、年度核验、违规查处等途径加强以消除负外部性为重点的内容管理。

表3-3　1997—2004年国家有关部门印发的报刊管理主要文件一览表

管理类型	文件名
出版管理	① 关于加强报纸出版管理重申有关规定的通知(1999);② 关于建立违纪违规报刊警告制度的意见(2000);③ 关于严格执行期刊"三审制"和"三校一读"制度保证出版质量的通知(2001);④ 关于进一步加强社会文化生活类报刊管理的通知(2002);⑤ 新闻出版体制改革试点工作实施方案(2003);⑥ 关于试行报纸出版评估论证制度的通知(2004)
内容管理	① 关于印发《图书、期刊、音像制品、电子出版物重大选题备案办法》的通知(1997);② 关于不得在出版物上公开引用发表新华社内参涉密信息的通知(1998);③ 报刊刊载虚假、失实报道处理办法(1999);④ 关于坚决制止发表和出版政治观点错误的文章和图书的通知(2000);⑤ 关于对出版物使用互联网信息加强管理的通知(2001);⑥ 关于禁止报纸期刊刊载以军队名义发布医疗广告的通知(2002);⑦ 关于进一步加强对涉及民族宗教问题出版物管理的通知(2003);⑧ 关于文摘、选刊类期刊不得转载和摘编非法出版物内容的通知(2004)
审读管理	① 关于加强小报小刊审读工作的通知(2000);② 关于进一步加强和改进报刊审读工作的通知(2001)

(二) 不断加强阶段(2004年3月以后)

2004年3月1日,江苏省新闻出版局党组研究决定,根据新闻出版总署内设司局职能调整精神,原由局印刷业管理处承担的连续性内部资料性出版物管理职能调整到报纸期刊出版管理处。① 报纸期刊出版管理处将报刊管理与连续性内部资料性

---

① 出版纪事[M]//江苏出版年鉴(2004).南京:江苏人民出版社,2007:79.

出版物管理有机结合，通过建立或完善内容规制、质量规制、激励性规制不断强化连续性内部资料性出版物管理。

① 丰富内容规制。"内容监管是新闻出版行政管理机关行使社会监管职能的重要内容。"[①]2004年3月以来，报纸期刊出版管理处一直把连续性内部资料性出版物内容监管当作处室的重要工作职责。审读是新闻出版行政部门依照国家法律法规组织开展的出版事后执法工作，对巩固和确保马克思主义在意识形态领域的指导地位发挥着重要作用。加强内容监管主要围绕审读工作进行。一是强化制度建设。2009年2月，根据新闻出版总署《报纸期刊审读暂行办法》制定印发《江苏省报纸期刊审读暂行办法》。《暂行办法》第三条第二款规定，经过新闻出版行政部门审核批准，在江苏省领取《连续性内部资料性出版物准印证》的连续性内部资料性出版物，其审读管理按《暂行办法》执行。二是强化队伍建设。局内20余位具备相应业务素质的局领导、处室负责人和工作人员承担连续性内部资料性出版物审读的工作职责。2013年，延请11位江苏省第四届期刊编校技能大赛金奖选手专司连续性内部资料性出版物编校质量审读，审读员队伍实现内请外聘的有机统一。三是强化平台建设。跟进出版数字化发展趋势，2012年启动江苏省报刊数字审读平台建设，旨在建成全省报刊及连续性内部资料性出版物电子样本数据库，采用信息技术手段对各类连续性出版物进行科学化、动态化、全面化审读，为行政管理提供持续规范的技术支撑。

---

① 石宗源.认真学习宣传贯彻十六大精神，以"三个代表"重要思想为指导，在全面建设小康社会进程中开创新闻出版工作新局面（2003年1月15日）[M]//新闻出版工作文件选编（2003年）.北京：中国ISBN中心，2006：33.

表 3-4 2012 年江苏省住建系统连续性内部资料性出版物出版质量评估一览表

序号	评估结果	名称	内容质量	编校质量	印装质量	出版规范
1	一级内资（3种）	江苏城市规划；江苏建设者；江苏风景园林	① 舆论导向鲜明，出版宗旨清晰，编辑思想明确，配合工作中心抓住行业热点组织策划选题；② 文章有深度，有思想性，有学术价值，发挥了宣传指导等功能	好	好	完全规范
2	二级内资（5种）	江苏房地产；江苏建筑业；江苏建筑节能；江苏住房与房地产；江苏燃气	① 出版宗旨明确，能够配合工作中心进行选题策划；② 文章有一定深度	较好	较好	完全规范
3	三级内资（5种）	江苏供水；江苏工程招标投标；江苏建设监理；建筑市场研究；江苏市政	① 出版宗旨明确，行业导向正确，具有一定指导性；② 内容单薄，文章深度不够；③ 有的期数以文件为主，缺少编辑含量	较好	较好	基本规范
4	四级内资（8种）	建筑安全与设备管理；建设承包商；江苏工程质量；江苏建设会计；江苏勘察设计；江苏装饰装修；江苏安装；江苏工程造价管理	① 以转载文章或领导讲话为主，编辑部组织的文章分量不足，缺少编辑含量；② 文章质量一般，缺乏思想性和指导性；③ 既没有配合工作中心开展宣传，也没有针对行业热点进行研究	差错较多	一般	不够规范
5	不合格内资（2种）	江苏混凝土；江苏钢结构	内容一般	差错较多	一般	不规范

② 建立质量规制。《内部资料性出版物管理办法》没有出版质量方面的规定,给行政管理带来难度和困扰。[①] 为便于加强质量管理,报纸期刊出版管理处根据新闻出版署制定的《报纸质量管理标准》(试行)、《〈报纸质量管理标准〉实施细则》(试行)和《社会科学期刊质量管理标准》(试行)、《社会科学期刊质量标准及质量评估办法》(试行)以及国家科委、中央宣传部、新闻出版署制定的《科学技术期刊质量要求》、《科学技术期刊质量评估标准》等报刊质量规制,研究建立了由内容质量、编校质量、印装质量、出版规范等4部分组成的连续性内部资料性出版物质量规制。其中,编校质量优秀标准"差错率≤万分之一",良好标准"万分之一＜差错率≤万分之二",合格标准"万分之二＜差错率≤万分之三"。2012年和2013年,江苏省新闻出版局连续两年组织审读员对江苏省住房和城乡建设厅主管的23种连续性内部资料性出版物的出版质量进行评估。其中,2012年质量评估结果是:一级内资3种;二级内资5种;三级内资5种;四级内资8种;不合格内资2种(见表3-4)。

表3-5 2013年江苏省省属连续性内部资料性出版物
编校质量评比优秀等次一览表

序号	名称	主管单位
1	江苏经济动态	江苏省统计局
2	江苏航空	南京航空航天大学
3	校园书法	江苏省教育厅
4	江苏演艺	江苏省委宣传部
5	江苏自学考试	江苏省教育厅

---

① 钱昭楚,梁维敏.论连续性内部资料的出版和规范[J].农业图书情报学刊,2010(9):223.

续表

序号	名称	主管单位
6	江苏版权	江苏省新闻出版局
7	江苏妇幼保健	江苏省卫生厅
8	江苏农业产业化	江苏省农业委员会
9	核电	中国广东核电集团有限公司
10	江苏交通新闻	江苏省交通厅
11	现代经济观察	江苏省科学技术协会
12	江苏老年书画	江苏省民政厅
13	石油地质与实验	中石化石油勘探开发研究院无锡石油地质研究所
14	江苏省人民代表大会常务委员会公报	江苏省人民代表大会常务委员会
15	江苏教育宣传	江苏省教育厅
16	江苏交通科技	江苏省交通运输厅
17	江苏总会计师通讯	江苏省财政厅
18	工作与学习	江苏省委省级机关工作委员会
19	航海职业教育	江苏省教育厅
20	江苏海事	江苏省海事局
21	电子工程	南京长江电子信息产业集团有限公司
22	江苏通讯	江苏省委办公厅
23	信息传真	江苏省文化厅
24	江苏软件与服务	江苏省经济和信息化委员会
25	江苏社联通讯	江苏省社会科学界联合会
26	江苏建筑节能	江苏省住房和城乡建设厅
27	名镇世界	江苏省委研究室
28	现代电子工程	中国电子科技集团办公厅

续表

序号	名称	主管单位
29	聚焦金陵	金陵饭店股份有限公司
30	江苏商业会计	江苏省行业协会办公室
31	仪征化纤	中石化仪征化纤股份有限公司
32	江苏社会教育	江苏省教育厅
33	江苏徽商	江苏省发展和改革委员会
34	汽车新时空	江苏省工商行政管理局
35	公安交通科技窗	公安部交通管理局
36	总统府展览研究	江苏省政协办公厅
37	江苏电力	江苏省电力公司
38	海外发展	江苏省发展和改革委员会

③ 导入激励性规制。激励性规制是对正外部性的肯定。一是启动评优活动。2013年第一季度,结合年度核验组织开展省属连续性内部资料性出版物编校质量评比表彰活动。活动中,组织审读员从每种送验连续性内部资料性出版物中分别抽取两万字进行审读。根据审读结果,2013年3月,对38种优秀等次(差错率≤万分之一)连续性内部资料性出版物(见表3-5)、51种良好等次(万分之一＜差错率≤万分之二)连续性内部资料性出版物进行通报表彰。二是组织业务培训。2007年11月,与江苏省期刊协会共同举办江苏省首期连续性内部资料性出版物负责人岗位培训班,50名负责人接受培训。2008年7月,会同江苏省期刊协会举办江苏省第二期连续性内部资料性出版物负责人培训班,86名负责人接受培训。

3.2.2 经济性规制变迁

(一)不断强化阶段(1997年1月—2008年10月)

进入规制在这个阶段呈现不断强化的态势。以"从严审批"在隐形规制与正式规制之间不断转换为视角,这个阶段可以分为环环相扣的3个时期。

第一个时期从1997年1月到1997年12月（即从"内部报刊"转化为连续性内部资料性出版物工作启动到《内部资料性出版物管理办法》正式施行前）。这个时期执行1995年《关于内部报刊管理若干问题的通知》中"各地审批新办内部报刊原则上不突破现有总数"的规定，"从严审批"系正式规制。

第二个时期从1998年1月到2003年12月（即从《内部资料性出版物管理办法》正式施行到《关于开展连续性内部资料出版物专项治理工作的通知》印发前）。《内部资料性出版物管理办法》没有关于连续性内部资料性出版物总量控制的规定，但由于"防范心理"以非正式约束方式存在并发挥作用，"从严审批"在这个时期作为隐形规制得到贯彻执行。具体来说，"从严审批"通过以下"三部曲"落到实处：一是"紧张制造"。告知申请者或咨询者《连续性内部资料性出版物准印证》实行严格审批甚至基本上不审批，通过其口耳相传营造并累积该行政许可事项难以许可的"紧张氛围"或"规定情境"。二是苛刻审查。戴着"有色眼镜"并采取"一切从疑"的态度审查申请材料，稍有瑕疵即做出"不予行政许可"的决定，毫不手软、绝不含糊。三是耐心劝退。对于少数执着坚定的申请者，耐心细致地做其思想工作，规劝其放弃申请行政许可的念头或接受不予行政许可的结果。

第三个时期从2004年1月到2008年10月（即从《关于开展连续性内部资料出版物专项治理工作的通知》印发到《新闻出版总署废止第三批规范性文件的决定》印发前）。2004年1月，新闻出版总署印发《关于开展连续性内部资料出版物专项治理工作的通知》。《通知》明确规定：① 从严掌握对连续性内部资料性出版物的审批，严格审核申请办理《连续性内部资料性出版物准印证》单位的资质；② 非国有企事业单位、县级以下（含县级）单位不得办连续性内部资料性出版物；③ 除企业已办连续性内部资料性出版物保留报型外,其他连续性内部资料性出版物一律采用刊型,周期限定为半月以上。这个时期"从严审批"又转身为正式规制,而且还增加了关于主办单位性质、规格以及出版形式、周期的限制性规定,进入规制进一步强化。

2004年2月,江苏省新闻出版局印发同名文件《关于开展连续性内部资料出版物专项治理工作的通知》,重申新闻出版总署有关规定。2004年12月,印发《关于市、县(市、区)核发一次性内部资料性出版物及加强相关管理的通知》,强调《连续性内部资料性出版物准印证》不在各市、县(市、区)新闻出版行政部门审批范围。2005年3月,印发《关于试行〈江苏省连续性内部资料出版物管理暂行办法〉的通知》。《暂行办法》增加了关于主办单位性质、规格以及出版形式、周期的限制性规定。

这个时期与前两个时期相仿,依然"严格控制总量,从严掌握对连续性内部资料性出版物的审批"。[1] 图3-1显示,自2001年年底"内部报刊"转化为连续性内部资料性出版物工作结束到2008年年底,受治理整顿、"从严审批"等因素影响,江苏省年度连续性内部资料性出版物数量[2]一直在600—800种这样一个较低的区间起伏。

(二) 不断放松阶段(2008年11月以后)

2008年11月,《新闻出版总署废止第三批规范性文件的决定》印发,决定废止包括《关于开展连续性内部资料出版物专项治理工作的通知》在内的31件规范性文件。依据该《决

---

[1] 报纸期刊出版管理[M]//江苏出版年鉴(2005).南京:江苏人民出版社,2007:125.

[2] 年度连续性内部资料性出版物数量系当年新增种数、停办种数等因素共同作用的结果。

定》,《连续性内部资料性出版物准印证》行政许可的"从严审批"规定以及关于主办单位性质、主办单位规格、出版形式和出版周期的限制性规定全部取消。《连续性内部资料性出版物准印证》行政许可回归《内部资料性出版物管理办法》本原,不再有附加性限制条件。2008年9月,《江苏省新闻出版局关于印发〈江苏省连续性内部资料出版物管理办法〉的通知》发布。《江苏省连续性内部资料出版物管理办法》取代《江苏省连续性内部资料出版物管理暂行办法》,《新闻出版总署废止第三批规范性文件的决定》的主要精神(如取消"从严审批"规定及其他有关限制性规定)在该《办法》中得到全面反映。①

《新闻出版总署废止第三批规范性文件的决定》的颁布实施标志着连续性内部资料性出版物进入规制迈入了放松阶段。此后,在4方面因素作用推动下,连续性内部资料性出版物进入规制一直处于不断放松态势。

首先是许可层级下移。2008年,基于简政放权、加强基层新闻出版行政部门建设的考虑,江苏省新闻出版局决定将《连续性内部资料性出版物准印证》(市属)等审批权限委托下放至省辖市新闻出版行政部门。2008年8月,《江苏省新闻出版局关于委托省辖市新闻出版行政部门代行部分行政许可行政管理事项审批权限的通知》印发。《通知》要求各省辖市新闻出版行政部门在规定时间内提交并送审相关授权委托事项运行文本,经委托机关审核确认后正式施行授权委托事项。2008年11月,《江苏省新闻出版局关于对授权委托核发江苏省连续性内部

---

① 《新闻出版总署废止第三批规范性文件的决定》时间上晚于《江苏省新闻出版局关于印发〈江苏省连续性内部资料出版物管理办法〉的通知》印发。前者主要精神在后者得到全面反映,原因在于地方新闻出版行政部门事先已掌握上级新闻出版行政部门规制调整的指导原则和基本内容。

资料出版物准印证运行文本请示的批复》印发，有关省辖市新闻出版行政部门正式获得《连续性内部资料性出版物准印证》（市属）委托审批权限。①《江苏省连续性内部资料出版物管理办法》第四条第二款对此予以确认。该条款明确规定，各省辖市新闻出版行政部门受江苏省新闻出版局委托，负责对各省辖市市属单位创办连续性内部资料性出版物进行审批。

2012年9月，江苏省新闻出版局印发《关于下发我省新闻出版（版权）系统省直管县体制改革试点工作对接方案的通知》。《通知》决定将委托省辖市新闻出版行政部门审批的权力项目，直接委托昆山市文广新局、泰兴市文广新局、沭阳县文广新局等3个试点县（市）文广新局审批。上述3个试点县（市）文广新局借此获得《连续性内部资料性出版物准印证》（县〈市〉属）委托审批权限。

2013年12月，江苏省新闻出版局印发《关于做好国务院、省政府取消下放新闻出版行政审批项目后续监管工作的通知》。《通知》指出，根据《省政府关于取消和下放126项行政审批项目的通知》精神，《连续性内部资料性出版物准印证》（市属）管理层级下放至省辖市新闻出版行政部门，由后者负责审批。至此，省辖市和试点县（市）新闻出版行政部门《连续性内部资料性出版物准印证》审批权限由委托施行升格为直接施行。②

其次是审批方式调整。2008年1月，江苏省新闻出版局政

---

① 委托审批实施后，各地继续使用《江苏省连续性内部资料性出版物准印证》，新审批连续性内部资料性出版物继续编入全省统一的"江苏省连续性内部资料性出版物准印证号"。《准印证》由江苏省新闻出版局负责统一印制，分别发放给各地使用。
② 审批权限下放后，各地继续使用《江苏省连续性内部资料性出版物准印证》，新审批连续性内部资料性出版物继续编入全省统一的"江苏省连续性内部资料性出版物准印证号"。《准印证》由江苏省新闻出版局负责统一印制，分别发放给各地使用。

务大厅正式启用，大部分行政审批事项由政务大厅"统一受理、统一送达"。 2010年上半年，江苏省新闻出版局以局机关机构改革为契机，新设立综合业务处。 机构改革后，政务大厅接受综合业务处领导，继续执行行政审批事项"统一受理、统一送达"任务。 根据局新"三定"方案和新闻出版总署司局分工，综合业务处承担全局59项行政审批事项中53项（包括《连续性内部资料性出版物准印证》〈省属〉审批事项）的集中办理工作。 至此，实行多年的行政审批多部门分散办理转变为一个部门集中办理，实现真正意义上的"一个窗口对外"，基本形成行政审批"集中受理、集中办理、统一送达"的运行管理模式和"规范流程、一次告知、限时办结"的便民服务模式。

再次是权力运行公开。 2010年6月，江苏省新闻出版局行政权力网上公开透明运行工作正式启动。 根据行政权力"运行数字化、流程标准化、办公网络化、信息公开化"要求，建成"权责清晰、程序严密、运行公开、制约有效"的行政权力网上公开透明运行系统。 与此同时，出台《行政权力网上公开透明运行管理暂行办法》、《行政权力网上运行权限设置办法》、《行政权力事项网上运行绩效考核试行办法》等一批权力运行配套文件，为规范行政权力运行提供制度保证。

最后是监督力度加大。 2008年以来，先后出台《行政许可行政管理事项审批运行管理暂行办法》、《行政权力网上运行电子监察内部管理办法》（试行）、《行政执法责任制》（试行）、《行政审批实施细则》等一系列规定，突出行政许可的行政监督、媒体监督和社会监督。《行政许可行政管理事项审批运行管理暂行办法》第三十条规定，针对"对符合法定条件的申请人做出不予许可或批准决定"、"在法定条件以外随意附加申办条件"等行为，监督部门要及时核实并报告局依法行政工作领导小组，视情节严重程度分别做出责令改正、给予行政处分、移送司法机关追究刑事责任等处理。 这就彻底挤压了隐形规制和

"三部曲"的生存空间。2011年,江苏省新闻出版局累计办结各类行政审批事项4175件,其中,不予同意审批事项15件,仅占0.36%。

2010年以来,江苏省连续性内部资料性出版物数量增长迅速。2010年、2011年、2012年、2013年这4个年度的增长率分别是31.7%、15.5%、13.3%、10%(见图3-1)。虽然增幅趋缓,但是由于基数较大故年度实际增加数量依然较多。

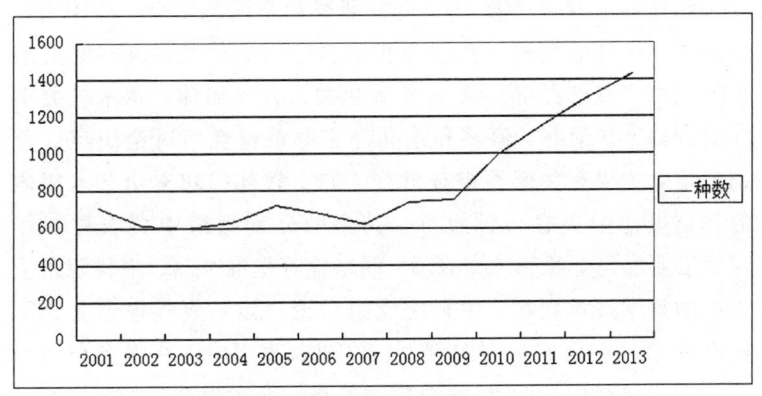

图3-1 江苏省连续性内部资料性出版物数量变化图[①]

放松进入规制在我国连续性出版物出版史上不乏先例。1958年4月,《中央转发中央宣传部关于改变报纸、刊物的创办、停刊和改刊的批准手续的意见》印发。《意见》强调,必须繁荣发展科学技术类刊物以推动社会主义建设事业发展。《意见》指出,与报纸的相对稳定性不同,由于工作需要和机构调

---

① 2001—2013年江苏省连续性内部资料性出版物年度数量情况:1431种(2013);1301种(2012);1148种(2011);994种(2010);755种(2009);742种(2008);621种(2007);677种(2006);722种(2005);630种(2004);598种(2003);612种(2002);708种(2001)。

整，各部委机关、人民团体、学术机关所办刊物经常出现变动情况（如创办、合并、停办、变更名称或刊期，等等）；与报纸的广泛影响力不同，各部委机关、人民团体、学术机构所办刊物对社会的触动一般较为间接和有限。《意见》明确规定，今后刊物的批准权可以适当放宽，不必一概由中央批准。考虑到刊物门类多、内容广以及变动大，完全由中央宣传部履行审查职责的实际难度较大，《意见》决定对刊物创办、停刊和改刊的批准手续做如下改变：① 党中央各部委和全国总工会、团中央、全国妇联主办的刊物，其创办和停刊须中央批准，改刊的批准手续仍由中宣部办理；② 各部委机关、人民团体、学术机关主办的刊物，其创办、停刊和改刊经主办单位党组讨论决定后分别报请党中央有关部委审查批准（如文教部门和文学艺术团体的刊物报请中央宣传部批准，其余的分别报请中央农村工作部、工业部、交通部、统战部、联络部等批准）；③ 中科院系统主办的科学技术刊物，中科院党组讨论决定后直接报请文化部核准登记；④ 所有报刊的创办、停刊和改刊申请获得批准后一律报文化部登记。这样的规制调整是综合考虑刊物特点、发展需求和工作效率等因素的结果，体现了实事求是的态度和精神。

当下连续性内部资料性出版物与报刊之间的比较，相对于彼时刊物与报纸之间的比较，具有一定的近似度和类比性；当下不同层次的组织对于创办连续性内部资料性出版物的客观需求，相对于彼时国家建设事业发展对于创办科学技术刊物的迫切需求，也具有一定的近似度和类比性。借此可以发现规制变迁的内在逻辑和历史张力。

3.3 连续性内部资料性出版物规制变迁的共时性研究——以江苏省省辖市为例

本书采取问卷调查、电话访谈、现场咨询、文献阅读等方式,针对2008年11月至2013年年底期间江苏省13个省辖市连续性内部资料性出版物规制的运行情况进行抽样分析。之所以将2008年11月确定为抽样分析的时段起点,原因在于《江苏省新闻出版局关于对授权委托核发江苏省连续性内部资料出版物准印证运行文本请示的批复》系当时印发,省辖市新闻出版行政部门凭此文件正式获得《连续性内部资料性出版物准印证》(市属)委托审批权限。该文印发施行后,省辖市新闻出版行政部门不仅可以在社会性规制方面而且可以在经济性规制方面发挥各自的能动性和积极性。抽样分析结果显示,有11个省辖市新闻出版行政部门制定印发了有关连续性内部资料性出版物管理的地方规制,占总数的84.6%(见表3-6)。

抽样分析结果表明,在2008年11月至2013年年底这个时段,总体上来看,各地社会性规制呈现不断强化的态势,经济性规制呈现不断放松的态势。

表3-6 江苏省省辖市连续性内部资料性出版物部分社会性规制统计表

类目 现状	制定地方管理规定	印发书面审读报告	开展评比表彰活动	开展业务培训活动
已经组织实施	南京;镇江;苏州;盐城;淮安;南通;连云港;徐州;扬州;宿迁;无锡	南京;镇江;苏州;常州;盐城;淮安;南通;连云港;徐州	南京;苏州;淮安;连云港;徐州;宿迁	南京;镇江;苏州;连云港;徐州;扬州;泰州;无锡
准备组织实施		扬州;无锡	镇江;盐城;无锡	盐城;淮安
没有组织实施	常州;泰州	宿迁;泰州	常州;南通;扬州;泰州	常州;南通;宿迁

3.3.1 社会性规制抽样分析

（一）内容规制

各地新闻出版行政部门根据《出版管理条例》、《江苏省连续性内部资料出版物管理办法》、《江苏省报纸期刊审读暂行办法》等法规规定，不断加强连续性内部资料性出版物内容的管理。

一是注重审读制度确立。《南京市出版物审读暂行办法》、《无锡市报刊审读工作暂行办法》、《南通市关于进一步加强报刊审读工作的意见》、《镇江市报刊审读工作方案》、《盐城市报纸期刊审读实施方案》等纷纷出台，其中均包括关于连续性内部资料性出版物审读的具体规定，通过确立审读制度把连续性内部资料性出版物内容管理落到实处。

二是注重审读队伍建设。采取业务培训、城际交流、工作研讨等方式切实加强审读队伍自身建设。2011年以来，根据江苏省新闻出版局工作部署，各地分别对连续性内部资料性出版物审读队伍进行调整充实。2012年，苏州市局新聘7名审读员（2名异地审读员和5名在校研究生审读员），减轻了人情干扰，增添了队伍活力，有力地推动了审读工作及时性、准确性和权威性的提升。

三是注重审读深度挖掘。9个市局组织撰写并印发书面审读报告，占省辖市总数近70%（见表3-6）。2012年，镇江市局对7种具有一定代表性的连续性内部资料性出版物进行书面审读，审读报告刊载于《镇江报刊审读与管理》。这7篇审读报告是《〈民主建设〉有品位》、《服务政协工作，发挥参政议政作用——简评〈镇江政协〉》、《修炼德行，健康身心——有感于〈创新〉开办"国学"栏目》、《群众是真正的靠山——评2012年第6期〈党建之窗〉》、《〈镇江宣传〉是一座立交桥》、《头条文章很好，出版期数有误——评5月18日的〈镇江消费〉》和《让镇江人感到自信自豪——评2012年第1期〈镇江乒坛〉》。

四是注重审读措施完善。① 审读方式上形成全面性审读、针对性审读、抽样性审读等不同模式。由于审读经费偏紧和审读人手偏少等原因，除3个市局采取全面性审读方式外，大多数市局采取针对性审读方式或抽样性审读方式（见表3-7）。② 审读形式上形成一般审读与书面审读相结合、个人审读与集体审读相结合、案头审读与上门审读相结合等不同组合模式。2008年至2010年，以"背靠背"案头审读为基础，南通市局组织审读员对《南通港口新闻》、《沿海教育》、《江山股份》、《名师之路》、《南通教育研究》等连续性内部资料性出版物进行"面对面"上门审读。

表3-7　江苏省省辖市连续性内部资料性出版物主要审读方式一览表

主要审读方式	城市	备注
全面性审读	南京；徐州；扬州	指除年度核验期间的审读外，日常工作中审读每种连续性内部资料性出版物的每期样本
针对性审读	镇江；盐城	指除年度核验期间的审读外，日常工作中选择某种或某些连续性内部资料性出版物进行审读
抽样性审读	苏州；常州；淮安；南通；连云港；宿迁；泰州；无锡	指除年度核验期间的审读外，日常工作中随机抽取某种连续性内部资料性出版物的某期样本进行审读

（二）质量规制

各地制定的质量规制可以分为3个层级。

一是具体质量标准。2006年9月，南京市局会同当地语言文字行政部门联合制定江苏省首部行业语言文字管理规定《南京市新闻出版行业语言文字使用管理暂行规定》，首次对内部资料性出版物编校质量差错率标准做出明确规范。①《暂行规定》第十三条规定："内部资料性出版物根据形式及类别的差异，差错率标准分别参照相同形式及类别的报纸、期刊和图书。"据此，报型连续性内部资料性出版物编校质量差错率合格标准系万分之三；社科类刊型连续性内部资料性出版物编校质量差错率合格标准系万分之一；科技学术类、科技技术类刊型连续性内部资料性出版物编校质量差错率合格标准系万分之四；科技指导（综合）类刊型连续性内部资料性出版物编校质量差错率合格标准系万分之五；科技检索类、科技科普类刊型连续性内部资料性出版物编校质量差错率合格标准系万分之六。

二是一般质量规制。即适用所有连续性内部资料性出版物的质量规制。淮安市局将连续性内部资料性出版物的出版质量分为政治标准、业务标准、编辑标准、出版标准4方面，重点检查政治导向和遵纪守法情况。4方面满分120分，其中政治标准40分，业务标准30分，编辑标准30分，出版标准20分。

三是分类质量规制。即在一般质量规制基础上制定的适用特定类型连续性内部资料性出版物的质量规制。2006年以来，南京市局会同有关部门制定并不断完善《南京市社科系统学会会刊出版质量评审工作规程》。《规程》结合社科会刊实际，将政治标准、业务标准、编辑标准、出版标准具体化为8项指标并分别赋值（满分100分）：A. 出版定位和栏目设置符合学会性质和专业取向（15分）；B. 政治方向和舆论导向正确，思想内容没有问题（15分）；C. 贯彻落实"百花齐放、百家争鸣"方针，坚持理论联系实际，服务社会需要和学科发展（15分）；D. 版式制作贴合出版物特点，装帧设计美观大方

---

① 晋雅芬. 江苏首次规定内部资料和网络出版物编校质量标准[N]. 中国新闻出版报，2006-11-20（01）.

(15分); E. 编校质量较高,差错率低 (15分); F. 及时报送主管部门审读 (10分); G. 年度出版期数及按时出版情况 (10分); H. 设置"学会园地"和科普栏目 (5分)。

质量规制的制定实施为科学评价连续性内部资料性出版物出版质量奠定了坚实基础。2013年,来自省市宣传、新闻出版、社会科学领域的领导和专家对南京市社科系统29种学会会刊出版质量进行评审(见表3-8)。29种参评学会会刊中,除《现代城市研究》系持独立刊号的正式期刊、《日本侵华史研究》系用书号出版的集刊外,其余27种均为持《准印证》的连续性内部资料性出版物。评审结果显示,29种学会会刊综合质量均在良好以上。

(三) 激励性规制

各地通过组织开展评比表彰、业务培训等活动激励先进、鞭策后进,促进政治意识、大局意识和精品意识牢固树立,推动连续性内部资料性出版物的出版质量不断提高。

就评比表彰而言,占比69.2%的市局已经或准备组织开展连续性内部资料性出版物评比表彰活动(见表3-6)。南京市局组织开展的评比表彰活动对象丰富,涉及连续性内部资料性出版物、连续性内部资料性出版物工作者、连续性内部资料性出版物主办单位等,还曾联办过专门面向民营企业连续性内部资料性出版物的评比表彰活动。连云港市局从2008年起开始启动优秀连续性内部资料性出版物评选活动,每两年举办一次,受到江苏省新闻出版局的肯定。第一届至第三届分别有6种、10种、9种市属连续性内部资料性出版物获得表彰。在2012年举办的第三届连云港市优秀连续性内部资料性出版物评选活动中,评委普遍认为,参评出版物坚持出版宗旨、服务工作大局,有效促进了本系统、本行业、本单位业务工作建设和精神文明建设,为推动全市新闻出版业大发展大繁荣做出了积极贡献。在本次评选活动中,《连云港党建》等9种连续性内部资料性出版物获得表彰(见表3-9)。

表3-8 2013年度南京市社科系统学会会刊出版质量评审一览表

序号	名称	主办单位	A项得分	B项得分	C项得分	D项得分	E项得分	F项得分	G项得分	H项得分	总分
1	现代城市研究	南京城市科学研究会	15	15	14.86	14.71	14.57	10	10	1.86	96
2	日本侵华史研究	侵华日军南京大屠杀史研究会	15	15	14.86	13.71	14.86	10	7	2.43	92.86
3	南京政协	南京市政协理论研究会	15	15	14.71	13.71	14	9.86	8	2.58	92.86
4	金陵法苑	南京市法官协会	15	15	14.14	13.29	13.29	9.86	8	2.56	91.14
5	南京检察	南京市检察官协会	15	15	14.43	13	12.86	9.86	8	2.42	90.57
6	南京钟山文化研究	南京钟山文化研究会	14.86	15	14.43	13	12.86	9.86	8	2.13	90.14
7	南京国税	南京市税务学会	14.71	15	14.43	12.43	13.14	9.86	8	2.29	89.86
8	南京城市金融	南京市城市金融学会	14.71	15	14.29	13.71	13.29	9.29	7	2.57	89.86
9	南京价格	南京市价格协会	14.57	15	14	12.14	12.29	9.86	8	4	89.86
10	南京党史	南京中共党史学会	14.86	15	14.57	12.71	12.86	9.86	8	1.85	89.71
11	南京统战	南京市统一战线理论研究会	14.86	15	13.86	12.57	12.71	9.29	8	3.14	89.43

续表

序号	名称	主办单位	A项得分	B项得分	C项得分	D项得分	E项得分	F项得分	G项得分	H项得分	总分
12	文化遗产研究通讯	南京文化遗产保护与利用研究会	15	15	13.29	12.29	12.57	9.71	7	4.43	89.29
13	金陵警坛	南京市警察协会	15	15	13.57	12.71	12.57	9.86	7	3.43	89.14
14	南京史志	南京市地方志学会	14.86	15	14.29	13.29	12.71	9.86	5	3.13	88.14
15	南京区域农村经济	南京市农村经济学会	14.43	15	14.14	12	12.14	9.86	8	2.14	87.71
16	南京工商	南京市工商行政管理学会	14.57	15	14.14	11.29	12.57	9.86	8	1.86	87.29
17	南京人大	南京市人大工作理论研究会	14.57	15	14.14	10.71	12.29	9.86	8	2.57	87.14
18	南京人力资源社会保障	南京人力资源和社会保障学会	13.86	15	13.71	11.14	11.71	10	9	2.44	86.86
19	南京档案	南京市档案学会	14.71	15	14.29	11	12.14	9.86	7	2.43	86.43
20	南京终身教育	南京市成人教育学会	14.57	15	14	11.57	11.71	9.57	7	2.29	85.71

续表

序号	名称	主办单位	A项得分	B项得分	C项得分	D项得分	E项得分	F项得分	G项得分	H项得分	总分
21	南京金融	南京金融学会	14.14	15	13.29	12.43	11.86	9.71	7	1.71	85.14
22	金陵老年大学	南京老年大学协会	14.14	15	13.43	10.14	11.14	9.71	8	3.44	85
23	南京行政区划与地名	南京市行政区划地名协会	14.43	15	13.43	11.14	11.14	9.43	7	3.43	85
24	南京旅游研究	南京旅游学会	13.86	15	13.29	10.57	11.43	9.71	8	2.85	84.71
25	南京商贸	南京市商业经济学会	14.14	15	13.29	11.57	11.14	9.43	8	2.14	84.71
26	梅园通讯	南京周恩来研究会	14.43	15	14.14	11	12	9.86	5	3	84.43
27	古都南京	南京古都学会	14.14	15	13.71	10.57	11.43	9.86	5	4.15	83.86
28	南京诗词	南京诗词学会	13.86	15	13.14	10.43	11.43	9.71	7	2.14	82.71
29	文化纵横	南京市群众文化学会	14.14	15	13.71	11.86	11.57	9.86	5	1.57	82.71

就业务培训而言，占比76.9%的市局已经或准备组织开展连续性内部资料性出版物业务培训活动（见表3-6）。苏州市局充分发挥行业协会作用，依托苏州市出版物编辑学会举办连续性内部资料性出版物负责人培训班。扬州、镇江两地创新培训形式，2009年6月底至7月初，两地新闻出版行政部门联合主办连续性内部资料性出版物负责人培训班。

表3-9 连云港市第三届优秀连续性内部资料性出版物评选活动获奖名单

序号	名称	主办单位	主管单位
1	连云港党建	连云港市委组织部	连云港市委组织部
2	连云港人大	连云港市人大常委会	连云港市人大常委会
3	连云港宣传	连云港市委宣传部	连云港市委宣传部
4	连云港审判	连云港市中级人民法院	连云港市中级人民法院
5	连云港检察	连云港市人民检察院	连云港市人民检察院
6	民生与人才	连云港市人才学会	连云港市人力资源和社会保障局
7	连云港审计	连云港市审计局	连云港市审计局
8	连云港人文	连云港市文化广电新闻出版局	连云港市文化广电新闻出版局
9	连云港工商	连云港市工商行政管理局	连云港市工商行政管理局

3.3.2 经济性规制抽样分析

（一）进入规制

① 进入规制实施总体上呈现放松态势。2009年以来，各省辖市局积极实施政务公开，不断推动权力在阳光下运行。根据全省统一的《江苏省新闻出版（版权）管理行政许可规程》，落实以公开为原则、以不公开为特例的要求，向社会公开行政许可事项及其服务内容、办事程序、申请条件、承诺时间和办

理结果，运用电子政务监督系统对行政许可申请的受理、承办、审核、审批、备案、办结等环节实行全方位、全过程监督，确保行政许可在公开化、规范化、责任化的框架内有序高效运行。

各省辖市局实施的连续性内部资料性出版物进入规制，总体上呈放松态势，但也存在"同向而行"的差别之处和"逆向而行"的迥异之处。表3-10和表3-11显示，进入规制实施方面实际存在4种类型。一是彻底取消进入规制。如宿迁。二是绝对放松进入规制。如南京、镇江、扬州、苏州、常州、淮安、盐城、徐州等8个市。三是相对放松进入规制。如南通、无锡两市。南通市局、无锡市局分别在出版质量、主办单位资质等方面设置了规制外附加条件，但均采用变通方法或救济方式许可申请单位创办连续性内部资料性出版物。四是绝对强化进入规制。这类与前3类截然不同。在静态出版安全观的作用下，连云港市局、泰州市局选择了与放松进入规制相对立的行政许可模式。

表3-10 江苏省省辖市《连续性内部资料性出版物准印证》行政许可模式一览表

类目 模式	城市	备注
严格执行规制	南京；镇江；扬州；苏州；常州；淮安；盐城；徐州	只要符合规定条件即予以行政许可，不附加条件
规制外附加条件	连云港、泰州；南通；无锡	在总量、质量、资质方面附加条件
取消行政许可	宿迁	2013年取消该项行政许可，注重加强市场监管

表 3-11 规制外附加条件行政许可模式一览表

模式 \ 类目	城市	备注
总量限制	连云港；泰州	连云港、泰州分别规定全市连续性内部资料性出版物总量控制在 55 种、28 种以内
质量限制	南通	质量较好的编入全省统一的"连续性内部资料性出版物准印证号"，质量一般的编入该市设立的"连续性内部资料性出版物准印证号"
资质限制	无锡	县团级单位、市级社会团体、大型企业（含民营企业）可以申请《连续性内部资料性出版物准印证》；其他单位或机构申请出版连续性内部资料性出版物的，颁发《一次性内部资料性出版物准印证》

② 行政审批数量总体上呈现放松态势。用 2013 年数据同 2010 年数据进行比较发现，省辖市连续性内部资料性出版物年度数量总体上呈增长态势（见表 3-12）。10 个市年度总量实现正增长，占比 76.9%。[①] 其中，常州、淮安、盐城、宿迁等 4 个市增长率超过或逼近 100%。常州最为突出，2013 年年度数量是 2010 年的 2.61 倍。以南京为例（见图 3-2）。2002 年 8 月，南京市报刊专项治理工作领导小组办公室印发《南京市内部资料性出版物专项治理工作实施意见》，决定停办 17 种机关主办的连续性内部资料性出版物。2002 年成为该市连续

---

① 南通市局将质量一般的连续性内部资料性出版物编入该市设立的"连续性内部资料性出版物准印证号"，故从获得行政许可的连续性内部资料性出版物总量这个角度进行分析，南通实际上是正增长。也就是说，实现正增长的占比 84.6%。

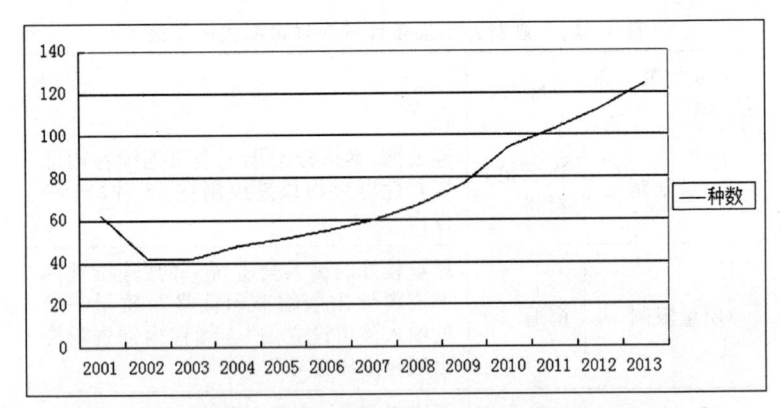

图 3-2　南京市连续性内部资料性出版物年度数量变化图①

性内部资料性出版物年度数量的低谷。自 2001 年到 2008 年，该市连续性内部资料性出版物年度数量年均增加 0.71 种；自 2009 年到 2013 年，该市连续性内部资料性出版物年度数量年均增加 11.75 种。也就是说，后一阶段与前一阶段相比，平均每年多增加 11.04 种连续性内部资料性出版物。

表 3-12　江苏省省辖市连续性内部资料性出版物年度数量变化一览表

城市 \ 类目	2010 年	2013 年	增长率
南京	94 种	124 种	31.9%
镇江	33 种	42 种	27.3%
扬州	30 种	51 种	70%

---

① 2001—2013 年南京市连续性内部资料性出版物年度数量情况：124 种（2013）；112 种（2012）；103 种（2011）；94 种（2010）；77 种（2009）；67 种（2008）；60 种（2007）；55 种（2006）；51 种（2005）；48 种（2004）；42 种（2003）；42 种（2002）；62 种（2001）。

续表

城市＼类目	2010 年	2013 年	增长率
苏 州	117 种	219 种	87.2%
无 锡	62 种	76 种	22.6%
常 州	70 种	183 种	161%
淮 安	39 种	79 种	103%
盐 城	26 种	51 种	96.2%
南 通	50 种	48 种	－4%
宿 迁	22 种	45 种	105%
泰 州	27 种	24 种	－11.1%
徐 州	72 种	101 种	40.3%
连云港	57 种	54 种	－5.3%

③ 主办单位规格总体上呈现放松态势。《连续性内部资料性出版物准印证》委托审批权限下放前，江苏省尚无乡镇级单位主办的连续性内部资料性出版物。2008 年《连续性内部资料性出版物准印证》委托审批权限下放后，截至 2003 年年底，南京、常州、苏州、昆山 4 个市局已行政许可乡镇级及以下单位创办 19 种连续性内部资料性出版物（见表 3-13）。

（二）运行规制

《内部资料性出版物管理办法》颁布以来，关于连续性内部资料性出版物的运行规制一直未曾调整或松动。内部出版"县市区报"存在的联办行为与"不得与外单位'协办'"的规定存在矛盾，将"县市区报"合法化为连续性内部资料性出版物的努力存在制度瓶颈。2008 年《连续性内部资料性出版物准印证》委托审批权限下放后，徐州市局和常州市局采取变通方式为《贾汪新闻》、《锦绣天宁》、《新钟楼》等 3 种"区报"颁

表 3-13　江苏省乡镇级及以下连续性内部资料出版物一览表

序号	名称	主办单位	开版(本)	刊期	期印数	准印证号	颁证部门
1	东晋风诗刊	南京市江宁区横溪街道文联	16开80页	双月	1000份	苏新出准印JS-A128	南京市文化广电新闻出版局
2	延陵文艺	常州市武进区礼嘉镇综合文化站	4开4版	双月	5000份	苏新出准印JS-D156	常州市文化广电新闻出版局
3	南丰之窗	张家港市南丰镇人民政府	16开60页	月	1400份	苏新出准印JS-E072	苏州市文化广电新闻出版局
4	虞山文艺	常熟市虞山镇文学艺术界联合会	16开92页	半年	1000份	苏新出准印JS-E087	苏州市文化广电新闻出版局
5	永联村讯	张家港市南丰镇永联村民委员会	8开4版	月	5000份	苏新出准印JS-E113	苏州市文化广电新闻出版局
6	南园	太仓市城厢镇文化体育站	大16开40页	季	250份	苏新出准印JS-E121	苏州市文化广电新闻出版局
7	虞山装备制造	常熟市虞山镇装备制造业商会	16开26页	双月	500份	苏新出准印JS-E132	苏州市文化广电新闻出版局

续表

序号	名称	主办单位	开版(本)	刊期	期印数	准印证号	颁证部门
8	木渎简讯	苏州市吴中区木渎镇商会	8开8版	半月	5000份	苏新出准印JS—E161	苏州市文化广电新闻出版局
9	西塔	太仓市黄泾镇文化体育站	32开52页	季	1000份	苏新出准印JS—E183	苏州市文化广电新闻出版局
10	金港潮	张家港市金港镇文化体育服务中心	16开52页	月	1200份	苏新出准印JS—E184	苏州市文化广电新闻出版局
11	大新商会	张家港市大新镇商会	4开4版	月	500份	苏新出准印JS—E201	苏州市文化广电新闻出版局
12	新视角	苏州市吴中区木渎新区经济技术发展总公司	16开60页	月	1000份	苏新出准印JS—E209	苏州市文化广电新闻出版局
13	木渎旅游	苏州市吴中区木渎镇旅游相关行业协会	16开52页	季	1000份	苏新出准印JS—E213	苏州市文化广电新闻出版局
14	昆曲之友	昆山市千灯镇文化体育站	16开60页	季	1000份	苏新出准印JS—EK002	昆山市文化广电新闻出版局

续表

序号	名称	主办单位	开版（本）	刊期	期印数	准印证号	颁证部门
15	野马渡	昆山市周市镇文化体育站	4开4版	双月	2000份	苏新出准印JS—EK003	昆山市文化广电新闻出版局
16	花溪	昆山市花桥镇文化体育站	32开60页	季	1000份	苏新出准印JS—EK004	昆山市文化广电新闻出版局
17	南湖月	昆山市周庄镇文化体育站	16开48页	季	1000份	苏新出准印JS—EK007	昆山市文化广电新闻出版局
18	金千灯	昆山市千灯镇文化体育站	32开50页	双月	1000份	苏新出准印JS—EK008	昆山市文化广电新闻出版局
19	浅水湾	昆山市淀山湖镇文化体育站	大16开50页	季	500份	苏新出准印JS—EK010	昆山市文化广电新闻出版局

发《准印证》(见表3-14),将其合法化为"体制内"的连续性内部资料性出版物。尽管联办行为与"协办禁止"规定之间的矛盾并不能就此获得解决,但是,这种变通之举至少昭示了一种化解矛盾的路径选择。

表3-14 江苏省省辖市获得行政许可"区报"一览表

序号	名称	主办单位	开版	期印数	准印证号	颁证部门
1	贾汪新闻	贾汪区委	4开4版	1万份	苏新出准印JS—C009	徐州市文化广电新闻出版局
2	锦绣天宁	天宁区委	4开4版	2万份	苏新出准印JS—D007	常州市文化广电新闻出版局
3	新钟楼	钟楼区委	4开4版	2.5万份	苏新出准印JS—D135	常州市文化广电新闻出版局

(三) 承印规制

伴随着科技进步,印刷业开始出现生产型数字印刷机。2011年1月,新闻出版总署印发《数字印刷管理办法》,规定对数字印刷经营活动实行许可制度。2011年当年,江苏省新闻出版局即审批设立省内第一家数字印刷企业。以南京地区为例。2000年至2013年,南京地区出版物印刷企业总量基本上没有增加,呈现动态平衡状态。但是,自2011年《数字印刷管理办法》生效施行至2013年年底,南京地区已审批设立10家专门以数字印刷方式从事出版物印刷的印刷企业(见表3-15)。专门以数字印刷方式从事出版物印刷的印刷企业采用新技术,开拓新模式,提供新服务,为连续性内部资料性出版物印制提供了更多选择机会。

表 3-15 南京地区专门以数字印刷方式从事出版物印刷的印刷企业一览表

序号	企业名称	企业类型	印刷业编号	许可证编号
1	江苏凤凰数码印务有限公司	有限公司	32010039	323014001
2	江苏凤凰印刷数字技术有限公司	中外合资	32010077	323014002
3	江苏苏创信息服务中心	国有	32010019	323014003
4	南京斯马特数码印务有限公司	有限公司	32020718	323020001
5	南京台城数字印刷有限公司	有限公司	32020735	323020002
6	江苏时代盛元数字图文影像有限公司	有限公司	32020733	323020003
7	南京叠加数字印务有限公司	有限公司	32020734	323020005
8	南京速必得印务有限公司	有限公司	32020751	323020006
9	南京北极金盾印刷厂	集体	32020676	323020008
10	南京博艺喷印服务有限公司	有限公司	32020004	323020009

3.4 江苏省连续性内部资料性出版物规制变迁的深度研究

3.4.1 规制变迁原因

规制变迁原因分析既要从规制类型角度着眼,也应从规制体系角度切入。只有将两者结合起来,才能全面深刻地洞察规制变迁的内在机理和逻辑关联。

（一）从规制类型①角度考量，规制变迁的原因是"正确认识"与"问题认识"之间的博弈以及前者对后者的克服

江苏省连续性内部资料性出版物的社会性规制和经济性规制变迁中均出现具有转折意义的硬性拐点。其中，2004年3月是社会性规制变迁的硬性拐点（即由相对放松转变为不断强化），2008年11月是经济性规制变迁的硬性拐点（即由不断强化转变为不断放松）。两个硬性拐点出现的原因具有共性，即它们均是"正确认识"与"问题认识"之间的博弈以及前者对后者的克服（见表3-16）。

2004年3月以前，江苏省新闻出版局根据连续性内部资料性出版物法律层面的本质属性来确定履行行政管理职能的业务处室，连续性内部资料性出版物与报刊的天然联系被切割。由

表3-16 连续性内部资料性出版物规制拐点现象分析一览表

类目 \ 规制形式	社会性规制	经济性规制
拐点形成原因	履行行政管理职能处室的确定原则从强调连续性内部资料性出版物的法律属性转变为强调客观属性	对各类组织合理的出版需求从忽视转变为重视
拐点本体	2004年3月1日江苏省新闻出版局党组做出职能处室调整决定	2008年11月24日《新闻出版总署废止第三批规范性文件的决定》印发，废止《关于开展连续性内部资料出版物专项治理工作的通知》等31件规范性文件

---

① 张新华.转型期中国出版业制度分析[M].北京：中国传媒大学出版社，2010：19.

续表

规制形式 类目	社会性规制	经济性规制
拐点前后对比	职能处室由印刷业管理处调整到报纸期刊出版管理处	取消关于主办单位性质、主办单位规格以及出版形式、出版周期的限制性规定,回归《内部资料性出版物管理办法》本原
拐点后规制不断强化或放松的动力	加强意识形态管理的客观要求	加强政府职能转变的客观要求

于印刷业管理处的职能局限性,这个阶段的内容规制、质量规制和激励性规制等均无实质性建树,社会性规制建设与客观要求相比存在弱化和放松的态势。2004年1月,新闻出版总署印发《关于开展连续性内部资料出版物专项治理工作的通知》,决定在全国范围开展连续性内部资料性出版物专项治理工作。江苏省新闻出版局以此为契机,在3月初做出将连续性内部资料性出版物行政管理职能处室调整到报纸期刊出版管理处的决定。

进入21世纪,我国意识形态领域总体情况较好,但也存在突出问题。从国际方面来看,西方敌对势力借助其文化发展、信息传播的强势,对我国实施意识形态和思想文化渗透的政治图谋从未停止,意识形态领域渗透与反渗透斗争日趋尖锐。从国内方面来看,在国内改革不断深化的大背景下,社会思想意识多元多样多变的特征日益明显,各种思想文化交流交融交锋日趋频繁,理论战线的噪音杂音不时出现,道德范畴的低俗之风有所抬头,各种利益群体都希望通过新闻出版渠道表达自己的利益诉求,意识形态领域并不太平。意识形态领域的斗争不可避免地在新闻出版领域有所反映。党和政府要求新闻出版战线必须始终保持清醒头脑,进一步强化新闻出版意识形态属性的认识,紧紧抓住正确舆论导向和出版方向这一生命线,坚持把建设社会主义核心价值体系贯穿到新闻出版工作的各个方面,确保各类出版物导向正确,切实维护意识形态安全和文化安全。① 正是在这样的时代背景下,2004年3月以后连续性内部资料性出版物的社会性规制呈现不断强化态势。

2004年1月以前,"从严审批"作为隐形规制存在并发挥作用。2004年1月印发的《关于开展连续性内部资料出版物专项治理工作的通知》不仅将"从严审批"明确为正式规制,而且增加了主办单位性质、主办单位规格以及出版形式、出版周期的限制性规定,客观上抑制了各类组织的出版权利和选择自由。2003年12月,新闻出版总署署长石宗源同志强调指出:在业已放开行政许可的经营领域,对国有和民营一视同仁,积极构建不同所有制主体公平竞争的市场环境,大力扶持民营书业做大做强。② 话音落下还不到一个月时间,即宣布实行"非国有企事业单位不得办连续性内部资料出版物"的规定,如此做法的确显得不合时宜。

2008年11月,根据贯彻落实科学发展观的要求,新闻出版总署署长柳斌杰同志签署新闻出版总署第39号令,决定废止包

---

① 徐毅英.推动新闻出版业大发展大繁荣,加快新闻出版大省向新闻出版强省跨越——在全省新闻出版(版权)工作会议上的报告(2008年2月26日)[M]//江苏出版年鉴(2008).南京:江苏人民出版社,2010:50.
② 石宗源.坚持以"三个代表"重要思想统领新闻出版工作,解放思想、深化改革、加快发展、强化监管,积极探索中国特色新闻出版业发展之路(2003年12月24日)[M]//新闻出版工作文件选编(2004年).北京:中国ISBN中心,2006:150.

括《关于开展连续性内部资料出版物专项治理工作的通知》在内的31件规范性文件。当时，新闻出版总署公开承认，非国有企事业单位为满足本单位内部指导工作、交流信息的需求可以创办连续性内部资料性出版物，一律不予审批的做法与科学发展观要求相悖。

党的十六届三中全会明确发出转变政府职能的号召。国务院2004年3月发布的《全面推进依法行政实施纲要》进一步提出转变政府职能、深化行政管理体制改革的要求。2005年1月，新闻出版总署印发《关于进一步推进新闻出版行政机关职能转变的意见》，决定以行政审批制度改革为突破口精简审批项目、减少审批环节、缩短审批时限，激发市场活力，发挥市场配置资源的基础性作用，努力实现由权力型、审批型政府向法治型、服务型政府的转变。2008年10月以来，根据国务院《关于深入推进行政审批制度改革工作的意见》提出的下一步行政审批制度改革目标，新闻出版总署在全国范围大力推动构建审批运行新机制，力争行政审批改革取得新突破。具体来说，该新机制的基点是事项流程，圆点是审批大厅，支点是信息网络，探点是电子监察。[①] 可以说，顶层设计的政府职能转变是连续性内部资料性出版物经济性规制不断放松的持续动力。

林毅夫研究认为，一个时代居于统治地位的社会思想决定那个时代政治经济制度的建立和变迁；居于统治地位的社会思想未必是"正确的"思想，也就是说，源自该思想的政策措施未必带来更高的收入增速和更加契合大众期待的收入分配；社

[①] 孙寿山.关于深化行政审批制度改革的几点思考[J].国家行政学院学报，2009(3):6.

会思想受到人的"有界理性"的限制。① 从某种意义来说,"问题认识"即"有界理性"限制下的产物。

(二) 从规制体系②角度考量,规制变迁的原因是动态出版安全观与静态出版安全观之间的博弈以及前者对后者的取代

规制在某个具体时间和空间是经济性规制、社会性规制的有机统一,并形成一个较为完整的规制体系。研究发现,以2008年11月为临界点或分界线,③存在着两种差异明显的连续性内部资料性出版物的规制体系。前一种规制体系的规制宗旨是确保出版不出事,规制变迁的特征是在不断强化以消除负外部性④为中心的内容规制⑤的同时不断强化经济性规制;后一种规制体系的规制宗旨是实现文化影响力,规制变迁特征是在不

---

① 林毅夫.关于制度变迁的经济学理论:诱致性变迁与强制性变迁[M]//[美]R.科斯,A.阿尔钦,D.诺斯,等.财产权利与制度变迁——产权学派与新制度学派译文集.上海:三联书店上海分店,上海人民出版社,1996:400.
② 王晨.中国出版业的产业竞争与政府规制[M].北京:中国书籍出版社,2009:199.
③ 规制体系发展变化是一个渐进过程,其临界点或分界线具有一定的弹性。2008年11月,江苏省13个省辖市正式获得《连续性内部资料性出版物准印证》(市属)委托审批权限,开始逐步形成各自的连续性内部资料性出版物规制体系。各市之间以及省市之间,其规制体系既相互联系又相对独立。为便于分析比较基于规制主体的不同规制体系的发展变化,本书将2008年11月确定为临界点或分界线。
④ 叶子荣.公共经济学[M].北京:清华大学出版社,2010:70.
⑤ 1997年1月至2004年2月是连续性内部资料性出版物社会性规制的相对放松阶段,不是绝对放松阶段。在这个阶段,内容规制没有弱化。1997年1月至2008年10月,以消除负外部性为中心的内容规制处在不断强化之中。

断强化以鼓励正外部性①为中心的内容规制的同时不断放松经济性规制。对这两种连续性内部资料性出版物规制体系的形成、变迁及更替产生重要作用的，是两种具有本质差异的出版安全观——静态出版安全观与动态出版安全观（见表3-17）。从意识形态角度分析，两种规制体系的更替实质上就是动态出版安全观经过博弈对静态出版安全观的战胜和取代。

表3-17 作用于连续性内部资料性出版物规制的两种出版安全观对比表

类型 类目	静态出版安全观	动态出版安全观
主要作用时段	1997—2008年	2009年以后
规制宗旨	确保出版不出事②	实现文化影响力③
规制宗旨经典概括	只帮忙，不添乱④	传播正能量，增强软实力
常用规制手段	提高准入门槛；惩罚违规行为，等等	降低准入门槛；奖励行业先进，等等

---

① 陆颖.从出版物的外部性看出版企业利益与社会利益的统一[J].现代出版，2011(5)：21.
② 于友先同志在新闻出版局长座谈会上的讲话（1996年11月14日）[M]//新闻出版工作文件选编（1996年）.北京：中国ISBN中心，1998：62.
③ 柳斌杰.深入学习实践科学发展观，推动我国新闻出版业又好又快发展——在2009年全国新闻出版局长会议上的报告（2009年1月12日）[M]//新闻出版工作文件选编（2009年）.北京：中国ISBN中心，2010：8.
④ 于友先.全面贯彻落实六中全会精神努力完成新闻出版工作的历史性任务——在全国新闻出版局长会议上的讲话（1997年1月20日）[M]//新闻出版工作文件选编（1997年）.北京：中国ISBN中心，1998：30-31.

续表

类目 \ 类型	静态出版安全观	动态出版安全观
社会性规制基本特征	① 内容规制的重点是消除负外部性； ② 无质量规制、激励性规制	① 内容规制的重点是鼓励正外部性； ② 明确质量规制、激励性规制
经济性规制基本特征	① 进入规制突破《内部资料性出版物管理办法》，"从严审批"原则一直发挥作用，严格控制数量增长； ② 运行规制执行《内部资料性出版物管理办法》； ③ 承印规制执行《内部资料性出版物管理办法》	① 进入规制执行《内部资料性出版物管理办法》，审批权限不断下放，充分尊重出版需求； ② 运行规制执行《内部资料性出版物管理办法》，出现个别突破现行运行规制的变通审批案例； ③ 承印规制执行《内部资料性出版物管理办法》，主办单位获得数字印刷选择机会
规制体系变迁特征	着眼于消除负外部性的内容规制不断强化＋经济性规制不断强化	着眼于鼓励正外部性的内容规制不断强化＋经济性规制不断放松

动态出版安全观的形成和发展是一个渐进过程，它是文化内部动因和文化外部动因共同作用、相互激荡的结果。

文化内部动因主要包括以下3方面内容。首先，它是文化需求增强的客观要求和必然反映。步入21世纪，我国迈进全面建设更高水平小康社会的新的历史时期。世界上相关国家的发展历程告诉我们，人均GDP跃上2000美元的台阶后，一个国家的社会消费结构随之产生相当大的变化。由于温饱已不再成其为问题，芸芸众生倾向于在文化方面进行更多消费。2007年年底，我国已进入人均GDP由2000美元向3000美元挺进的阶段,文化消费呈加快增长势头。多元化、多样性、多层次的精神文化需求向新闻出版工作提出新要求。新闻出版业必须顺应时代发展变化,奉献出更好更多载体丰富、形式多样的出版物,这其中就包括思想精深、质量精湛、制作精良的连续性内部资料性出版物。

其次,它是文化自信增强的客观要求和必然反映。文化是经济的土壤。改革开放以来我国经济一直快速增长,2008年国内生产总值已跃居到世界第3的位置,这极大地提振了民族自豪感和文化自信心。[①] 文化自信要求以更加积极的态度看待承载文化的出版产品,把着眼点落到连续性内部资料性出版物等各类出版物的正外部性上,弘扬主旋律,传播正能量,在培育民族精神、提高全民素质、推动社会进步等方面更好地发挥作用。

最后,它是文化竞争增强的客观要求和必然反映。加入世界贸易组织以后,伴随出版物分销服务领域进一步对外放开,我国文化市场不可避免地涌入更多来自西方国家的文化资金和文化产品,宣传思想文化领域里形形色色思想观念和文化观点的碰撞与交锋更加激烈。[②] 只有进一步加强意识形态领域阵地建设,坚持和巩固马克思主义的指导地位,传播和弘扬社会主义核心价值观,才能抵制西方思想文化渗透,维护国家文化安全。连续性内部资料性出版物具有觉得亲、读得进、信得过等特点,是最接地气的出版物形式之一。在数量和质量等方面不断推进连续性内部资料性出版物建设,这是凝聚社会思想共识、迎接外来文化挑战的可靠渠道和有力举措。

---

① 赵旸.从文化自觉、文化自信到文化强国——中国特色社会主义文化理论的发展历程和基本经验[D].海口:海南大学,2013:10.
② 新闻出版在文化强省建设中的地位和作用研究[M]//江苏出版年鉴(2009).南京:江苏人民出版社,2010:130-131.

文化外部动因主要有以下3方面内容。首先，从业机构素质提升提供了源头保证。经过多轮治理整顿，连续性内部资料性出版物主办单位依法出版的意识不断增强。他们在制度建设、内容管理、规范执行等方面下功夫、求实效，自觉杜绝各类违法违规现象出现，为动态出版安全观的形成和发展提供了源头保证。例如，《江苏土地》编辑部通过加强编辑出版流程建设，确保出版物的内容和质量（见图3-3）。再比如，在2002年的"内资新政"中，南京市停办了17种机关主办的连续性内部资料性出版物。由于工作需要，停刊以后有12种"机关刊"相继申请恢复出版（见表3-18）。恢复出版的12种连续性内部资料性出版物严格执行"七不"规定，特别是坚决做到不定价收费、不刊登广告和不摊派发行，无涉基层负担，维护机关形象。

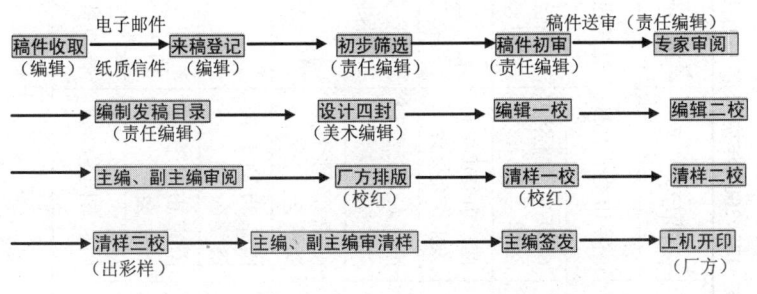

图3-3 《江苏土地》编辑出版流程示意图

其次，社会治理氛围形成提供了环境保证。伴随着管理理念由一元主体的行政管理向多元参与的社会治理转变，行业监督、群众监督、舆论监督等作为行政监管的合作方式或补充方式不断加强，为动态出版安全观的形成和发展提供了环境保证。行业监督方面。江苏省新闻工作者协会、江苏省期刊协会以及江苏省企事业新闻工作者协会、江苏省县市新闻中心工

表 3-18　2002 年南京市"内资新政"后"机关刊"变化一览表

序号	原主办单位	现主办单位	原名称	现名称	原装帧	现装帧	现形式
1	南京市委组织部	南京市委组织部	党建纵横	党建纵横	彩封	白皮	连续性内部资料性出版物
2	南京市委农村工作办公室	南京市委农村经济学会	南京区域农村经济	南京区域农村经济	彩封	彩封	连续性内部资料性出版物
3	南京市委市级机关工作委员会	南京市委市级机关工作委员会	机关建设	南京新风	彩封	彩封	连续性内部资料性出版物
4	南京市劳动和社会保障局	南京人力资源和社会保障学会	南京劳动保障	南京人力资源社会保障	彩封	彩封	连续性内部资料性出版物
5	南京市国土资源局	南京市国土资源学会	南京土地	国土资源研究	彩封	彩封	连续性内部资料性出版物
6	南京市商业贸易局	南京市商业经济学会	南京商贸	南京商贸	彩封	彩封	连续性内部资料性出版物
7	南京市粮食局	南京市粮食行业协会	南京粮食	金陵粮食	彩封	彩封	连续性内部资料性出版物
8	南京市档案局	南京市档案学会	南京档案	南京档案	彩封	彩封	连续性内部资料性出版物

第 3 章 连续性内部资料性出版物规制及其变迁 / 167

续表

序号	类目 原主办单位	现主办单位	原名称	现名称	原装帧	现装帧	现形式
9	南京市委统战部	南京市统一战线理论研究会	南京统一战线	南京统战	彩封	彩封	连续性内部资料性出版物
10	南京市委党史工作办公室	南京中共党史学会	南京党史	南京党史	彩封	彩封	连续性内部资料性出版物
11	南京市工商行政管理局	南京市工商行政管理学会	南京工商	南京工商	彩封	彩封	连续性内部资料性出版物
12	南京市总工会	南京市工运理论研究会	南京工运	南京工运	彩封	彩封	连续性内部资料性出版物
13	南京市纪律检查委员会	南京市纪律检查委员会	南京纪检	党风廉政建设宣传教育参阅	彩封	白皮	工作简报
14	南京市委办公厅	南京市委办公厅	南京通讯	南京工作通讯	彩封	白皮	工作简报
15	南京市人民政府办公厅	/	南京经济	/	彩封	/	停刊
16	南京市委宣传部	/	南京政工	/	彩封	/	停刊
17	南京市委党校	/	教学资料	/	白皮	/	停刊

作委员会等社会团体组织开展以内容监督为主要内容的行业监督，推动连续性内部资料性出版物坚持正确的政治导向和出版方向，更好地为组织自身建设服务、为组织成员需求服务。 群众监督方面。 社会各界维护公共权益和自身权益的觉悟日益提高，反映各种诉求和愿望的行动不断增加，并得到新闻出版行政部门的积极回应。 江苏省新闻出版局设立"领导信箱"、"监督投诉"、"民意征集"、"来信回音"等网上互动栏目，及时接受、处理并回应群众关于新闻出版活动（特别是出版物内容）的反映投诉。 2007年"出版物质量管理年"活动期间，该局聘请读者担任出版物质量义务监督员，发动和依靠群众促进出版物质量提高。 舆论监督方面。 在社会法治化和民主化建设进程中，媒体依法行使法律赋予职权的意识和能力不断提高。 舆论监督涉及经济、政治、文化、社会、生态等方方面面，也包括连续性内部资料性出版物出版失范问题。 新闻出版行政部门高度重视舆论监督并纳入管理制度。《江苏省新闻出版（版权）局重要政务督查督办工作暂行办法》第五条明确规定，新闻媒体针对新闻出版工作中存在的突出问题所提出的批评建议，有关整改情况须进行督办。

最后，市场监管力度加大提供了制度保证。 2001年12月13日，国务院总理朱镕基同志、副总理李岚清同志亲赴新闻出版总署考察，提出切实转变工作职能、加强社会监管的目标要求。 全国各级新闻出版行政部门以职能转变为契机，通过加强机构队伍建设促进社会监管强化，取得显著成效。 截至2003年年底，江苏省全省13个省辖市除南京、苏州、常州设立独立建制的新闻出版局外，其余各市相继明确市文化局局长兼任新闻出版局局长，正式任命分管新闻出版工作的副局长。 截至2005年年底，全省52个县市相继有48个县市的文化局增挂新闻出版局牌子。 2005年，江苏省新闻出版局积极争取江苏省机构编制委员会办公室批准增挂"出版物市场管理处"牌子，强化社会监管职能。至此，一个三级联动、上下贯通、监管有力、运行规范的新闻出版行政管理体制基本形成。全省各级新闻出版行政部门始终坚持把各类出版物（包括连续性内部资料性出版物）的导向监管作为转变政府职能、强化社会监管的首要任务，不断完善"事前把关、事中检查、事后监管"运行机制，为动态出版安全观的形成和发展提供了制度保证。

动态出版安全观是在文化内部和文化外部的多重因素作用下逐渐形成和发展起来的。这个过程实际上也是静态出版安全观向动态出版安全观转化的过程。鉴于非正式约束具有复杂性、顽固性、反复性等特点，静态出版安全观不可能完全消失。在相当长时期内，两种出版安全观已经并将继续处于共存状态。在某个具体时点，静态出版安全观可能仍旧处于领先地位并对规制变迁产生影响。但是就总体而言，动态出版安全观经过博弈所处的优势地位不可逆转。随着时间推移，这种优势将不断巩固和扩大。

意识形态是政治、经济、文化等因素的集中反映和高度凝结。思想认识和文化安全观均归属意识形态范畴。由以上研究分析可知，意识形态是规制变迁的重要外因，同时也是规制变迁方向的决定性因素。

3.4.2 规制变迁方式

基于主体差异及其功能发挥，规制变迁方式分为两种类型，即"自上而下"的规制变迁与"自下而上"的规制变迁。[①]所谓"自上而下"的规制变迁，是指政府以命令或法律形式自觉强制实施的规制变迁，又称为强制性规制变迁。强制性规制变迁既考虑经济收益（即产出最大化），又考虑非经济收益（即统治者和政党利益的最大稳定，新制度经济学将此称为"政府

---

① 张新华.转型期中国出版业制度分析[M].北京：中国传媒大学出版社，2010：31.

租金最大化"）。强制性规制变迁发生的基本前提是"收益大于成本"。这里的"收益"指的是综合性收益，即产出最大化与租金最大化的有机融合。所谓"自下而上"的规制变迁，是指个人或组织受获利机会诱惑自发倡导的规制变迁，又称为诱致性规制变迁。经济上的成本收益权衡决定诱致性规制变迁是否启动以及如何实施。诱致性规制变迁的目标是实现超过规制变迁成本的最大化收益。值得注意的是，诱致性规制变迁需要政府行动加以促进才能实现。①

纵观江苏省连续性内部资料性出版物规制变迁可以发现，其变迁方式呈现出强制性规制变迁与诱致性规制变迁相互渗透的特征。从总体上看，自1997年以来，江苏省连续性内部资料性出版物规制以"强制性为主、诱致性为辅"方式进行变迁。在变迁进程中，各类主体分别扮演不同角色。

（一）国家规制主体扮演规制变迁决定者角色

"对于规制这种特殊的政府供给制度，其权力中心提供新的规制安排的能力和意愿显然是决定规制变迁的主导因素。"②鉴于连续性内部资料性出版物的意识形态属性，国家在规制变迁中一直发挥着决定性作用，扮演规制变迁决定者的角色。1996年，由于"内部报刊"出版中存在种种问题，国家原拟彻底取消"内部报刊"出版系列。但是，综合考虑大量"内部报刊"从业人员的安置消化等问题，最终决定将其转化为连续性

---

① 林毅夫.关于制度变迁的经济学理论：诱致性变迁与强制性变迁[M]//[美]R.科斯，A.阿尔钦，D.诺斯，等.财产权利与制度变迁——产权学派与新制度学派译文集.上海：三联书店上海分店，上海人民出版社，1996：384.

② 李雯.规制变迁的制度经济学分析[D].北京：中国人民大学经济学院，2002：45.

内部资料性出版物。① 从印发《中共中央办公厅、国务院办公厅关于加强新闻出版广播电视业管理的通知》(1996年)决定建立连续性内部资料性出版物制度，到颁布《内部资料性出版物管理办法》(1997年)正式明确连续性内部资料性出版物规制；从印发《关于开展连续性内部资料出版物专项治理工作的通知》(2004年)将"从严审批"规制化并增加约束性规定，到颁布新闻出版总署第39号令(2008年)将"从严审批"原则去规制化并取消约束性规定——在连续性内部资料性出版物规制变迁的各个重要节点，国家规制主体均发挥着不可替代的关键核心作用。在主导规制变迁的过程中，国家规制主体既要考虑维护各类主办单位的出版自由权利，又要考虑捍卫国家的意识形态安全和文化安全。

规制变迁对出版实践产生的影响非常显著。1992年，江苏省"内部报刊"754种（其中"内部报纸"280种，"内部期刊"474种），报型占37.1%，刊型占62.9%，刊型是报型的1.69倍；1997年，"内部报刊"864种（其中"内部报纸"352种，"内部期刊"512种），报型占40.7%，刊型占59.3%，刊型是报型的1.45倍。数据表明，在对出版形式进行规制前，刊型与报型的比例相对稳定。2013年，江苏省连续性内部资料性出版物1431种（其中报型312种，刊型1119种），报型占21.8%，刊型占78.2%，刊型是报型的3.59倍。数据表明，《关于开展连续性内部资料出版物专项治理工作的通知》有关不得创办报型连续性内部资料性出版物的规定实施后，刊型与报型间的比例提高一倍多。

（二）各类主办单位扮演规制变迁倡导者角色

主办单位是连续性内部资料性出版物的出版主体。当合理

---

① 2014年1月中旬访谈江苏省新闻出版局原印刷业管理处相关负责人。

出版需求——出版自由权利的外在表达——与现行出版规制存在矛盾并难以实现时，有的主办单位并不轻言放弃，他们常常采取主动行动去积极争取，力求规制向着有利于自身需求的方向改变。2004年1月《关于开展连续性内部资料出版物专项治理工作的通知》颁布实施后，《连续性内部资料性出版物准印证》审批增加了出版单位性质和规格以及出版形式和周期的规定，难度加大。这个时期，经多方努力和配合，仍有个别民营企业或报纸形式的出版申请获得变通性行政许可。

2008年下半年，为进一步加大政策发布力度、推广经营管理经验以及维护客运市场秩序，南京出租汽车暨汽车租赁协会向南京市局提出创办连续性内部资料性出版物《南京客运》的申请。该出版物月刊，4开4版，每期印数一万份。之所以选择以报型出版，主要是考虑到广大出租车驾驶人的阅读便利。当时的管理规定是一律不审批报型连续性内部资料性出版物。考虑到出版需求的合理性，南京市局向江苏省局提出在南京市报型连续性内部资料性出版物总量不变的情况下，利用已停刊的《华飞天地》（报型）"连续性内部资料性出版物准印证号"解决《南京客运》合法出版问题的建议。此建议被后者采纳。《南京客运》获江苏省局行政许可内部出版，准印证号"苏新出准印 JS—A068"。

2008年11月，新闻出版总署第39号令发布，有关出版单位性质和规格以及出版形式和周期的限制性规定取消。在地方规制主体的理解支持下，南京出租汽车暨汽车租赁协会及其他相关主办单位发挥了倡导和促动规制变迁的重要作用。

（三）地方规制主体扮演规制变迁决定者暨倡导者双重角色

地方规制主体处于国家规制主体、各类主办单位的中间位置，在规制变迁中承担着起承转合、上下贯通的枢纽和协调职责。国家规制主体尚未涉及的连续性内部资料性出版物规制，地方各级规制主体结合各地实际分别推出"补白性"规制，扮演规制变迁决定者角色。这主要体现在社会性规制方面。例如，江苏省局以及部分省辖市局分别制定并实施连续性内部资料性出版物质量规制、激励性规制。

国家规制主体已经制定实施的连续性内部资料性出版物规制，主办单位的合理出版需求与其存在"冲突性"抵牾时，地方各级规制主体会根据各自职权范围做出平衡处理。这主要体现在经济性规制方面。一方面，他们会向国家规制主体积极反映主办单位合理诉求，建议前者贴近客观实际，变革过度规制；另一方面，他们会适当运用审批权限对主办单位的合理诉求进行变通处理，暂时化解矛盾。2008年下半年，南京市局行使审核报批权限、江苏省局行使审批许可权限使《南京客运》获得《连续性内部资料性出版物准印证》，此系突破进入规制的一例。2008年《连续性内部资料性出版物准印证》（市属）审批权限下放到省辖市局后，徐州市局、常州市局向3种"区报"发放《连续性内部资料性出版物准印证》，此系突破运行规制的一例。前例变通已为此后不久国家规制主体实施的规制变迁所确认，后例变通则为国家规制主体启动该范畴的规制变迁提供了经验、集聚了势能。

作为国家规制主体的下级对口部门，地方各级规制主体在连续性内部资料性出版物经济性规制变迁方面扮演着倡导者的角色。

3.4.3 规制变迁特征

（一）前进性与曲折性相统一

连续性内部资料性出版物规制变迁方向并非一直遵循"正向创新"轨迹。恰恰相反，其社会性规制变迁和经济性规制变迁都经历了由"负向创新"向"正向创新"转变的曲折过程，并分别凸显具有转折意义的硬性拐点。"负向创新"源自认识局限性。由于规制变迁具有路径依赖性质，社会性规制变迁和经济性规制变迁沿着错误路径向下滑行，甚至被"锁定"（Lock-in）

在某种无效率状态，即产生外生性政府失灵。① 这种外生性政府失灵表现在社会性规制就是规制不足，表现在经济性规制则是规制过度。有学者认为，理性程度提高和外部环境变动刺激生成新的制度需求，旨在获取增加了的预期收益。②"正向创新"作为规制变迁的主导方向或主流趋势不可避免地取代"负向创新"。路径依赖性质使得规制变迁一经走上"正向创新"路径，其变迁方向即会在此后的发展中自我强化，并进入良性循环状态。

（二）同一性与差异性相统一

2008 年《连续性内部资料性出版物准印证》（市属）审批权限下放到各省辖市局后，各地连续性内部资料性出版物社会性规制变迁均呈"正向创新"态势，具有同一性。与此同时，各地连续性内部资料性出版物进入规制生成彻底取消进入规制、绝对放松进入规制、相对放松进入规制、绝对强化进入规制等 4 种类型，表现出差异性。③ 上述 4 种进入规制类型，第一种类型属于"过度创新"，第二种类型和第三种类型属于"正向创新"，第四种类型属于"负向创新"。实事求是地讲，第一种类型和第四种类型均属于不依法行政。其中，第一种类型违反了《内部资料性出版物管理办法》确立的连续性内部资料性出版物创办行政许可制度，④第四种类型违反了《中华人民共和国行

---

① 王雅莉，毕乐强.公共规制经济学［M］.2 版.北京：清华大学出版社，2005：18.
② 张新华.转型期中国出版业制度分析［M］.北京：中国传媒大学出版社，2010：30.
③ 4 种类型并存充分证明意识形态是决定规制变迁方向的决定性因素。
④ 孙寿山副署长撰文指出：精简审批事项既要坚持原则又要实事求是，从出版产业和行政管理的实际出发去研究审批事项的去留，对关系到民生、民族、宗教和政治安全、社会稳定、文化安全的审批项目，处理时要严谨慎重，避免出现管理上的失控。见：关于深化行政审批制度改革的几点思考［J］.国家行政学院学报，2009（3）：7.

政许可法》关于"对行政许可条件做出的具体规定,不得增设违反上位法的其他条件"的规定。以上事实有力地说明了依法创新、依法行政的重要性和紧迫性。

(三) 原则性与变通性相统一

当国家规制主体制定的连续性内部资料性出版物规制存在规制过度的弊端,制约市场配置资源基础性作用的发挥,造成社会福利损失时,地方规制主体一方面遵循工作程序向国家规制主体积极呼吁,推动其"将符合合法原则但不符合合理原则的规制条件依规定程序予以取消,将符合合理原则而不符合合法原则的客观诉求依规定程序予以确定",[1]启动并实施"正向创新"的规制变迁。另一方面,在规制过度客观存在并发挥合法效力,而规制变迁尚未启动并生效的特定阶段,地方规制主体往往采取变通方式对"合理不合法"的出版诉求予以有效呼应。例如,2004年至2008年,江苏省局根据"退出一种、递补一种、总量平衡"的原则,发展了一批突破既定规制限制的报型连续性内部资料性出版物。

3.4.4 规制变迁局限性

(一) 重客体轻主体

规制运行效果是规制变迁的原因之一。不可否认,内部连续性出版物在出版过程中客观存在着这样那样的问题。它们与主办单位法制观念不强、工作人员业务素质不高等有关,同时也与规制主体有法不依、执法不严、违法不究存在关联。然而,由于规制主体具有"经济人"属性,[2]历次制度变迁或规制变迁中,他们总是自觉或不自觉地利用话语权和决策权将矛盾

---

[1] 孙寿山.关于深化行政审批制度改革的几点思考[J].国家行政学院学报,2009(3):7.

[2] 吴曼芳.媒介的政府规制[M].北京:中国电影出版社,2008:60.

焦点归结于规制客体("内部报刊"或连续性内部资料性出版物),相应地使自身淡出矛盾核心。1996年做出决策使"内部报刊"退出报刊系列,2004年印发通知将"从严审批"纳入规制并增加主办单位性质、规格和出版形式、周期方面的限制性规定,等等,都是这种思维方式和行为方式的具体表现。上述两次变迁均产生内生性政府失灵。①

(二)重形式轻本质

连续性内部资料性出版物规制变迁的起点是1996年年底启动的报刊业治理工作。当时,针对存在于少数"内部报刊"的格调低下、出版失范问题,以及存在于整个"内部报刊"出版领域的过散过滥问题,中央决定取消"内部报刊"系列,将符合条件的"内部报刊"转化为连续性内部资料性出版物。本次制度变迁的主要目的是将"内部报刊"从报刊系列(由报刊和"内部报刊"组成)清除出去,为报刊队伍"消肿"。经过这次制度变迁,"内部报刊"在转化为内容与形式并无二致的连续性内部资料性出版物后,在法律层面其本质属性由出版物降格为特殊印刷品,出现法律属性与客观属性的严重错位。2004

---

① 2004年印发的《关于开展连续性内部资料出版物专项治理工作的通知》既产生内生性政府失灵也导致外生性政府失灵。所谓内生性政府失灵,是指当公共利益与政府自身利益发生碰撞时,政府会做出有利于自身利益的制度安排,以公共目标为目的的规制就会失败。《通知》将连续性内部资料性出版物出版中存在问题的责任几乎完全归结于规制客体,而不反躬自省规制主体所应承担的责任,此系内生性政府失灵。所谓外生性政府失灵,是指规制主体存在官僚主义作风、市场信息不全、水平能力欠缺等问题,导致规制与实际情况不相符合。规制主体对各类组织创办连续性内部资料性出版物的政治权利和客观需求认识不到位,《通知》进一步增加主办单位性质、规格以及出版形式、周期等方面的限制性条件,此系外生性政府失灵。

年3月，江苏省新闻出版局将履行连续性内部资料性出版物行政管理职能的业务处室调整到报纸期刊出版管理处，这对加强内容管理产生了积极作用，但对法律属性向客观属性回归难以产生任何实质性影响。2009年8月，新闻出版总署法规司在南京召开修订《内部资料性出版物管理办法》调研座谈会。总署印发的《内部资料性出版物情况调查问卷》中有一道单选题："内部资料性出版物应定性为：① 出版物，修改《出版管理条例》；② 委托印刷品，将《印刷业管理条例》作为上位法管理；③ 其他。"所有与会者均将"①"圈定为自己的选项。然而，时至今日，连续性内部资料性出版物法律属性向客观属性回归的进程并未启动。

（三）重"社会"轻"经济"

纵观连续性内部资料性出版物规制变迁的历程，社会性规制（包括内容规制、质量规制、激励性规制等）不断丰富完善，经济性规制方面除了审批权限下放之外，《内部资料性出版物管理办法》规定的运行规制几乎没有任何变化。社会性规制变迁与经济性规制变迁存在较为严重的不平衡性。

3.5 小结

（1）规制变迁须顶层设计。连续性内部资料性出版物的本质属性由特殊印刷品向出版物回归、经济属性由免费产品向非营利性公共产品转变，等等，这些调整不是地方规制主体所能决定的，需要进行顶层设计。

（2）规制实施须营造环境。鉴于非正式约束具有复杂性、顽固性、反复性等特点，必须加大连续性内部资料性出版物规制的宣传力度，促进非正式约束向着有利于规制实施的方向转变。

（3）规制创新须依法行政。2008年，新闻出版总署在学习实践科学发展观的活动中研究认为，2004年以专项治理通知的形式规定连续性内部资料性出版物的审批条件是不太妥当的，并以新闻出版总署令形式废止了《关于开展连续性内部资料出版物专项治理工作的通知》。2008年以后，宿迁、连云港、泰州等地在创新连续性内部资料性出版物进入规制方面存在不依法行政的问题。因此，增强各级规制主体的依法行政意识显得十分重要和迫切。

（4）规制内容须保持规范。各级规制主体分别制定实施连续性内部资料性出版物质量规制，但内容并不统一。例如，江苏省局规定连续性内部资料性出版物编校质量差错率合格标准为万分之三；淮安市局规定连续性内部资料性出版物编校质量差错率合格标准为万分之一；南京市局规定连续性内部资料性出版物编校质量差错率合格标准，参照相同形式及类别的报纸、期刊的编校质量差错率合格标准。应跳出各级规制主体日常管理范围的制约，加快出台面向连续性内部资料性出版物的一般性质量规制，确保质量标准的统一性、严肃性和权威性。

（5）规制手段须跟进时代。囿于经费有限及人手不足，江苏省新闻出版局以及大多数省辖市局均没有做到连续性内部资料性出版物内容审读全覆盖。应创新审读手段，引进、采用并推广数字审读方式，实现数字审读与人工审读有机结合，提高审读工作的及时性、全面性和公正性。

（6）规制主体须加强监督。规制主体既是规制制定者又是规制执行者，地位特殊，作用重要。经验表明，规制主体在实施规制变迁过程中存在着规避自身责任的倾向，在贯彻落实规制时存在惰政倾向。所以，加强规制主体监督是规范连续性内部资料性出版物出版的重要保证。

第4章

规制视角下的江苏省连续性内部资料性出版物出版

出版与规制之间是一种互动关系。政府规制能够在出版实践中留下深深烙印，反之，出版需求也会对政府规制产生不容忽视的影响。现行规制在规范连续性内部资料性出版物的出版秩序方面发挥了重要作用，但是，其固有的局限性以及回应时代挑战的滞后性，不可避免地带来出版实践方面的诸多问题。问题导向呼唤规制创新。

在某种意义上,连续性内部资料性出版物就是规制的产物。从全国范围来看,连续性内部资料性出版物主办单位一般分为党政机关、事业单位、企业单位、社会团体等4类,主管单位绝大多数是党政机关。作为组织出版自由权利的标志之一,连续性内部资料性出版物广泛存在于不同层次的组织。据统计,截至2008年,我国仅企业"内刊"就已超过2.2万种。在获得行政许可并出版的连续性内部资料性出版物之外,还大量存在着具有连续性内部资料性出版物特征但未经行政许可的灰色文献。[①] 作为文化大省,江苏省连续性内部资料性出版物数量多、品种全,其发挥的功能作用和存在的不足之处在全国具有代表性和典型性。本书采取文献阅读、问卷调查、上门访谈、案例分析等研究方法,对江苏省连续性内部资料性出版物出版现状及存在问题进行全面梳理分析,力图反映出版全貌并揭示出版与规制之间的互动。

4.1 江苏省连续性内部资料性出版物出版的发展阶段

江苏省连续性内部资料性出版物经历了3个发展阶段。这3个阶段与规制变迁密切关联,其起始及转承均以规制为节点,镌刻上了深深的"规制印记"。

4.1.1 过渡期(1997年1月—2001年12月)

《内部资料性出版管理办法》1998年1月实施。但是,从1997年1月到2001年年底,"内部报刊"转化为连续性内部资

---

① 灰色文献的广泛存在暴露出规制执行存在的问题,同时也折射出规制本体存在的问题。

料性出版物的工作一直在进行中。这个阶段，存在着继续审批出版"内部报刊"的现象。根据工作部署，2001年年底前，持"江苏省内部报刊准印证"的"内部报刊"须全部停办或转化为连续性内部资料性出版物。转化工作结束后的2001年年底，持《江苏省连续性内部资料性出版物准印证》的连续性内部资料性出版物共计708种。至此，"内部报刊"在江苏彻底走入历史，不复存在。过渡期是"内部报刊"与连续性内部资料性出版物共存的一个特殊时期。

4.1.2 紧缩期（2002年1月—2008年8月）

2002年和2003年"从严审批"作为隐形规制发生作用。2004年1月，新闻出版总署印发《关于开展连续性内部资料出版物专项治理工作的通知》。《通知》明确要求进一步加强连续性内部资料性出版物管理，将内容把关和流通管控落到实处，严禁并查处违规出版、强制征订等各类违法违规行为，清理已经发放的《连续性内部资料性出版物准印证》。《通知》规定："各地要按照《内部资料性出版物管理办法》，从严掌握对连续性内部资料出版物的审批"；"非国有企事业单位，县级以下（含县级）单位不得办连续性内部资料出版物"；"除企业已办连续性内部资料出版物保留报型外，其他连续性内部资料出版物一律采用刊型，装订成册，不得以报型或散页形式出现，周期限定为半月以上"。2005年3月，江苏省新闻出版局印发《关于试行〈江苏省连续性内部资料出版物管理暂行办法〉的通知》。该文重申了上述规定，提出了"从严审批"的原则要求，并对主办单位的性质、规格以及连续性内部资料性出版物的出版形式、刊期做出严格规定。紧缩期期间，江苏省连续性内部资料性出版物年度数量2002年为612种、2007年为621种，5年只增加9种，增幅仅1.5%。

4.1.3 壮大期（2008年9月以后）

2008年9月，《江苏省新闻出版局关于印发〈江苏省连续性内部资料出版物管理办法〉的通知》出台。《江苏省连续性内部资料出版物管理办法》取消了《江苏省连续性内部资料出版物管理暂行办法》中"非国有企事业单位、县级以下（含县级）单位不得办连续性内部资料出版物"、"除企业已办的报型出版物暂时保留外，其他连续性内部资料出版物一律采用刊型，装订成册，不得以报型或散页形式出现，周期限定为半月以上"的规定。《通知》明确规定，各省辖市新闻出版行政部门受江苏省新闻出版局委托，负责对各省辖市市属单位创办连续性内部资料性出版物进行审批。该文件取消了对主办单位性质、规格以及连续性内部资料性出版物出版形式、刊期的严格约束，同时下放审批权（行政许可权）到市级新闻出版行政部门，为连续性内部资料性出版物繁荣发展奠定了制度基础。壮大期期间，江苏省连续性内部资料性出版物年度数量从2008年的742种增加到2013年的1431种，增幅92.9%，几乎扩容一倍。

4.2 江苏省连续性内部资料性出版物出版的现状分析

4.2.1 总体状况

江苏省是出版大省。连续性内部资料性出版物是江苏省纸质媒体的重要组成部分。截至2013年年底，江苏省经行政许可的连续性内部资料性出版物合计1431种。同时期，江苏省共有报纸143种、期刊439种，总计582种。数据表明，江苏省连续性内部资料性出版物数量远远超过报刊数量，前者是后者的2.46倍。

（一）基于区域分布的分析

1431种连续性内部资料性出版物分布在15个行政区域（见图4-1）。其中，省属326种，苏州219种，常州183种，南京124种，徐州101种，淮安79种，无锡76种，连云港54种，扬州51种，盐城51种，南通48种，宿迁45种，镇江42种，泰州24种，昆山8种。昆山系县级市，在"扩权强县"试点中获得《连续性内部资料性出版物准印证》(县〈市〉属)委托审批权限,故单独列出统计。①

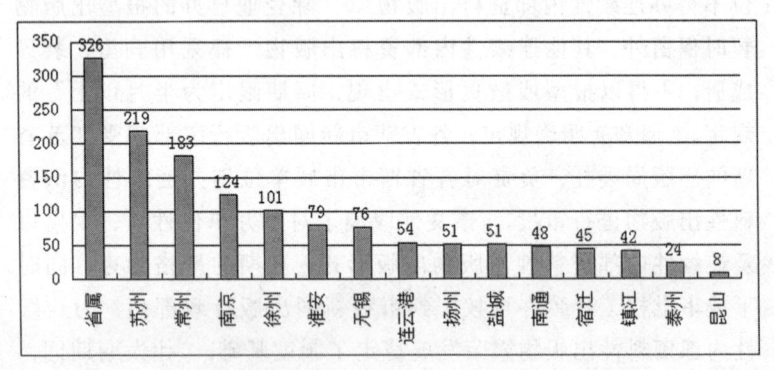

图 4-1　江苏省连续性内部资料性出版物行政区域分布图

（二）基于数量分布的分析

省属、苏州、常州、南京、徐州等5个行政区域集聚了江苏省连续性内部资料性出版物总量的66.6%,每个行政区域的连续性内部资料性出版物总数均突破100种。南通、宿迁、镇江、泰州等4个省辖市均不到50种。数量分布上的差异与各行政区域的经济发展水平、城市体量规模以及行政管理理念的差异密切相关。以苏州为例。苏州经济发展水平居全省首位,城市体量较大,《连续性内部资料性出版物准印证》行政许可方面实行"绝对放松进入规制",这些因素的"合力"造就了该市连续性内部资料性出版物总量在全省13个省辖市中独占鳌头。

（三）基于主办单位性质的分析

主办单位有党政机关、事业单位、企业单位、社会团体等4个类别。其中,党政机关329种,事业单位349种,企业单位

---

① 截至2013年年底,与昆山同时获得《连续性内部资料性出版物准印证》(县〈市〉属)委托审批权限的泰兴、沭阳两地,尚未正式实施行政许可行为。

274种，社会团体479种（见表4-1），分别占总数的22.99%、24.39%、19.15%、33.47%（见图4-2）。社会团体主办的连续性内部资料性出版物数量最多，企业单位主办的连续性内部资料性出版物数量最少。

企业单位主办的连续性内部资料性出版物数量最少，这与新闻出版总署2004年1月印发的《关于开展连续性内部资料出版物专项治理工作的通知》密切相关。《通知》明确规定非国有企业单位不得创办连续性内部资料性出版物；新创办连续性内部资料性出版物一律采用刊型，周期限定为半月以上。现实情况是，从员工阅读习惯以及携带便捷程度等角度考虑，企业单位一般倾向于主办报型连续性内部资料性出版物。"企业报"即是对这种倾向性的有力注脚和生动概括。《通知》拒绝满足国有企业单位和非国有企业单位创办报型连续性内部资料性出版物的合理出版需求（亦即出版自由权利的外在表达），导致部分企业单位最终通过"私力救济"方式实现这种需求，即违法出版未经行政许可的灰色文献。

引人注目的是，在15个行政区域中，南京企业单位主办的连续性内部资料性出版物数量最多。省属连续性内部资料性出版物总数是南京的2.63倍，然而，南京企业单位主办的连续性内部资料性出版物竟比省属企业单位主办的连续性内部资料性出版物多出10种。这种状况是地方规制主体在"从严审批"时期采取变通方式呼应企业单位"合理不合法"的出版诉求，积极报批报型连续性内部资料性出版物的结果。

表4-1 江苏省各行政区域连续性内部资料性出版物主办单位类型统计表

组织类型 行政区域	党政机关	事业单位	企业单位	社会团体	合计
省　属	48种	82种	47种	149种	326种
苏　州	38种	60种	45种	76种	219种

续表

组织类型 行政区域	党政机关	事业单位	企业单位	社会团体	合计
常　州	46 种	54 种	37 种	46 种	183 种
南　京	13 种	23 种	57 种	31 种	124 种
徐　州	15 种	26 种	19 种	41 种	101 种
淮　安	28 种	20 种	5 种	26 种	79 种
无　锡	23 种	14 种	19 种	20 种	76 种
连云港	24 种	8 种	12 种	10 种	54 种
扬　州	16 种	12 种	5 种	18 种	51 种
盐　城	21 种	11 种	6 种	13 种	51 种
南　通	19 种	14 种	5 种	10 种	48 种
宿　迁	11 种	9 种	8 种	17 种	45 种
镇　江	14 种	5 种	6 种	17 种	42 种
泰　州	12 种	5 种	3 种	4 种	24 种
昆　山	1 种	6 种	0	1 种	8 种
合　计	329 种	349 种	274 种	479 种	1431 种

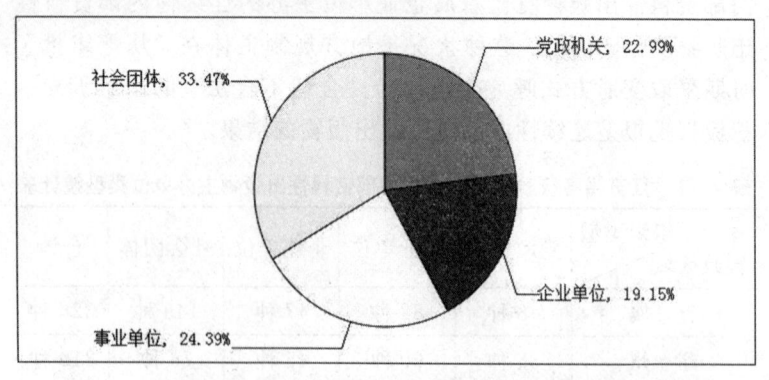

图 4-2　江苏省连续性内部资料性出版物主办单位类型分布图

(四) 基于主办单位规格的分析

主办单位规格分为省级、省辖市级、县市区级、乡镇级及以下等 4 个级别。2013 年年底，省级连续性内部资料性出版物 410 种，省辖市级连续性内部资料性出版物 829 种，县市区级连续性内部资料性出版物 173 种，乡镇级及以下连续性内部资料性出版物 19 种（见表 4-2）。苏州县市区级连续性内部资料性出版物 103 种，占全省同规格连续性内部资料性出版物总数 173 种的 59.5%，位居全省第一。无独有偶，苏州乡镇级及以下连续性内部资料性出版物 11 种，占全省同规格连续性内部资料性出版物总数 19 种的 57.9%，位居全省第一。这两个"第一"充分证明，面对不同层级的主办单位，苏州市局是执行连续性内部资料性出版物进入规制思想最解放的地方规制主体。

(五) 基于出版形式的分析

连续性内部资料性出版物有报型、刊型两种形式。截至 2013 年年底，江苏省报型连续性内部资料性出版物 312 种，刊型连续性内部资料性出版物 1119 种，刊型是报型的 3.59 倍（见表 4-3）。就每个行政区域来看，刊型均多于报型，这已成为江苏省连续性内部资料性出版物的"形式规律"。特别值得一提的是扬州。截至 2013 年年底，扬州共有连续性内部资料性出版物 51 种。这 51 种连续性内部资料性出版物均为刊型。这个现象以一种近乎极端的形式体现了地方规制部门对于 2004 年新闻出版总署《关于开展连续性内部资料出版物专项治理工作的通知》关于出版形式的限制性规定的路径依赖。

表 4-2　江苏省各行政区域连续性内部资料性出版物主办单位规格统计表

行政区域 \ 组织规格	省级	省辖市级	县市区级	乡镇级及以下
省　属	324 种	1 种	1 种	0
苏　州	4 种	101 种	103 种	11 种

续表

行政区域＼组织规格	省级	省辖市级	县市区级	乡镇级及以下
常　州	21种	138种	23种	1种
南　京	9种	104种	10种	1种
徐　州	8种	87种	6种	0
淮　安	7种	58种	14种	0
无　锡	7种	65种	4种	0
连云港	6种	45种	3种	0
扬　州	3种	48种	0	0
盐　城	4种	46种	1种	0
南　通	10种	36种	2种	0
宿　迁	1种	41种	3种	0
镇　江	3种	38种	1种	0
泰　州	3种	21种	0	0
昆　山	0	0	2种	6种
合　计	410种	829种	173种	19种

表4-3　江苏省各行政区域连续性内部资料性出版物出版形式统计表

行政区域＼出版形式	报型	刊型	合计
省　属	33种	293种	326种
苏　州	54种	165种	219种
常　州	73种	110种	183种
南　京	43种	81种	124种
徐　州	28种	73种	101种

续表

出版形式 行政区域	报型	刊型	合计
淮　安	13 种	66 种	79 种
无　锡	19 种	57 种	76 种
连云港	13 种	41 种	54 种
扬　州	0	51 种	51 种
盐　城	5 种	46 种	51 种
南　通	9 种	39 种	48 种
宿　迁	13 种	32 种	45 种
镇　江	6 种	36 种	42 种
泰　州	2 种	22 种	24 种
昆　山	1 种	7 种	8 种
合　计	312 种	1119 种	1431 种

（六）基于期印数的分析

截至 2013 年年底，江苏省共有 83 种连续性内部资料性出版物期印数在 10000 份以上。其中，期印数 10000—19999 份的 49 种，20000—29999 份的 18 种，30000—39999 份的 4 种，40000—49999 份的 1 种，50000 份（含 50000 份）以上的 11 种。组织的层次性与连续性内部资料性出版物的期印数存在正相关性。一般来说，单位主办的连续性内部资料性出版物，因单位员工数量有限，故其期印数不会太多。系统或行业主办的连续性内部资料性出版物，因系统或行业成员（包括单位和个人）数量较大，故其期印数相对较多。江苏省教育考试院主办的《江苏招生考试》，旨在为全省教育行业成员（包括教育行政部门、学校、培训机构以及学生、家长等）提供招生考试信息服务，服务对象面广量大，每期印数达到 45 万份，位居江苏省连续性内部资料性出版物期印数榜首（见表4-4）。

表4-4　江苏省连续性内部资料性出版物期印数前20名一览表

序号	名称	主办单位	主管单位	期印数
1	江苏招生考试	江苏省教育考试院	江苏省教育厅	45万份
2	江苏红十字	江苏省红十字会	江苏省红十字会	11万份
3	家长学校学员读物	淮安市关心下一代工作委员会	淮安市关心下一代工作委员会	10万份
4	新健康	徐州市中心医院	徐州市卫生局	10万份
5	江苏自学考试	江苏省教育考试院	江苏省教育厅	7万份
6	希望	常州市教育局	常州市教育局	6万份
7	江苏烟草	江苏省烟草公司	江苏省烟草专卖局	5万份
8	医苑	徐州市肿瘤医院	徐州市卫生局	5万份
9	大娘通讯	大娘水饺餐饮集团股份有限公司	大娘水饺餐饮集团股份有限公司	5万份
10	健康家庭	江苏享佳健康管理有限公司	南京江宁经济技术开发区管委会	5万份
11	老年营养素宝典	江苏享佳健康管理有限公司	南京江宁经济技术开发区管委会	5万份
12	娄江夕阳红	太仓市退休人员社会管理服务中心	太仓市劳动和社会保障局	4万份
13	张家港政务	张家港市委办公室	张家港市委	3.8万份

续表

序号	名称	主办单位	主管单位	期印数
14	江苏地税	江苏省地方税收科学研究所	江苏省地方税务局	3万份
15	华润苏果	苏果超市有限公司	江苏省供销合作总社	3万份
16	科学育儿	江苏省老科技工作者协会	江苏省科学技术协会	3万份
17	盐阜卫生	盐城市疾病预防控制中心	盐城市卫生局	2.9万份
18	扬州卫生	扬州市卫生局	扬州市卫生局	2.7万份
19	连心桥	江苏省烟草公司南京分公司	江苏省南京市烟草专卖局	2.6万份
20	研究报告	江苏省地方税收科学研究所	江苏省地方税务局	2.55万份

(七) 基于管办种数的分析

① 以主办单位为视角。一家单位主办多种连续性内部资料性出版物的情况普遍存在。据统计,全省共有48家单位(28省级单位、20家市级单位)分别主办两种及以上连续性内部资料性出版物。主办单位旗下的各种连续性内部资料性出版物分别服务于不同的出版宗旨。以航天晨光股份有限公司为例。该公司主办有报型连续性内部资料性出版物《航天晨光》和刊型连续性内部资料性出版物《创新与发展》。前者偏重企业新闻宣传报道,4开4版,半月刊,期印数2000份,印发到基层普通员工,一线工人基本上两人一份。后者紧紧围绕企业管理和技术创新,注重文章的纵深度,16开40页,月刊,期印数450份,印发到科室和班组。28家省级单位基本情况详见表4-5。它们有的主办一"报"一"刊",如江苏省交通厅主办报型《江苏交通新闻》与刊型《江苏交通》;有的主办一

"报"两"刊",如中国石化扬子石油化工股份有限公司主办报型《扬子资讯》与刊型《扬子石化》、《扬子石油化工》;有的主办一"报"多"刊",如中国电子科技集团公司第十四研究所主办报型《远望》与刊型《电子工程信息》、《机载雷达通讯》、《地面雷达通讯》;有的主办两"报"一"刊",如苏宁云商集团股份有限公司主办报型《苏宁人》、《新苏宁》与刊型《苏宁》。

② 以主管单位为视角。江苏省有 5 家单位主管超过 10 种以上的连续性内部资料性出版物,是主管单位"大户"。它们分别是江苏省教育厅(34 种)、江苏省住房和城乡建设厅(23 种)、江苏省经济和信息化委员会(17 种)、江苏省科学技术协会(16 种)、江苏省哲学社会科学界联合会(13 种)。

(八) 基于出版周期的分析

连续性内部资料性出版物有周五刊、周四刊、周三刊、周二刊、周刊、旬刊、半月刊、月刊、双月刊、季刊、半年刊等不同刊期。其中,月刊系主流刊期,例如泰州市工程造价管理处主办的《泰州工程造价管理》。

(九) 基于出版开本的分析

报型连续性内部资料性出版物有 4 开、对开等开本。其中,4 开系主流开本,如南京汽车集团有限公司主办的《南汽新闻》。刊型连续性内部资料性出版物有 32 开、16 开、大 16 开、8 开等开本。其中,大 16 开系主流开本,如苏宁云商集团股份有限公司主办的《苏宁》。

表 4-5 江苏省省级单位主办两种及以上连续性内部资料性出版物统计表

序号	主办单位	种数	名称
1	江苏省新闻出版局	5 种	江苏版权;江苏图书审读;江苏出版管理;江苏报刊审读与管理;新闻出版产业发展与数字出版

续表

序号	主办单位	种数	名称
2	江苏省教育学会	5种	校园书法；教育之光；民办教育；江苏教学；初中教学研究
3	江苏省老科技工作者协会	4种	科学育儿；科学饮食；科学养老；江苏老科协
4	中国电子科技集团公司第十四研究所	4种	远望；电子工程信息；机载雷达通讯；地面雷达通讯
5	苏宁云商集团股份有限公司	3种	苏宁；苏宁人；新苏宁
6	江苏省教育科学研究院	3种	教育家；学校管理；未成年人心理健康教育
7	南京大学	3种	南京研究；南大校友通讯；管见——公共管理探索
8	中国石化扬子石油化工股份有限公司	3种	扬子资讯；扬子石化；扬子石油化工
9	江苏省海事局	3种	江苏海事；船行如歌；江苏海事论坛
10	江苏省城市应急协会	2种	城市应急；安全社区
11	江苏中烟工业公司	2种	江苏中烟；江苏中烟报道
12	江苏省交通厅	2种	江苏交通；江苏交通新闻
13	江苏省红十字会	2种	红十字；江苏红十字
14	江苏省地方税收科学研究所	2种	江苏地税；研究报告
15	江苏教育报刊总社	2种	江苏教育宣传；江苏教育参考
16	江苏省民族宗教研究中心	2种	动态研究；江苏民族宗教

续表

序号	主办单位	种数	名称
17	江苏省教育考试院	2种	江苏招生考试；江苏自学考试
18	苏州大学	2种	教育论坛；中学历史教学研究
19	南京信息职业技术学院	2种	江苏物联网；信息职业教育
20	江苏农垦集团有限公司	2种	江苏农垦人；江苏农垦科技
21	南京中船绿洲机器有限公司	2种	绿洲；绿洲技术
22	中国电子科技集团公司第二十八研究所	2种	现代电子工程；电子工程信息
23	南京华东电子集团有限公司	2种	华电；光电技术
24	南京财经大学	2种	粮食经济研究；继续教育研究
25	南京图书馆	2种	信息传真；江苏图书馆之窗
26	江苏省劳教学会	2种	北斗；江苏矫治
27	江苏省发展和改革委员会	2种	改革动态；江苏制造业动态
28	江苏省建筑钢结构混凝土协会	2种	江苏钢结构；江苏混凝土

4.2.2 典型案例

以主办单位类型为切入点，本书选择具有代表性的《宝应日报》（党政机关主办）、《扬子资讯》（企业单位主办）、《江苏公路通讯》（事业单位主办）、《江苏土地》（社会团体主办）等4种连续性内部资料性出版物或具有连续性内部资料性出版物特征的灰色文献作为研究对象,通过全面梳理其出版现况及发展历程,揭示出版需求与规制约束之间的互动关系,呈现政府规制之于出版需求的深刻作用以及出版需求之于政府规制的潜在影响。

(一)典型案例描述

① 《宝应日报》(党政机关·报型)

1996年6月,宝应报社经宝应县机构编制委员会批准成立,为正科级差额拨款事业单位。1996年7月,《宝应报》经江苏省新闻出版局批准正式创刊,并获颁"江苏省内部报刊准印证"。4开4版,周二刊,每期发行量1.8万份。1998年,《宝应报》改为周五刊,更名《宝应日报》。2001年年底,《宝应日报》经江苏省新闻出版局批准更名《宝应日讯》,同时获颁《江苏省连续性内部资料性出版物准印证》,转为连续性内部资料性出版物。在撤并原宝应报社的基础上,2004年1月,宝应县新闻信息中心成立。中心内设总编室、编辑部、记者部、办公室等部门,继续出版具有连续性内部资料性出版物性质的《宝应日讯》。①《宝应日讯》4开4版,周五刊,免费赠阅,赠阅对象覆盖城乡机关企事业单位、社区(村)、学校、党员干部以及广大工商经营户。2011年1月,《宝应日讯》字号恢复为《宝应日报》。2011年9月,《宝应日报》由周五刊改为周六刊。

《宝应日报》坚持以科学发展观为指导,紧紧围绕县委县政府中心工作开展宣传报道,突出重大战役宣传和典型宣传,关注社会热点难点报道及基层一线报道。自2004年1月起,其在出版中探索并实践"联办专版"模式。2004年以来,与县级机关20多个部门联办过"宝应公安"、"宝应教育"、"宝应交通"、"廉政时空"、"物价之窗"、"劳动和社会保障"等20多

---

① 此时出版的《宝应日讯》未经新闻出版行政部门行政许可。

个专版，反映部门动态，宣传政策法规，在部门和百姓之间架设沟通联系桥梁，宣传效果显著，社会影响力不断增强。2009年专门成立专刊部。2012年共出版293期，推出专栏20多个、专版260多个、通版近10个，期发行量1万份。

截至2012年年底，新闻信息中心工作人员33人，其中在编10人，聘用制23人。本科生7人，大专生21人，中专及以下学历5人。15名采编人员中尚无人取得中级及以上职称。

在出版《宝应日报》的同时，新闻信息中心还办有数字报、手机报和"中国宝应网"。2012年，中心获得地方财政补贴100万元，固定资产总值100万元。

②《扬子资讯》（企业单位·报型）

1983年9月，中国石化扬子石油化工股份有限公司成立。着眼于及时报道30万吨乙烯工程建设的进展情况，扬子石油化工公司等单位决定筹办《扬子报》。1984年6月，《扬子报》正式创刊，4开4版，旬刊。1984年11月，《扬子报》获江苏省新闻出版局批准内部出版，"内部报纸"刊号"江苏省内部报刊登记证001号"。1992年9月，新闻出版署发文，批准《扬子报》从1993年1月起转为正式报纸，4开4版，周二刊，扬子石油化工公司主管主办，编入"国内统一刊号"企业报系列，刊号"CN 32-0091/Q"。1995年11月，增出"周末版"，刊期由周二刊改为周三刊。1995年11月，经南京市工商行政管理局核准，扬子报社获得《广告经营许可证》，许可证号"宁工商广字109003号"。1997年10月新闻出版署发文，决定从1998年1月1日起取消《扬子报》等企业报国内统一刊号，转为"内部资料"。之后，《扬子报》更名《扬子资讯》并转为连续性内部资料性出版物，准印证号"苏新出准印JS—S270"。

自创刊至2013年年底，该报型连续性出版物始终坚持"围绕中心、服务大局"的出版宗旨，贴近基层、贴近职工、贴近生活，弘扬扬子精神、凝聚扬子力量、推动扬子发展，为打造人民满意的世界一流企业不懈努力。主要版面包括"要闻版"、"综合新闻版"、"扬子时事版"、"扬子新苑版"、"生活广角版"等，主要专栏包括"扬子时评"、"基层亮点"、"扬子短波"、"爱民信箱"、"心灵家园"、"阿海说安全"、"胡律师讲堂"、"寻找最美一线员工"等。

自2011年4月起从黑白印刷改为彩色印刷，并从周三刊改为周二刊。创刊时期印数16000份，2013年保持在18000份左右。继续办好纸质版的同时创新载体形式，在企业门户网站开设新闻栏目，并推出《扬子资讯》电子版，与纸质版同步发布。编辑部工作人员6名。

③《江苏公路通讯》（事业单位·报型）

这是一个以内部连续性出版物准印证号为视点和轴心的案例。

《江苏公路通讯》主办单位系江苏省交通厅公路局（事业单位）。2009年6月创刊，创办后一直未能申请获得《江苏省连续性内部资料性出版物准印证》。2013年2月，经新闻出版行政部门审批同意，《江苏公路通讯》自第184期起接续使用已停刊的《都市公路》连续性内部资料性出版物准印证号"苏新出准印JS—A059"，并一直延续下来。

连续性内部资料性出版物准印证号"苏新出准印JS—A059"及其前身经历了以下历史变迁。

一是《南京公路报》阶段。1992年11月，江苏省南京市公路管理处（事业单位）创办《南京公路报》，其"内部报纸"准印证号"宁出报92-01118"系南京市新闻出版局自行审批过渡使用。第1期至第79期一直使用此准印证号。1996年3月，经江苏省新闻出版局批准获颁"江苏省内部报刊准印证"，准印证号"JSXB 01-038/Q"。第80期至第135期一直使用此准印证号。创刊时4开4版,月刊,期印数1000份。1997年调整为4开4版,旬刊,期印数4000份。

二是《公路通讯》阶段。依据国家"内部报刊"转化为连续性内部资料性出版物的刚性规定,《南京公路报》1998年第一季度履行完成转化手续。执行不得使用"报"字的规定,更名《公路通讯》,获颁《江苏省连续性内部资料性出版物准印证》,准印证号"JSXB-0100059"。自1998年3月15日(第136期)至2002年2月10日(第288期),一直使用此准印证号。2002年,江苏省启动《连续性内部资料性出版物准印证》换证工作。2002年3月获颁新《准印证》,准印证号"苏新出准印JS—A059"。此准印证号一直使用至2006年8月20日(第446期)。第446期出版后,《公路通讯》停刊。更名《公路通讯》时4开4版、周刊、期印数3000份,1999年6月调整为对开4版、旬刊、期印数3000份,一直持续至停刊。

三是《都市公路》阶段。经新闻出版行政部门批准,《公路通讯》更名为《都市公路》。4开4版,月刊,期印数1000份。2007年1月开始使用准印证号"苏新出准印JS—A059"出版,主办单位江苏省南京市公路管理处。当时,江苏省南京市公路管理处当选"全国公路信息网"理事会会长单位,出版《都市公路》系为该信息网服务。《都市公路》在全国公路系统具有一定影响力,省外一些公路单位将其视为全国性读物。2010年2月停刊。

四是《江苏公路通讯》阶段。2013年2月,《江苏公路通讯》接续使用已停刊的《都市公路》准印证号"苏新出准印JS—A059"。4开4版,周刊,全彩,期印数6000份。设置"要闻版"、"建设养护版"、"行业管理版"、"文明文化版"等版面,主要专栏有"沿海开发"、"重点工程"、"深度出击"、"管养经纬"、"苏路散文"、"聚焦农路"、"独秀群芳"、"春风化雨"等。 其电子版在江苏省交通厅公路局外网、内网同步发布,中国公路网全文转载。

④《江苏土地》(社会团体·刊型)

作为江苏省土地学会会刊,《江苏土地》是宣传土地管理大政方针、组织理论技术业务交流、促进土地科技文化建设的重要载体,也是江苏省土地学会开展学会工作、联系社会大众、服务职称评审的重要平台。 创刊以来,《江苏土地》走过了一段不平凡的历程,大致可以分为4个时期。

一是初创时期(1993年11月—1995年12月)。 1993年11月,《土地纵横》创刊,双月刊,准印证号"JSXK字第621号"。 1994—1995年,准印证号调整为"JSXK-621"。 固定专栏15个。

二是主办权转换时期(1996年1月—2002年5月)。《土地纵横》更名为《江苏土地》,双月刊,固定专栏8个。

三是资源整合时期(2002年6月—2003年12月)。 2001年9月,江苏省委办公厅、江苏省人民政府办公厅转发省报刊专项治理领导小组办公室《关于停办省内刊号报刊或转为内部资料性出版物的请示》。 根据文件精神,包括《江苏土地》在内的现存100种"内部报刊"(35种"内部报纸"和65种"内部期刊")可出版发行至2001年12月31日,2002年起一律停办或转为连续性内部资料性出版物。 根据江苏省国土资源厅办公会研究决定,2002年6月,《江苏土地》与《江苏地矿信息》合并,暂时以《江苏地矿信息》为刊名出版发行。《江苏地矿信息》国内统一刊号"CN 32-1469/P",月刊,固定专栏11个。 2002年9月,《江苏地矿信息》更名《江苏国土资源》,国内统一刊号"CN 32-1696/P",国际标准刊号"ISSN 1671-993X",月刊,固定专栏11个。 2003年9月,《中央治理党政部门报刊散滥和利用职权发行工作协调领导小组办公室关于江苏省报刊治理工作方案的批复》印发。《批复》要求《江苏国土资源》等 11 种期刊实行划转，主管主办单位做出调整。其由江苏省国土资源厅主管主办变更为江苏省出版集团主管主办，划转后更名。2003 年年底，《江苏国土资源》停刊。

四是复刊后时期（2005 年 6 月以后）。2005 年 6 月，《江苏国土资源》复刊并更名为《江苏土地》，准印证号"苏新出准印 JS—S211"，双月刊。

自 1993 年 11 月创刊至 2013 年年底，累计出版 106 期，发表文章 3787 篇，约 921 万字，总印数约 63.2 万册。

《江苏土地》固定专栏 10 个，即"焦点观察"、"领导论坛"、"调查研究"、"工作实践"、"技术与方法"以及法苑纵横"、"理论探索"、"文苑撷英"、"短信平台"、"信息化建设"。依托江苏省土地学会网站发布《江苏土地》电子版，提供网络投稿、网上订阅、过刊浏览等服务。每期印数 5500 份。每期免费发送江苏省省级"四套班子"相关领导和省级机关有关部门、市县乡 3 级政府、乡镇国土管理所以及相关大专院校、研究机构、中介机构、企事业单位等 1700 余个对象。此外，与全国 20 余种国土资源类出版物进行交流。

经费来源有 4 个渠道，即江苏省土地学会拨款、系统内协办单位经费资助（江苏省国土资源系统内市、县局资助出版）、系统外编委会成员单位会费资助（江苏省国土资源系统外单位缴纳会费资助出版）以及社会捐赠。不收费，不刊登广告，不在社会上征订发行。

（二）典型案例分析

① 坚持正确方向，服务组织发展。《宝应日报》、《扬子资讯》、《江苏公路通讯》、《江苏土地》坚持马克思主义新闻观和出版观，坚持正确的舆论导向和出版方向，坚持弘扬真善美、传递正能量方针，紧贴组织工作中心开展编印发实践，宣传改革经验，树立创新典型，加强文化建设，为组织改革发展稳定

营造了良好舆论氛围。其承办机构大力加强编辑出版制度建设，确保将负外部性灭失在萌芽状态。《扬子资讯》曾经获评全国优秀企业报、中国石化优秀企业报。

② 扎根日常生活，反映社会变迁。连续性内部资料性出版物或相关灰色文献在基层、接地气、有个性，其记录组织日常生活所具有的贴近性、聚焦性、持续性特点是大众传播媒介"外围性介入式报道"[1]所不能比拟的。组织日常生活是时代变迁在组织的结晶，连续性内部资料性出版物是组织日常生活的载体，透过连续性内部资料性出版物可以把握社会变迁。《江苏土地》是江苏省乃至全国土地管理制度发展的历史见证，反映了土地管理制度从无到有、从粗放管理到精细管理的变迁过程。

③ 跟进时代发展，创新载体形式。《宝应日报》、《扬子资讯》、《江苏公路通讯》、《江苏土地》积极拥抱以快捷性、参与性、互动性为特征的数字出版革命，在继续办好纸质版出版物的同时推出电子版，顺应时代新趋势，满足读者新需求，实现传播新突破。

④ 遂行规制更迭，调整出版行为。出版规制变迁在4种连续性内部资料性出版物或灰色文献上留下深深烙印。《宝应日报》经历了由"内部报纸"到连续性内部资料性出版物再到灰色文献的发展变化，《扬子资讯》经历了由"内部报纸"到正式报纸再到连续性内部资料性出版物的发展变化，《江苏公路通讯》经历了由"内部报纸"到连续性内部资料性出版物的发展变化，《江苏土地》则经历了由"内部期刊"到正式期刊再到连续性内部资料性出版物的发展变化。根据连续性内部资料性出版物规制不得使用"报"字的规定，《南京公路报》更名《公路通讯》，《扬子报》更名《扬子资讯》。《江苏土地》和《扬子资

---

[1] 刘文文.组织传播和大众传播视角下的企业报刊研究[D].济南：山东大学，2009：5.

讯》经历过从"不得收费、不得刊登广告、不得在社会上征订发行"到"可以定价、可以刊登广告、可以在社会上征订发行",再到"不得收费、不得刊登广告、不得在社会上征订发行"的规制轮回。

4.3 江苏省连续性内部资料性出版物出版的抽样分析

2014年1月,本书作者启动关于连续性内部资料性出版物出版情况的抽样分析。抽样分析期间,共向南京地区130个江苏省省属连续性内部资料性出版物编辑部和南京市市属连续性内部资料性出版物编辑部发放调查问卷130份。截至2014年3月底,共收回有效问卷105份。有效问卷占问卷总数80.8%。结合问卷调查,还组织开展了上门访谈。

4.3.1 出版形式

105个抽样对象中,报型连续性内部资料性出版物40种,刊型连续性内部资料性出版物65种,分别占有效问卷总数的38.1%、61.9%(见表4-6)。

表4-6 出版形式统计表

	出版形式	出版物数	百分比	有效的百分比	累积百分比
有效	报型	40	38.1	38.1	38.1
	刊型	65	61.9	61.9	100.0
	总计	105	100.0	100.0	

4.3.2 经费来源

绝大多数连续性内部资料性出版物在出版经费方面遵守现行规制,均由主办单位全额保障。105个抽样对象中,只有12个拥有多种经费来源,占总数的11.4%。例如,南京市价格协会主办的《南京价格》拥有协会会费、出版物理事会会费、其他等3种经费来源。收取出版物理事会会费的均是社会团体主办的连续性内部资料性出版物。① 接受赞助费的也均是社会团体主办的连续性内部资料性出版物。② 105 种连续性内部资料性出版物中唯一定价销售的是江苏省教师培训中心主办的《小学教师培训》。该连续性内部资料性出版物双月刊，每期发行 13000 份。此外，共有 7 种连续性内部资料性出版物拥有"其他"经费来源（见表 4-7）。

表 4-7 经费来源统计表

经费来源	频次	比率
机关及企事业单位拨款	86	81.90%
协会会费	19	18.10%
出版物理事会会费	3	2.86%
版面费	0	0.00%
广告费	0	0.00%
赞助费	3	2.86%
出版物销售收入	1	0.95%
其他	7	6.67%

4.3.3 从业人员

作为精神产品，连续性内部资料性出版物具有意识形态属性和外部性。从业人员是连续性内部资料性出版物社会效益的支撑和保障。然而，现行规制并未涉及从业人员。因此，从

---

① 江苏省城市应急协会主办的《安全社区》、南京市价格协会主办的《南京价格》、南京市企业联合会等单位主办的《今日企业》等 3 种连续性内部资料性出版物，除协会会费资助出版外，还收取出版物理事会会费资助出版。

② 江苏省建筑钢结构混凝土协会主办的《江苏钢结构》和《江苏混凝土》、南京市溧水区工商业联合会等单位主办的《民营经济参考》等 3 种连续性内部资料性出版物，除协会会费资助出版外，还接受赞助费资助出版。

业人员的配置、培训、奖励等事宜当下处于受制于主办单位认识高低的"自发状态"或"柔性状态"。

（一）从业人员数量及变动情况

表4-8显示，105个抽样对象中，有17个其编辑部只有一名工作人员。编辑部工作人员最多的14人，但只有一家。半数以上的编辑部工作人员在3人（含3人）以下，占总数的54.3%。超过80%的编辑部维持在5人（含5人）以下的规模（82.9%）。从整体上来看，连续性内部资料性出版物编辑部的规模较小。

表4-8 从业人员数量统计表

	每种出版物从业人数	出版物数	百分比	有效的百分比	累积百分比
有效	1	17	16.2	16.2	16.2
	2	24	22.8	22.8	39.0
	3	16	15.2	15.2	54.2
	4	19	18.1	18.1	72.3
	5	11	10.5	10.5	82.8
	6	6	5.7	5.7	88.5
	7	3	2.8	2.8	91.3
	8	3	2.8	2.8	94.1
	9	1	1.0	1.0	95.1
	11	1	1.0	1.0	96.1
	12	2	1.9	1.9	98.0
	13	1	1.0	1.0	99.0
	14	1	1.0	1.0	100.0
	总计	105	100.0	100.0	

表4-9显示,平均每个编辑部工作人员3.77人。2011—2013年平均每个编辑部新进工作人员0.78人,离职0.48人,整体上新进人数大于离职人数。表4-10显示,超过半数(56.2%)的编辑部2011—2013年没有新进人员。表4-11显示,近70%(68.6%)的编辑部2011—2013年没有发生过离职情况。表4-9、表4-10和表4-11说明,3年里抽样对象的工作人员队伍总体上相对稳定,人数存在小幅增加情况。

表4-9 从业人员变动统计表

统计指标		从业人员	新进人员	离职人员
N	有效	105	105	105
	遗漏	0	0	0
平均数		3.77	.78	.48
中位数		3.00	.00	.00
众数		2	0	0
标准偏差		2.690	1.101	.833
总和		396	82	50

表4-10 新进人员统计表

新进人数		出版物数	百分比	有效的百分比	累积百分比
有效	0	59	56.2	56.2	56.2
	1	23	21.9	21.9	78.1
	2	14	13.3	13.3	91.4
	3	6	5.7	5.7	97.1
	4	2	1.9	1.9	99.0
	5	1	1.0	1.0	100.0
	总计	105	100.0	100.0	

表 4-11 离职人员统计表

离职人数		出版物数	百分比	有效的百分比	累积百分比
有效	0	72	68.6	68.6	68.6
	1	21	20.0	20.0	88.6
	2	8	7.6	7.6	96.2
	3	3	2.8	2.8	99.0
	4	1	1.0	1.0	100.0
	总计	105	100.0	100.0	

(二) 从业人员基本情况

表 4-12、表 4-13、表 4-14、表 4-15 以及图 4-3 反映了从业人员的基本情况。从业人员队伍中,出生于 1960 年代、1970 年代、1980 年代的是主体,人数旗鼓相当,有效百分比分别为 26.1%、24.2% 和 27.1%。男性占 57.1%,女性占 42.9%,男性比女性多 14.2%。政治身份为中共党员的在从业人员队伍中居于绝对优势,有效百分比 62.9%。其余人员的政治身份分别是九三学社、民革、民进、民盟、致公党、共青团成员或无党派人士。396 人中,专职占 46.7%,兼职占 53.3%,兼职比专职多 6.6%。

表 4-12 从业人员年龄构成统计表

出生年份		人数	百分比	有效的百分比	累积百分比
有效	1950 年前	25	6.3	6.5	6.3
	1950 年后	55	13.8	14.3	20.1
	1960 年后	100	25.3	26.1	45.4
	1970 年后	93	23.5	24.2	68.9
	1980 年后	104	26.3	27.1	95.2
	1990 年后	7	1.8	1.8	97.0
	未填写	12	3.0		100.0
	总计	396	100.0	100.0	

表 4-13 从业人员性别构成统计表

	性别	人数	百分比	有效的百分比	累积百分比
有效	男	226	57.1	57.1	57.1
	女	170	42.9	42.9	100.0
	总计	396	100.0	100.0	

表 4-14 从业人员政治面貌统计表

	政治面貌	人数	百分比	有效的百分比	累积百分比
有效	共产党	244	61.6	62.9	61.6
	九三学社	1	.3	.2	61.9
	民革	2	.5	.5	62.4
	民进	3	.8	.8	63.2
	民盟	2	.5	.5	63.7
	致公党	1	.3	.2	64.0
	共青团	35	8.8	9.1	72.8
	无党派	100	25.2	25.8	98.0
	未填写	8	2.0		100.0
	总计	396	100.0	100.0	

表 4-15 从业人员工作性质统计表

	工作性质	人数	百分比	有效的百分比	累积百分比
有效	兼职	211	53.3	53.3	53.3
	专职	185	46.7	46.7	100.0
	总计	396	100.0	100.0	

396人中有8人未填写从事出版工作起始年份。已知从事出版工作起始年份的388位从业人员，其工作起点集中在2007年（40人）、2008年（24人）、2009年（29人）、2010年（35

人)、2011年(43人)、2012年(69人)、2013年(33人)这个连续的时间段。这7年中,有273人开始其连续性内部资料性出版物出版从业生涯,有效百分比70.4%。最近3年(2011—2013年),[①]有145人开始其连续性内部资料性出版物出版从业生涯,有效百分比37.4%。

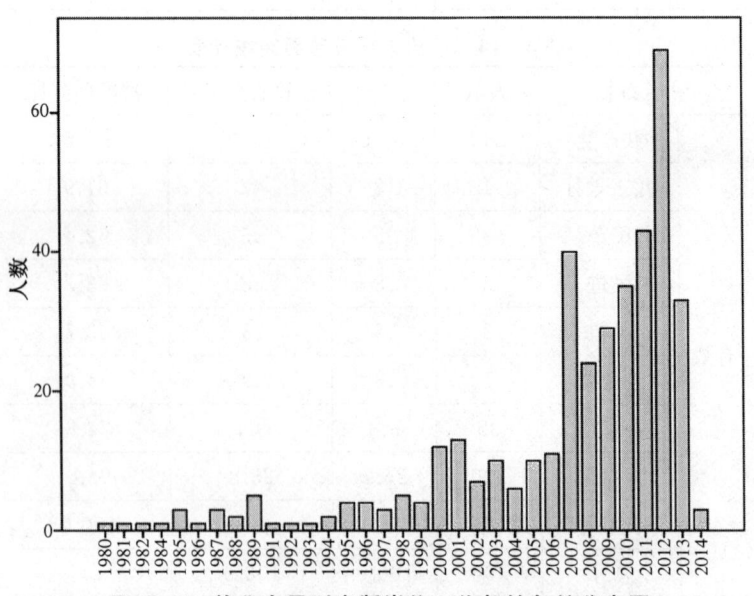

图4-3 从业人员到出版岗位工作起始年份分布图

(三)从业人员素质情况

表4-16显示,从业人员中本科学历占大部分,有效百分比达63.4%。表4-17显示,179人未填写职称情况,占总人数的45.2%。拥有职称的从业人员中,初级职称占总人数的8.8%,中级职称占总人数的21.2%,副高级职称占总人数的

---

① 因本书抽样分析是在2014年第一季度进行的,故2014年数据可不予考虑。

18.7%，正高级职称占总人数的6.1%。表4-18显示，在217位拥有职称的从业人员中，193人的职称不属于新闻出版系列，占拥有职称人数的88.9%；仅有24人的职称属于新闻出版系列，占拥有职称人数的11.1%。

表4-16 从业人员受教育程度统计表

	教育水平	人数	百分比	有效的百分比	累积百分比
有效	高中	2	.5	.5	.5
	中专	3	.8	.8	1.3
	大专	76	19.2	19.4	20.5
	本科	248	62.7	63.4	83.2
	硕士研究生	48	12.1	12.3	95.3
	博士研究生	12	3.0	3.1	98.3
	博士后	2	.5	.5	98.8
	未填写	5	1.2		100.0
	总计	396	100.0	100.0	

表4-17 从业人员职称统计表

	职称	人数	百分比	有效的百分比	累积百分比
有效	初级	35	8.8	16.1	8.8
	中级	84	21.2	38.7	30.0
	副高级	74	18.7	34.1	48.7
	正高级	24	6.1	11.1	54.8
	未填写	179	45.2		100.0
	总计	396	100.0	100.0	

2011—2013年，37种连续性内部资料性出版物的工作人员参加过业务培训（35.2%），68种连续性内部资料性出版物的工作人员没有参加过业务培训（64.8%）。业务培训内容涉及新闻采编、版面编排、出版法规等。37种连续性内部资料性出版物的工作人员共参加53次培训（见表4-19）。其中，全国性单位主办的23次，省级单位主办的18次，市级单位主办的12次。

全国性事业单位主要是行业媒体机构，如中国航空报社、中国船舶报社、中国公路杂志社等；全国性企业单位主要是央企，如中国航空工业集团、中国南车集团、际华集团等；全国性社会团体主要是行业媒体协会，如中国铁路新闻工作者协会、中国航天新闻协会、中国烟草报刊协会等。省级党政机关主要是连续性内部资料性出版物所在行业的主管部门，如江苏省烟草专卖局、江苏省工商业联合会等；省级事业单位主要是媒体机构，如江苏邮电报社、《南京林业大学报》编辑部等；省级社会团体主要是媒体协会，如江苏省期刊协会、江苏省企事业新闻工作者协会等。市级党政机关主要是南京市文化广电新闻出版局、南京市工商业联合会等；市级事业单位是南京日报社。

值得注意的是，新闻出版行政部门组织的业务培训只有8次，仅占15.1%。其中，没有省级新闻出版行政部门组织培训的记录。

表4-18　职称是否属于新闻出版系列统计表

	职称性质	人数	百分比	有效的百分比	累积百分比
有效	否	193	48.7	88.9	48.7
	是	24	6.1	11.1	54.8
	未填写	179	45.2		100.0
	总计	396	100.0	100.0	

表 4-19 从业人员业务培训主办单位统计表

培训级别	党政机关	事业单位	企业单位	社会团体
全国性	/	11	5	7
省 级	3	3	/	12
市 级	11	1	/	/

4.3.4 出版质量

2011—2013年,59种连续性内部资料性出版物(56.2%)获得133次表彰(见表4-20),将近一半连续性内部资料性出版物(43.8%)没有获得任何奖励。大部分获奖连续性内部资料性出版物获奖次数在1—5次之间。个别连续性内部资料性出版物获奖次数较多,其中,《南化通讯》获奖11次,《浦镇公司》和《雨润人》各获奖6次。

授奖党政机关主要有连续性内部资料性出版物的行业主管部门、业务主管部门两类。前者如江苏省经济和信息化委员会、江苏省住房和城乡建设厅、江苏省工商业联合会以及南京市工商行政管理局、南京市总工会、南京市社会科学界联合会等,后者如南京市委宣传部、南京市文化广电新闻出版局等。授奖事业单位系全国性行业媒体机构,如中国纺织报社等。授奖社会团体包括行业协会、行业媒体协会、媒体协会等3类。前者如中国房地产行业协会、中国建设工程造价管理协会、中国老年保健协会、江苏省集邮协会等,中者如中国国防科技工业新闻工作者协会、中国铁路新闻工作者协会、中国化工新闻工作者协会、中国信息技术教育学会报刊分会等,后者如中国内刊协会、中国企业报协会、江苏省企事业新闻工作者协会、南京市新闻工作者协会等。其中,南京市文化广电新闻出版局授奖49次,占36.8%,居党政机关首位;江苏省企事业新闻工作者协会授奖22次,占16.5%,居社会团体首位(见表4-21)。

全国层面奖项授奖单位系社会团体和事业单位，无党政机关。省级层面奖项、市级层面奖项授奖单位系党政机关、社会团体，无事业单位（见表4-22）。数据显示，社会团体在质量评价、出版激励方面发挥着突出作用。值得注意的是，没有省级新闻出版行政部门授奖的记录。

评比对象涉及主办单位、出版物、作品、新闻出版工作者等4个类别（见表4-23）。面向主办单位有代表性的奖项有"全国石油和化工行业信息与统计先进单位"、"江苏省企事业报刊先进集体"、"南京市'出版物质量管理年'活动先进单位"等；面向出版物有代表性的奖项有"全国优秀内部报刊"、"江苏省建筑业优秀企业报刊"、"南京市社科系统优秀学会会刊"等；面向作品有代表性的奖项有"中国航天好新闻奖"、"江苏省企事业报刊好新闻奖"、"南京市'五一新闻奖'"等；面向新闻出版工作者有代表性的奖项有"全国铁路优秀新闻工作者"、"江苏省优秀企事业报刊总编辑"、"南京市连续性内部资料性出版物先进工作者"等。

表4-20 获奖情况统计表

	获奖次数	出版物数	百分比	有效的百分比	累积百分比
有效	0	46	43.8	43.8	43.8
	1	32	30.4	30.4	74.2
	2	7	6.6	6.6	80.8
	3	9	8.6	8.6	89.4
	4	3	2.9	2.9	92.3
	5	5	4.8	4.8	97.1
	6	2	1.9	1.9	99.0
	11	1	1.0	1.0	100.0
	总计	105	100.0	100.0	

表4-21 授奖单位统计表

	授奖单位	授奖次数	百分比	有效的百分比	累积百分比
有效	党政机关	86	64.7	64.7	64.7
	事业单位	2	1.5	1.5	66.2
	社会团体	45	33.8	33.8	100.0
	总计	133	100.0	100.0	

表4-22 奖项级别统计表

	奖项级别	次数	百分比	有效的百分比	累积百分比
有效	全国层面	24	18.1	18.1	18.1
	省级层面	26	19.5	19.5	37.6
	市级层面	83	62.4	62.4	100.0
	总计	133	100.0	100.0	

表4-23 授奖对象统计表

	授奖对象	次数	百分比	有效的百分比	累积百分比
有效	主办单位	5	3.8	3.8	3.8
	出版物	88	66.2	66.2	70.0
	作品	20	15.0	15.0	85.0
	新闻出版工作者	20	15.0	15.0	100.0
	总计	133	100.0	100.0	

4.3.5 数字化

随着数字化的不断发展,越来越多的连续性内部资料性出版物"触电"上网。105份样本中,70种在出版纸质版的同时推出电子版(含内网版、外网版),占66.7%(见表4-24)。有的主办单位已建内网但未开通外网,有的主办单位开通外网但未建内网,有的主办单位既建有内网又开通外网。与此同时，上网的主办单位在连续性内部资料性出版物是否上网、上网公开范围等方面不尽一致。上网存在8种情形，即：① 部分纸质版内容上内网；② 部分纸质版内容同时上内网和外网；③ 部分纸质版内容上内网，同时全部纸质版内容上外网；④ 全部纸质版内容上内网；⑤ 全部纸质版内容同时上内网和外网；⑥ 全部纸质版内容上内网，同时部分纸质版内容上外网；⑦ 部分纸质版内容上外网；⑧ 全部纸质版内容上外网（见表4-25）。抽样分析结果显示，除"部分纸质版内容上内网，同时全部纸质版内容上外网"不存在外，其他7种情形均存在。综合统计表明，全部纸质版内容上外网的31种，占全部105种的29.5%；部分纸质版内容上外网的17种，占全部105种的16.2%；全部纸质版内容上内网的33种，占全部105种的31.4%；部分纸质版内容上内网的6种，占全部105种的5.7%。

有的主办单位（如军工企业）已建内网并开通外网，但不将纸质版内容上网，或仅将部分纸质版内容上网，或内网版和外网版公开范围不同，或纸质版与外网版内容不尽一致（纸质版相关内容进行调整后放到外网），主要原因是考虑到有的纸质版内容不宜过分公开。尽管连续性内部资料性出版物一经出版发送，其传播范围即不可控，但在有的主办单位看来，通过对上网进行约束可以尽量窄化不宜过分公开内容的传播面（见表4-26）。

表4-24　出版物内容是否上网统计表

内容上网		出版物数	百分比	有效的百分比	累积百分比
有效	否	35	33.3	33.3	33.3
	是	70	66.7	66.7	100.0
	总计	105	100.0	100.0	

表4-25 出版物内容上网公开范围统计表

	内容公开范围	出版物数	百分比	有效的百分比	累积百分比
有效	部分内网	3	2.9	4.3	2.9
	部分内网+部分外网	3	2.9	4.3	5.8
	部分外网	8	7.6	11.4	13.4
	全部内网	19	18.1	27.1	31.5
	全部内网+部分外网	6	5.7	8.6	37.2
	全部内网+全部外网	8	7.6	11.4	44.8
	全部外网	23	21.9	32.9	66.7
	不上网	35	33.3		100.0
	总计	105	100.0	100.0	

绝大多数主办单位（75.2%）认为数字化对纸质版连续性内部资料性出版物内容、印数等没有或暂时没有影响。只有5.7%的主办单位认为数字化对纸质版连续性内部资料性出版物有影响（见表4-27）。例如，中国电信股份有限公司南京分公司主办的《南京电信》主要出电子版，纸质版每期印刷少许供存档用。

74.3%的主办单位认为数字化不会或暂时不会导致纸质版连续性内部资料性出版物消亡（见表4-28）。回答"数字化为什么不会导致纸质版连续性内部资料性出版物消亡"这个开放性问题时，除37份问卷未予回答外，在113次有效回答中，5.31%的有效回答从主办单位角度进行原因分析，39.82%的有效回答从目标受众角度进行原因分析，54.87%的有效回答从纸质版出版物角度进行原因分析（见表4-29）。主办单位角度有代表性的回答是："企业在发展，百年企业靠文化。企业的文化建设和宣传很重要，企业报这种实物还是需要的。"（雨润控股集团《雨润人》)目标受众角度有代表性的回答是:"纸质版连续性内部资料性出版物相对于连续性内部资料性出版物数字化更符合员工的阅读习惯,同时便于保存和查阅,也更具有权威性。"(南京地铁运营有限责任公司《地铁运营》)纸质版出版物角度有代表性的回答是:"连续性内部资料性出版物数字化主要是为了公司的企业文化宣传,以及外部形象的一个提升。连续性内部资料性出版物与数字化并不矛盾。连续性内部资料性出版物是数字化不可替代的,具有长期保留价值,并且是内部文化宣传利器,更容易被接受,也更容易内部推广。"(南京微创医学科技有限公司《微创人》)

表 4-26 同一篇文章纸质版、外网版内容一致性统计表

	内容一致性	出版物数	百分比	有效的百分比	累积百分比
有效	适当调整	9	8.6	19.1	8.6
	原封不动	38	36.2	80.9	44.8
	未填写	23	21.9		66.7
	不上网	35	33.3		100.0
	总计	105	100.0	100.0	

表 4-27 数字化对纸质版是否存在影响统计表

	数字化影响	出版物数	百分比	有效的百分比	累积百分比
有效	没有	75	71.4	88.2	71.4
	暂时没有	4	3.8	4.7	75.2
	有	6	5.7	7.1	80.9
	未填写	20	19.1		100.0
	总计	105	100.0	100.0	

表4-28　纸质版连续性内部资料性出版物会否消亡统计表

纸质版的未来		出版物数	百分比	有效的百分比	累积百分比
有效	会	4	3.8	4.7	3.8
	可能会	3	2.9	3.5	6.7
	不会	71	67.6	83.5	74.3
	暂时不会	7	6.7	8.3	81.0
	未填写	20	19.0		100.0
	总计	105	100.0	100.0	

表4-29　纸质版连续性内部资料性出版物不会消亡原因分析统计表

原因类别	原因细分	频次	比率
主办单位角度	主办单位需要实物载体	6	5.31%
目标受众角度	目标受众阅读习惯	29	25.66%
	目标受众不具备硬件条件	8	7.08%
	目标受众文化习惯	6	5.31%
	目标受众不具备网络阅读技能	2	1.77%
纸质版出版物角度	纸质版和网络版具有互补性而不是替代性	13	11.50%
	纸质版便于阅读	10	8.85%
	纸质版便于交流	10	8.85%
	纸质版具有档案功能	8	7.08%
	纸质版便于保存	7	6.20%
	纸质版具有权威性	6	5.31%
	纸质版阅读质量高	6	5.31%
	局限于纸质版更便于保密	2	1.77%

4.3.6 发展建议

在回答"为进一步提高内部资料性出版物出版质量,你们有何建议或意见"这个开放性问题时,除37份问卷暂无建议或意见外,在113次有效回答中,70.79%的有效回答从新闻出版行政部门角度提出建议,29.21%的有效回答从主办单位角度提出建议(见表4-30),前者是后者的2.42倍。

从新闻出版行政部门角度提出的建议包括开展业务培训、组织同行交流、创新管理方式、表彰行业先进、监督出版质量、展示内资风采、放开收费渠道等7方面。其中,开展业务培训具体包括:① 专题培训(如新闻写作、新闻摄影、版面策划、副刊编排等);② 网络出版物制作技能培训;③ 法规培训。创新管理方式具体包括:① 搭建网络化信息平台(如官方

表4-30 连续性内部资料性出版物发展建议统计表

目标对象	建议细分	频次	比率
新闻出版行政部门	开展业务培训	35	30.97%
	组织同行交流	25	22.12%
	创新管理方式	9	7.96%
	表彰行业先进	6	5.31%
	监督出版质量	2	1.77%
	展示内资风采	2	1.77%
	放开收费渠道	1	0.89%
主办单位	提高出版质量	16	14.16%
	重视队伍建设	11	9.74%
	追求工作创新	2	1.77%
	确保出版经费	2	1.77%
	严格内部管理	2	1.77%

网站、官方微博、官方微信、QQ群等），以信息化方式传达中央、省市有关出版政策法规及相关业务知识、理论知识；② 组建行业协会。

从主办单位角度提出的建议包括提高出版质量、重视队伍建设、追求工作创新、确保出版经费、严格内部管理等5方面。其中，重视队伍建设具体包括：① 提高人员待遇；② 设立专职人员；③ 加强业务学习。提高出版质量具体包括：① 顶层设计（注重策划、定位准确）；② 管理手段（加强稿件审核、提高编校水平）；③ 工作方式（丰富刊物内容、打造品牌栏目、增加图片使用、加大信息含量、强化纸网互动）；④ 出版内容（提高可读性、突出权威性、增强时效性、培育趣味性、强化引导性、注重深度性、加大专业性）；⑤ 表现形式（美化版面布局、提高印制质量）。

4.4 江苏省连续性内部资料性出版物出版的问题分析

4.4.1 影响出版发展的静态问题

（一）编校质量问题

2013年第一季度，江苏省新闻出版局组织开展省属连续性内部资料性出版物编校质量评比表彰活动。活动中，组织审读员从每种参评连续性内部资料性出版物中分别抽取两万字进行审读。审读结果显示，38种差错率小于或等于万分之一，51种差错率在万分之一和万分之二之间（即万分之一＜差错率≤万分之二），118种差错率在万分之二和万分之三之间（即万分之二＜差错率≤万分之三），66种差错率超过万分之三。江苏省新闻出版局参照执行报纸编校质量差错率标准（即合格标准为小于或等于万分之三），确定了本次评比表彰活动的基本原则：差错率小于或等于万分之一为优秀，差错率在万分之一和万分之二之间为良好，差错率在万分之二和万分之三之间为合格，差错率超过万分之三为不合格。2013年3月，对38种编校质量优秀的连续性内部资料性出版物、51种编校质量良好的连续性内部资料性出版物进行了通报表彰。66种编校质量不合格连续性内部资料性出版物在273种参评连续性内部资料性出版物中占24.2%。

根据"出版物质量专项年"有关工作要求,2014年上半年,国家新闻出版广电总局新闻报刊司委托总局出版产品质量监督检测中心对全国37种少儿类报纸进行专项质量检查。专项质检将差错率超过万分之三确定为不合格。质检结果显示,差错率不合格的少儿类报纸有4种,不合格率为10.81%。

比较而言,在执行统一合格率标准的前提下,连续性内部资料性出版物不合格率是报纸的两倍多。相对于社科期刊编校质量差错率合格标准(差错率小于或等于万分之一),报纸编校质量差错率合格标准要宽松许多。江苏省省属连续性内部资料性出版物编校质量评比表彰活动如果执行社科期刊编校质量差错率合格标准,那么只有38种合格,合格率仅13.9%。

(二)出版规范问题

一是刊登广告。根据规定,连续性内部资料性出版物不得刊登广告。在2012年度江苏省省属《连续性内部资料性出版物准印证》核验工作中,《江苏餐饮》、《半导体与光伏行业》、《印象泰兴》、《江苏农业产业化》、《现代经济观察》等5种连续性内部资料性出版物因违规刊登广告被缓验。

二是未注明"内部资料,免费交流"字样。根据规定,连续性内部资料性出版物不得使用"××报"、"××刊"或"××杂志"字样,必须注明"内部资料,免费交流"字样。在2012年度江苏省省属《连续性内部资料性出版物准印证》核验工作中,《江苏机关事务管理》、《江苏民族宗教》、《江苏工艺美术》、《现代电子工程》、《信息职业教育》等16种连续性内部资料性出版物因未注明"内部资料,免费交流"字样被通报批评。

三是未刊印连续性内部资料性出版物准印证号。根据规定,连续性内部资料性出版物须在明显位置完整印出连续性内部资料性出版物准印证号，不得省略或假冒、伪造。在2012年度江苏省省属《连续性内部资料性出版物准印证》核验工作中，《江苏工程质量》、《江苏工商》、《江苏侨联》、《先声人》等4种连续性内部资料性出版物因未刊印连续性内部资料性出版物准印证号被通报批评。更有甚者，个别连续性内部资料性出版物竟然冒用报纸刊号出版发送。2012年，江苏省体育彩票管理中心主管、江苏扬狮体育传媒有限公司主办的连续性内部资料性出版物《体彩之友》在出版物上刊印《扬子体育报》报纸刊号和邮发代号（江苏扬狮体育传媒有限公司系《扬子体育报》的出版单位），混淆视听，抬高身价，希望借此手段增添《体彩之友》的含金量和权威性。新闻出版行政部门接到举报后及时查处并责成立即改正。

（三）人员保障问题

主办单位对主办连续性内部资料性出版物的重要性和必要性是有充分认识的，否则，他们不会主动申请创办连续性内部资料性出版物并提供出版经费、办公场所、工作人员等一系列保障。但是，由于种种原因，在人员保障方面尚存在不足之处，对出版质量产生不利影响。

一是专职人员过少。从问卷数据可知，从业人员中专职人员占46.7%，兼职人员占53.3%，兼职人员比专职人员多6.6%。兼职人员在从业人员中占主导地位，这势必导致难以形成专心致志从事连续性内部资料性出版物工作的良好氛围。

二是业务素质欠佳。从一般业务素质来看，45.2%的从业人员没有职称，拥有副高级及以上职称的从业人员仅占总人数的24.8%。从特殊业务素质来看，拥有职称的从业人员中仅11.1%属于新闻出版系列，其余88.9%均为非新闻出版系列。

三是专业培训不足。面对兼职人员过多、业务素质欠佳等不利局面，以及近40%（37.4%）的从业人员是近3年（2011—2013年）才进入连续性内部资料性出版物出版领域的现实情况，大多数主办单位（64.8%）近3年没有组织从业人员参加业务培训,只有35.2%的主办单位组织从业人员参加过业务培训。

四是引导力度偏弱。出版专业技术人员职业资格考试①面向全社会,是夯实出版业务基础、晋升专业技术职务、实现个人自我价值的良好途径。可是,绝大多数主办单位没有积极倡导这项考试制度。拥有新闻出版系列职称的从业人员屈指可数,这种现状与此不无关系。

人员保障方面存在的问题相应地带来编校质量不高、整体出版质量欠佳(近3年仅56.2%连续性内部资料性出版物获奖)等问题。

(四)社会地位问题

上门访谈发现,绝大多数连续性内部资料性出版物工作人员具备文字、摄影等方面的能力,拥有做好出版工作的基本条件,他们本身也非常愿意把本职工作干好、干出彩。但是,连续性内部资料性出版物不是正式出版物,由此导致的社会地位边缘化问题直接影响其工作积极性、主动性和创造性的发挥。

首先,从组织外部角度来看,与作为大众传播媒介的报刊相比,作为组织传播媒介的连续性内部资料性出版物处于边缘

---

① 为科学、客观、公正评价和选拔出版专业技术人才,加强出版专业技术人员队伍建设,人事部、新闻出版总署决定实行全国统一的出版专业技术人员职业资格考试制度。2001年8月,人事部、新闻出版总署印发《出版专业技术人员职业资格考试暂行规定》和《出版专业技术人员职业资格考试实施办法》。出版专业技术人员职业资格(初级和中级)实行全国统考,设"出版专业基础知识"、"出版专业理论与实务"两个科目,每年国家负责组织考试并执行统一时间、统一大纲、统一试题、统一标准、统一证书。出版专业实行职业资格考试制度后,从2002年起不再进行初级、中级出版专业技术职务任职资格评审工作(即职称评审工作)。取得初级资格、中级资格的人员可按照有关规定分别聘任助理编辑(二级校对)职务、编辑(一级校对)职务。

化地位。同样置身新闻出版场域，报刊出版单位可以从事广告、发行以及其他经营活动，其从业人员可以领取《新闻记者证》。这些对于连续性内部资料性出版物主办单位及其从业人员来说是可望而不可即的。2001年8月，人事部、新闻出版总署印发通知，决定实行全国统一的出版专业技术人员职业资格考试制度。职业资格考试（初级和中级）面向全社会进行，考试结果与职称评审直接挂钩。对于连续性内部资料性出版物从业人员来说，这本来是一个增强业务技能、提高社会评价、改善福利待遇的利好消息。可是，由于不愿吃苦参加培训，不愿面对可能失败的风险，不愿改变习以为常的工作、生活节奏，绝大多数从业人员以年纪大记性差、工作忙时间紧等借口回避了这个制度安排。

其次，从组织内部角度来看，与组织内部其他部门相比，连续性内部资料性出版物承办机构同样处于边缘化地位。在不少同事眼中，出版连续性内部资料性出版物是一种只"烧钱"不赚钱、只有经济投入没有效益产出的行为，其"鼓与呼"的宣传职能与研发职能、生产职能、经营职能等核心职能相比只不过是一种辅助性、服务型、边缘化的职能。同资历相仿的同事相比，部分连续性内部资料性出版物从业人员的工资、福利待遇偏低，晋级加薪也相对较慢。

基于这种边缘化情境，有的人只是把从事连续性内部资料性出版物出版作为一种"岗位分工"，而不是当作一种"职业"，更没有当成一种"事业"去追求。[1]

4.4.2 挑战现行规制的动态问题

（一）"县市报"向有关协办行为的规制提出挑战

从2004年开始，在报刊治理中被停办的"县市报"纷纷改成名为"××信息"、"××通讯"、"××快报"、"今日××"

---

[1] 周涧.企业沟通——企业公关刊物传播运作研究[M].武汉：武汉出版社，2006：14.

的"工作简报"继续出版。自称"工作简报"的"县市报",其工作经费除地方财政补贴外,不足部分主要依靠来自"协办"的经营收入,即通过与有关部门"联合办版"获取宣传服务费。例如,《今日高淳》与30多家单位形成"联合办版"固定合作关系,与近10家单位建立"联合办版"阶段性合作关系,根据其需求提供通版、整版、半版、通栏等各种形式的专题宣传。

2011年,江苏省29个县市入选全国"百强县"。[1] 其中,有28个县市出版"县市报"。28种"县市报"中,持有正式刊号的11种,未经行政许可内部出版的17种。截至2011年年底,江苏省共有"县市区报"62种。其中,12种持有正式刊号(包括11种"县市报"和武进区的《武进日报》),两种以合作出版方式正式出版(即南京市溧水县《都市文化报·秦淮源》、宿迁市泗阳县《宿迁日报·泗阳快报》),48种内部出版。48种内部出版"县市区报"中,未经行政许可的45种,占93.75%。2008年《连续性内部资料性出版物准印证》(市属)行政审批权限委托下放到省辖市新闻出版行政部门后,共向3种"区报"许可《江苏省连续性内部资料性出版物准印证》,占6.25%。它们是徐州市贾汪区《贾汪新闻》、常州市天宁区《锦绣天宁》、常州市钟楼区《新钟楼》。

自称"工作简报"的"县市区报"具有明显的出版物特征,但是,由于同连续性内部资料性出版物规制不得开展"协办"等有偿经营活动的规定相抵触,绝大多数"县市区报"均处于灰色文献状态。即使是获颁《准印证》的3种"区报",其审批亦属变通之举。48种内部出版的"县市区报"中,有40种其承办机构加入江苏省县市新闻中心工作委员会(见表4-31)。其中,31种系"县市报",9种系"区报"。它们组织健全,运作规范,引导有力。值得一提的是,32种办有网

---

[1] "百强县"评选范围不包括市辖区。

站（占80％），25种办有数字报（占62.5％），16种办有手机报（占40％）。

如何打破"县市区报"由灰色文献进入连续性内部资料性出版物的规制壁垒，是当前亟待解决的难题。

（二）"公关刊"向有关创办宗旨的规制提出挑战

连续性内部资料性出版物规制要求连续性内部资料性出版物须遵守创办宗旨。创办宗旨具体包含内容定位（贴合主办单位业务性质）、读者定位（面向主办单位的组织成员）、目的定位（指导工作并交流信息）等诸要素，各要素之间有着密切关联。

出版实践中，存在着超越创办宗旨的"公关刊"。"公关刊"目标读者定位组织外特定对象，旨在传播组织价值理念并塑造组织社会形象。就全国范围而言，万科企业股份有限公司主办的连续性内部资料性出版物《万科》具有代表性。《万科》定位"沟通社会精英阶层"，其内容超越公司业务性质，旨在发展成为万科品牌的一种高端演绎。[1]

就南京地区而言，南京利源物业发展集团有限公司主办的综合文化类连续性内部资料性出版物《百家湖》是其中的典型代表。利源集团成立于1993年11月，国家一级房地产开发企业，旗下拥有独立或控股公司20余家，正式员工500余人。《百家湖》创办于2001年1月，月刊。源于企业法定代表人的人生履历和志向所在，《百家湖》主题定位"情景、人文、生活"，读者定位集团旗下百家湖房地产业主以及作家、书画家、文化爱好者等。专栏设有"百家·专稿"、"百家·生活"、"百家·忆往"、"百家·文史"、"百家·美文"、"百家·茶话"、

---

[1] 刘文文.组织传播和大众传播视角下的企业报刊研究[D].济南：山东大学，2009：33.

"百家·阅读"、"百家·收藏"、"百家·书画"、"百家·非主流"、"秣陵文脉"等，坚持弘扬本土文化特色。董健、赵本夫、叶兆言等名人系其顾问。作者遍布北京、上海、江苏、安徽、河南以及香港、台湾等30多个省市及地区，同时接受美国、荷兰、马来西亚等国华人投稿。舒乙、王蒙、杨苡、董桥等大家常为其撰写"专稿"。所刊文章被《读者》、《中外书摘》、《大公报》（香港）等10余种媒体转载。获得过"2011年中国房地产优秀企业内刊"等荣誉。读者遍布全国，业界影响广泛。

《百家湖》立意高、内涵深、影响大，较好地树立起利源集团"文化地产"的形象。然而，其实际运作情况与《内部资料性出版物管理办法》有关连续性内部资料性出版物创办宗旨的规定存在冲突。是叫停"违规出版行为"，还是创新相关规制内容，抑或是规制和出版均进行相互接近的调整？这的确是一个问题。

（三）"理事会"向有关获取赞助的规制提出挑战

《内部资料性出版物管理办法》规定连续性内部资料性出版物严禁拉赞助、严禁"协办"运作、严禁从事有偿经营活动，等等。简而言之，连续性内部资料性出版物的出版经费原则上只能来自主办单位。做出这种规定的初衷是杜绝增加基层或群众负担的可能性，同时避免扰乱出版市场秩序。

出版实践中，为纾缓出版经费不足的难题，有的连续性内部资料性出版物承办机构开始探索建立理事会制度。具体做法是将相关单位吸纳进连续性内部资料性出版物理事会并成为单位会员，单位会员承担的义务是每年缴纳带有赞助性质的会费以资助连续性内部资料性出版物出版，拥有的权利是参加业务研讨或提出工作建议，并根据缴纳费用的额度分别担任理事长、副理事长、常务理事、理事等职务。有的编辑部（连续性内部资料性出版物承办机构）还为理事会单位会员提供篇幅、次数不等的宣传服务。

第4章 规制视角下的江苏省连续性内部资料性出版物出版 / 227

表4-31 2011年江苏省县市新闻中心工作委员会"县市区报"一览表①

序号	名称	基本情况							经济情况			新媒体情况		
		主办单位	创办时间	开版	刊期	期印数	员工人数	地方财政补贴	固定资产总值	网站名称	是否办数字报	是否办手机报
1	江宁新闻	江宁区委	2008.01	4开4版	周五	2万份	20人	300万元	197万元	江宁新闻	是	否
2	今日高淳	高淳县委	2008.12	4开8版	周三	1.5万份	22人	62万元	60万元	淳报网	是	否
3	句容快报	句容市委	2004.01	4开8版	周五	1万份	31人			福地句容	是	是
4	溧阳时报	溧阳市委	2004.01	4开8版	周三	2.3万份	35人	无	50万元	无	是	是
5	今日金坛	金坛市委	2004.03	4开4版	周三	1.5万份	22人	200万元	500万元	今日金坛	是	否
6	扬中快报	扬中市委	2004.01	4开8版	周五	1万份	38人	227万元	290万元	扬中新闻	是	是
7	新区风采	镇江新区党工委	2004.04	4开8版	周一	6万份	5人	50万元	20万元	镇江新区	是	否
8	通州大众	通州区委	2004.01	4开8版	周六	2万份	29人			中国通州	是	是
9	今日启东	启东市委	2004.01	对开4版	周五	2.2万份	43人	600万元	700万元	启东新闻	是	是
10	如皋日报	如皋市委	2004.01	对开4版	周六	1.2万份	30人	300万元		如皋新闻	是	是

① 表格中空白处系没有获得相关数据。

续表

序号	名称	主办单位	创办时间	开版	刊期	期印数	员工人数	地方财政补贴	固定资产总值	网站名称	是否办数字报	是否办手机报
11	海安时报	海安县委	2004.01	4开8版	周五	2.2万份	28人	208万元	290万元	海安时报	是	是
12	如东快报	如东县委	2004.01	对开4版	周五	1.3万份	25人	无	400万元	如东日报	是	否
13	高邮报	高邮市委	2005.10	4开8版	周五	1.2万份	39人	110万元	779万元	中国高邮	否	否
14	江都快报	江都区委	2004.02	对开4版	周五	1.5万份	32人	212万元	1027万元	江都新闻	否	否
15	宝应日报	宝应县委	2004.01	4开4版	周六	1万份	33人	100万元	100万元	中国宝应	是	否
16	今日泰兴	泰兴市委	2007.01	对开4版	周六	1.6万份	46人	210万元	112万元	泰兴日报	是	是
17	姜堰报	姜堰市委	2008.07	4开8版	周四	1.5万份	40人	30万元	56万元	无	否	否
18	兴化新闻	兴化市委	2004.09	4开4版	周二	2万份	36人	50万元		兴化新闻	否	是
19	贾汪新闻	贾汪区委	2007.06	4开4版	周三	1万份	15人	40万元	50万元	贾汪政府	是	否
20	新沂市报	新沂市委	2006.09	4开8版	周二	1万份	20人	72万元	35万元	中国新沂	否	否
21	铜山要闻	铜山区委	2006.05	4开4版	周二	1万份	17人	63万元		无	否	否
22	今日睢宁	睢宁县委	2004.01	4开8版	周五	3万份	43人	130万元	500万元	今日睢宁	是	否

续表

序号	基本情况							经济情况		新媒体情况		
	名称	主办单位	创办时间	开版	刊期	期印数	员工人数	地方财政补贴	固定资产总值	网站名称	是否办数字报	是否办手机报
23	沛县日报	沛县县委	2005.01	4开4版	周六	1万份	55人	160万元	232万元	沛县政府	是	否
24	丰县报	丰县县委	2008.08	4开8版	周二	1万份	12人		18.5万元	无	否	否
25	淮阴报	淮阴区委	2004.08	对开4版	周四	1万份	28人	130万元	206万元	淮阴报	是	否
26	新楚州	淮安区委	2004.01	4开4版	周三	1.2万份	15人	97万元	30万元	淮安区新闻网	否	是
27	涟水快报	涟水县委	2004.01	对开4版	周五	0.9万份	30人	120万元	70万元	涟水新闻	是	否
28	洪泽信息	洪泽县委	2004.01	对开4版	周三	1万份	17人			无	否	否
29	盱眙日报	盱眙县委	2004.01	对开4版	周五	0.9万份	36人	90万元	50万元	盱眙日报	是	是
30	金湖快报	金湖县委	2004.01	对开4版	周三	0.6万份	24人	190万元	83万元	金湖日报	是	是
31	盐都报道	盐都区委	2006.11	对开4版	周三	1.35万份	15人	150万元	11万元	盐都报道	是	否
32	大丰日报	大丰市委	2006.01	对开4版	周五	1.36万份	35人	135万元	110万元	大丰日报	是	否
33	今日响水	响水县委	2004.01	4开4版	周四	1万份	18人	45万元	100万元	今日响水	否	是
34	阜宁报	阜宁县委	2004.01	4开4版	周五	2.5万份	26人	85万元	750万元	阜宁新闻	是	否

续表

序号	基本情况							经济情况		新媒体情况		
	名称	主办单位	创办时间	开版	刊期	期印数	员工人数	地方财政补贴	固定资产总值	网站名称	是否办数字报	是否办手机报
35	射阳报	射阳县委	2004.01	对开4版	周三	0.8万份	20人	68万元		无	否	否
36	滨海报	滨海县委	2004.01	对开4版	周四	1.5万份	25人	110万元	550万元	滨海新闻	否	否
37	建湖日报	建湖县委	2007.01	4开8版	周六	1.2万份	21人			中国建湖	否	是
38	今日灌云	灌云县委	2006.01	对开4版	周三	1.2万份	17人	65万元	12万元	无	否	是
39	灌南时讯	灌南县委	2006.06	4开4版	周三	0.8万份	11人	72万元	15万元	中国魔术之乡	否	否
40	今日东海	东海县委	2009.08	4开4版	周二	1万份	18人			无	否	是

根据单位会员吸纳方式的不同，目前理事会制度存在"自主型理事会"、"外包型理事会"两种模式。

自主型理事会的运作主体是编辑部自身。以南京市物价局主管、南京市价格协会主办的《南京价格》为例。《南京价格》理事会包括南京市物价局、鼓楼区物价局等11个市辖区物价局、南京市高新区社会事业局、南京化工园经济发展局等14个单位会员。2008年，每个单位会员的会费标准是5000元。当年，有2个区物价局分别多缴纳了10000元会费。作为主要回报，《南京价格》全年刊登理事会单位会员名单，并优先刊发来自单位会员的稿件。另外，截至2012年4月底，江苏省教育厅主管、江苏省教育学会主办的《校园书法》编辑部在除连云港外的江苏省12个省辖市发展单位会员101个。

"外包型理事会"的运作主体是编辑部之外的专业化中介机构（主要是广告公司）。前者与后者签订协议，委托后者代理发展理事会单位会员，后者从实际到账的单位会员会费中提取一定比例的佣金。以南京市经济和信息化委员会主管、南京市企业联合会等主办的《今日企业》为例。《今日企业》编辑部委托两家文化传播公司代理发展理事会单位会员。2013年，《今日企业》理事会单位会员达到100个。其中，理事长单位会员6个，副理事长单位会员17个，常务理事单位会员32个，理事单位会员45个。100个单位会员中，既有金陵石油化工有限公司这样的国有企业，也有苏宁云商集团股份有限公司这样的民营企业；既有南京市地方税务局这样的行政机关，也有江苏法德永衡律师事务所这样的中介组织。单位会员每年缴纳与其担任职务相应的会费，《今日企业》全年刊登理事会单位会员名单。

理事会制度在解决出版经费问题方面发挥了积极作用，但是，它与相关规制存在冲突。

（四）"数字化"向有关传播范围的规制提出挑战

近年来，尽管新的文化样式层出不穷、新的文化载体纷至沓来，阅读仍然在人们精神文化生活中占据主要位置，依旧是人们获取资讯、习得技能、放松生活、提升素质的重要渠道。

当前，虽然人们的文化消费兴趣更加多元、文化消费选择愈发多样，纸质出版物因其内涵深邃、知识丰富、题材广泛依旧是人们最喜闻乐见的文化消费对象之一。[①] 然而，不容忽视的是，伴随信息网络技术突飞猛进的发展，数字出版、数字阅读正越来越成为出版界、读者群的新常态。就连续性内部资料性出版物而言，已有不少在出版纸质版的同时推出公开上网的电子版。网上发布电子版意味着连续性内部资料性出版物的刊载内容已实现"全球共享"。针对连续性内部资料性出版物纸质版做出的"严格限定在本系统、本行业、本单位内部交流"的传播限制在现实生活中本来就难以实现，数字化使得这种限制显得更加不切实际和不合时宜。

呼应这种发展趋势，聚合连续性内部资料性出版物电子版的网站纷纷涌现。其中较有代表性的是"中国企业报刊网"（http://www.ceepa.cn）、"中国企业传媒联盟网"（http://www.mellnet.com）、"内刊人网"（http://neikanren.com）等。截至2014年，已有300余种企业主办的连续性内部资料性出版物加入"中国企业报刊网"。"中国企业传媒联盟网"设有"电子报刊"板块。对于连续性内部资料性出版物来说，上述网站既是展示风采的平台也是同行交流的渠道。

抽样分析结果有3点值得关注。一是36.2%的连续性内部资料性出版物在外网发布与纸质版完全一致的电子版，例如南

[①] 徐毅英.在全省新闻出版（版权）工作专题研讨班结束时的讲话（2008年11月6日）[M]//江苏出版年鉴（2008）.南京：江苏人民出版社，2010：28.

京市委市级机关工作委员会网站（http://www.jgjs.gov.cn）以PDF格式发布《南京新风》电子版；二是绝大多数主办单位（75.2%）认为数字化对纸质版连续性内部资料性出版物内容、印数等没有或暂时没有影响；三是绝大多数主办单位（74.3%）认为数字化不会或暂时不会导致纸质版连续性内部资料性出版物消亡。

根据以上信息可以总结出下述两点结论：一是连续性内部资料性出版物纸质版与电子版将会共存一段时间，甚至是相当长一段时间；二是针对纸质版制定的连续性内部资料性出版物规制仍有存在的必要，同时也有抓紧进行修订的必要。

4.5 小结

江苏省连续性内部资料性出版物场域的日趋繁荣离不开规制的规范和激励。连续性内部资料性出版物出版中存在着这样那样的问题，这既与规制对象和规制客体有关，也同规制主体和规制本体相关。就规制本体而言，其自身固有局限性，此外，不断发展的出版实践也在向其提出新挑战。出版规制与出版实践之间是一种互动关系。规制创新是破解实践问题的重要途径和有力手段。这点可以从调查问卷中发展建议的目标对象情况得到印证——面向新闻出版行政部门是面向主办单位的2.42倍。通过小结本章内容，可以归纳出规制创新的方向和路径。

（1）连续性内部资料性出版物规制须尊重出版需求。一是尊重一般出版需求。在数字化时代，纸质连续性内部资料性出版物的出版需求依然强烈。这种需求的背后是出版自由权利。因此，应该予以充分尊重。二是尊重特殊出版需求。回顾中华人民共和国成立以来的报刊史，在任何历史时期都不存在"县市报"全部持有正式刊号的情况。因此，"县市报"合法化问题有赖于连续性内部资料性出版物规制创新。三是尊重个性出版需求。创办宗旨的规定必须坚守，否则会出现大量与主办单位业务性质无关且脱离组织成员关切的连续性内部资料性出版物。但是，超越创办宗旨而质量佳、影响大、口碑好的连续性内部资料性出版物，简单禁绝未必是最佳策略。这个问题需要创新思路予以积极应对。

（2）连续性内部资料性出版物规制须引领出版发展。一是进一步确立并强化主办责任制度。突出主办单位在宗旨遵守、人员配置、经费保障、内容把关等方面担负的重要职责，为办好连续性内部资料性出版物奠定坚实基础。二是进一步确立并落实业务培训制度。用法律法规知识、编辑出版知识武装从业人员，努力造就一支业务精、纪律严、作风正的专业人才队伍。三是进一步确立并推动先进激励制度。在评奖覆盖面、授奖层次性等方面谋求突破，最大限度地实现行政性激励手段的导向功能和示范效应。四是进一步确立并倡导职业晋升制度。积极鼓励连续性内部资料性出版物从业人员参加出版专业技术人员职业资格考试以获得或晋升出版职业资格、职务任职资格，在职业发展中提高业务才干、创新本职工作、赢得社会尊重。

（3）连续性内部资料性出版物规制须规范出版实践。一是突出落实日常监管机制。加强日常审读和举报受理，主动发现问题、即时掌控动态，把握主动权、打好主动仗。二是突出落实问题处置机制。在处置连续性内部资料性出版物出版中存在的问题时坚持惩前毖后、治病救人原则，宣讲政策，指出问题，限期整改，将其出版工作引入正常化、规范化、法制化轨道。三是突出落实行业退出机制。对问题严重或屡教不改的连续性内部资料性出版物坚决"亮剑"并及时"叫停"，注销其《连续性内部资料性出版物准印证》，处理过程中毫不手软、绝不姑息。四是突出落实非法查处机制。根据依法执法、公正执法、文明执法的原则要求，彻底取缔未经许可擅自出版的具有连续性内部资料性出版物特征的灰色文献,维护出版市场秩序,捍卫意识形态安全。

（4）连续性内部资料性出版物规制须呼应出版变化。一是着眼于"数字化出版趋势"放开传播范围限制。规制重点应当放在主办单位的信息保密问题上,防止失泄密事件发生。二是着眼于"非营利组织特性"放开经营活动限制。规制重点应当放在严禁规制对象利用行政权力或准行政权力开展经营活动,以及将经营收入用于个人分配方面。

第 5 章

连续性内部资料性出版物规制创新

连续性内部资料性出版物规制创新必须与市场化改革的方向保持一致，宏观上坚持动态出版安全观，中观上促使规制客体法律属性归位客观属性，微观上实现放松经济性规制、强化社会性规制与确保规制执行力的有机统一，形成并不断优化以使市场在资源配置中起决定性作用和更好发挥政府作用为特点的市场经济出版规制，成为我国新闻出版法律体系的有机组成部分。

"政府规制对产业的影响越来越大,甚至可以说,政府规制对一个产业的生死存亡起着决定性的作用。"[1]连续性内部资料性出版物出版尽管不是产业,但是,规制对其发展变化毋庸置疑产生着至关重要的影响。近些年来,包括江苏省在内,全国各地围绕连续性内部资料性出版物规制创新进行了大量实践,它们为连续性内部资料性出版物规制在顶层设计层面的创新完善积累了经验、创造了条件、提供了借鉴。

2013年11月,党的十八届三中全会通过《中共中央关于全面深化改革若干重大问题的决定》;2014年10月,党的十八届四中全会通过《中共中央关于全面推进依法治国若干重大问题的决定》。这两项重要决定已经并将持续深刻影响和塑造我国的物质文明、政治文明、精神文明、社会文明、生态文明版图。在全面深化改革、全面推进依法治国的时代背景下,连续性内部资料性出版物规制创新必须遵循社会主义市场经济基本规律、社会主义精神文明建设规律和社会主义新闻出版发展规律,坚持从出版业的外部性出发,切实改变以消除负外部性为基点,以政府主导、行政垄断、规制过度为特点的计划经济出版规制,构建起以鼓励正外部性为基点,以使市场在资源配置中起决定性作用和更好发挥政府作用为特点的市场经济出版规制,充分发挥连续性内部资料性出版物在发展社会主义市场经济、民主政治、先进文化、和谐社会、生态文明中的积极作用,更好地为实现组织的政治权利、捍卫公民的文化权益提供坚定保障。

---

[1] 吴曼芳.媒介的政府规制[M].北京:中国电影出版社,2008:21.

5.1 规制创新目标

5.1.1 维护和保障社会组织的基本政治权利

《中华人民共和国宪法》第三十五条明确规定公民有言论、出版自由。出版自由的核心是政治权利。[①] 出版自由是社会主义民主政治的基本内容之一。[②] 组织是公民组成的,所以,公民享有的出版自由组织也自然享有。[③] 宪法权利是一种"应然权利"。在具体法律规定中会对这种权利进行一定的限定,确立"实然权利"。[④]

《出版管理条例》《报纸出版管理规定》《期刊出版管理规定》等法规规章明确规定,行政许可设立报刊的出版单位须遵守关于报刊出版单位布局、结构和总量的国家规划。当前,我国实行报刊总量控制,原则上不新审批组织作为主办单位关于创办报刊的申请。在这样的规定情境下,连续性内部资料性出版物规制成为平衡报刊规制与组织出版自由权利两者关系的重要纽带。

《内部资料性出版物管理办法》维护不同层次的组织创办连续性内部资料性出版物的出版自由权利,实行"放松进入规制"。组织无论规格和性质,只要符合条件即能获得行政许可。权利与义务是相互统一的。《内部资料性出版物管理办

[①] 魏永征.新闻传播法教程[M].2版.北京:中国人民大学出版社,2006:44.
[②] 李斯颐.言论和出版的自由与界限[J].新闻与传播研究,2002(1):75.
[③] 李斯颐.言论和出版的自由与界限[J].新闻与传播研究,2002(1):75.
[④] 郎劲松.中国新闻政策体系研究[M].北京:新华出版社,2003:102.

法》中包含有内容规制、运行规制、承印规制等相关管理规定，它们是组织作为连续性内部资料性出版物主办单位所必须遵守的义务。

遵守既定宗旨创办的各种连续性内部资料性出版物具有鲜明的共性。一方面，它们紧密围绕并反映各个组织的不同出版要求，是贴近实际、贴近生活、贴近群众的个性产品；另一方面，它们有效呼应并满足组织成员多样化、多层次、多方面的精神文化需求，是组织参与国家倡导的公共文化服务体系建设所提供的公共产品。简言之，连续性内部资料性出版物的创办发送是对人民群众基本文化权益的积极保障。① 从这个意义来看，维护组织的出版自由权利就是保障公民的基本文化权益。

十八届四中全会《决定》把依法治国确定为党领导人民治理国家的基本方略，把依法执政确定为党治国理政的基本方式。《决定》明确规定，行政机关要坚持法定职责必须为、法无授权不可为，没有法律法规依据不得做出减损公民、法人和其他组织合法权益或者增加其义务的决定。因此，在连续性内部

---

① 2011年4月新闻出版总署印发的《新闻出版业"十二五"时期发展规划》中有以下相关内容：① 牢牢把握正确的舆论导向，弘扬主旋律，坚持三贴近，始终把建设社会主义核心价值体系贯穿到新闻出版工作各个方面；② 以服务人民为根本宗旨，以满足人民群众精神文化需求、促进人的全面发展为根本目的，在满足人民群众精神文化需求、尊重人民群众主体地位、实现人民群众基本利益诉求中推动发展；③ 加快健全以政府为主导、以公共财政为支撑、以公益性单位为骨干、以新闻出版公共服务重大工程项目为载体，社会力量广泛参与的新闻出版公共服务体系，使人民群众基本文化权益得到有效保障；④ 随着经济社会不断发展和人民生活水平不断提高，人民群众的精神文化需求呈现出多样化、多层次、多方面的新特点，这就要求新闻出版业顺应人民群众新期待，加速发展新闻出版事业和产业。

资料性出版物规制改革中,必须坚持做到不增设行政许可条件。只要创办宗旨(包括内容定位、读者定位、目的定位等)、人员配置、经费保障、内容把关等符合规定条件,原则上均应审批同意。

5.1.2 肯定和发挥资源配置的市场决定作用

市场机制是最有效率的资源配置方式。① 公共选择理论认为,政府与市场的关系必须重新调整和理顺,市场机制的功能必须重新认识和运用,要优先选择经济规则解决公共问题。该理论强调最大限度地限定政府职能,政府只承担市场难以承担的核心职能。该理论认为,必须坚持市场机制的主导地位和普适原则,即使必须由政府提供的公共服务也概莫能外。20世纪80年代以来,在公共选择理论的影响下,几乎所有国家的政府改革都将市场化作为主流选择。② 十八届三中全会《决定》指出:"经济体制改革是全面深化改革的重点,核心问题是处理好政府和市场的关系,使市场在资源配置中起决定性作用和更好发挥政府作用。""使市场在资源配置中起决定性作用"与以往"使市场在资源配置中起基础性作用"在提法上有明显区别。从"基础性作用"到"决定性作用"虽然只有两字之变,却反映出我们党对政府与市场关系的定位更加明确。这是一个重大理论突破。

全面深化改革的总目标是完善和发展中国特色社会主义制度,推进国家治理体系和治理能力的现代化。十八届三中全会《决定》强调,全面深化改革必须高举中国特色社会主义伟大旗帜,坚持社会主义市场经济改革方向,加快完善文化管理体制,推动社会主义文化大发展大繁荣。这就要求包括连续性内

---

① 朱建纲.论转型和变革背景下的新闻出版行政管理职能[M]//陈满之.出版科学探索论文集(第9辑).长沙:中南大学出版社,2010:19.

② 蔡健.关于出版政策制定的思考[J].编辑之友,2015(1):39.

部资料性出版物规制创新在内的新闻出版改革必须坚持社会主义市场经济改革方向，使市场在资源配置中起决定性作用。

在我国，"媒介政府管制极度失衡，在一些应当放松规制的方面管制较严，在一些政府规制失灵的方面却难有作为。这些问题的出现都归根于落后的政府管制理念"。① 1998年开始施行的《内部资料性出版物管理办法》是静态出版安全观的产物，存在着规制过度问题。它以消除负外部性为基点，在运行规制方面设置了限制经营活动、限制协办运作、限制传播范围等一系列禁止性规定，客观上制约了市场配置资源决定性作用的发挥。规制对象的正当权益被侵蚀，造成"县市报"难以名正言顺、正大光明出版发行等一系列问题，社会福利水平不可避免地遭受损失。改革创新运行规制应当成为连续性内部资料性出版物规制创新的着力点和突破口。

需要强调指出的是，使市场在资源配置中起决定性作用与更好发挥政府作用并不矛盾，强调市场作用并不意味着否定政府作用。就连续性内部资料性出版物来说，政府作用主要体现在两方面，一是通过弥补市场失灵确保文化安全，二是通过加强市场监管规范出版行为。

5.1.3　涵养和增强中华民族的整体文化实力

"软实力"概念是哈佛大学肯尼迪学院院长约瑟夫·奈教授20世纪90年代首先提出的。相对于国土资源、经济总量、军事力量这样的硬实力，软实力在很大程度上指的是文化实力。② 2011年10月召开的党的十七届六中全会在历史上第一次提出了建设社会主义文化强国的战略目标。十七届六中全会通过的《中共中央关于深化文化体制改革推动社会主义文化大发展大繁荣若干重大问题的决定》指出，当今世界文化在综合

---

① 吴曼芳.媒介的政府规制[M].北京：中国电影出版社，2008：16.
② 魏恩政，张锦.关于文化软实力的几点认识和思考[J].理论学刊，2009（3）：13.

国力竞争中的地位和作用更加凸显，维护国家文化安全任务更加艰巨，增强国家文化软实力、中华文化国际影响力要求更加紧迫。《决定》强调通过采取巩固全党全国各族人民团结奋斗的共同思想道德基础、推动社会主义先进文化更加深入人心、全面提高人民思想道德素质和科学文化素质等举措，建设社会主义文化强国。

组织是社会的基本单元。扎根组织、遍布社会的连续性内部资料性出版物渗透性强、覆盖面广、影响力大，在增强民族整体文化实力、建设社会主义文化强国的进程中具有独特功能。

首先，它是凝聚思想共识的阵地。作为"草根媒介"，连续性内部资料性出版物是广大组织成员觉得亲、读得进、信得过的精神依托。采取通俗易懂、明白晓畅的表达方式长期进行潜移默化、润物无声的宣传引导，中国特色社会主义理论将会被越来越多的组织成员所理解、掌握和接受，成为凝聚他们思想、情感和愿景的共识，这将为进一步厚植党的执政基础、巩固党的执政地位创造良好条件。

其次，它是传播先进文化的载体。文化的核心是价值观。连续性内部资料性出版物坚持以社会主义核心价值观为灵魂和引领，宣传科学理论，倡导创新精神，培育文明风尚，塑造美好心灵，弘扬社会正气，在构建以蓬勃朝气、昂扬锐气、浩然正气为重要特征的组织文化方面大有可为、大有作为。以南京医药股份有限公司主办的《南京医药》为例。《南京医药》编辑部2014年9月初至12月底组织开展"点赞南药"征文活动。征文主题是："围绕践行社会主义核心价值观，展现南药员工诚信勤勉、爱岗敬业、友善博爱的精神风貌，彰显并弘扬榜样的力量。"征文活动在传播先进文化、弘扬企业精神方面产生了积极影响。

最后，它是提高公民素质的平台。作为社会人，个体的素质提高大多是在组织日常生活中完成的。这种完成是一个渐进性的缓慢过程。在这个过程中，组织传播媒介对个体素质提高产生着关键性影响。通过凝聚思想共识和传播先进文化,连续性内部资料性出版物旨在将组织成员塑造成有理想、有道德、有文化、有纪律的全面发展的人。

连续性内部资料性出版物具有的功能和发挥的作用是国家整体文化实力不可或缺的有机组成部分。因此,要组织好、引导好、发展好连续性内部资料性出版物,促使其为建设社会主义文化强国做出更大贡献。

5.1.4 保护和实现内部资料的日常生活价值

对于组织成员来说,组织这个"日常共同体是他们熟悉的、充满安全感的世界,在这里,一切都是现成约定的,自然而然的"。① 组织的日常生活与个体的日常生活一样,具有时间上的凝固恒常和空间上的固定封闭特点。② 连续性内部资料性出版物是关于组织的日常消费活动、日常交往活动和日常观念活动的聚焦性、全景式、长期化记录,是组织成员觉得亲、读得进、信得过的身边读物。

从日常生活视角切入,连续性内部资料性出版物具有独特的文献价值和认识价值。其独特的文献价值表现在,它记录了组织日常生活史中大量的具有重复性特征的"琐事"和具有变化性特征的"细节",是一种难得的灰色文献和宝贵的史料档案。北京大学经济管理学院教授梁钧平曾经指出:"企业报刊是了解企业、研究企业的第一手材料。相比较,公开发行的财经类报刊很难做到这种深入企业肌体的细致切身的研究,于是它们高屋建瓴下见微知著的空白由企业报刊做了填补。"③

---

① 衣俊卿.现代化与日常生活批判[M].北京:人民出版社,2005:20.

② 宋勇.回归生活之路——日常生活批判研究[D].桂林:广西师范大学,2009:3.

③ 刘希.企业报刊的过去、现在和未来[D].广州:暨南大学,2003:2.

连续性内部资料性出版物独特的认识价值是建立在文献价值基础之上的,具体表现在两方面。

认识价值之一是有助于了解组织演进的特点和风貌。学者研究近代上海小报后认为:"小报是我们认识近代以来上海市民日常生活、文化娱乐、社会风俗以及社会时尚不可或缺的原始资料,通过对这些新材料的分析解读,一定意义上可求得对于近代上海城市文化历史原色的认识。"① 与之类似,连续性内部资料性出版物是我们认识组织变迁特质和历史景象的窗口。

认识价值之二是有助于洞悉历史发展的动力和"结构"。"我们发掘琐闻轶事和游记,便能显露社会的面目。社会各层次的衣、食、住方式绝不是无关紧要的。这些镜头同时显示不同社会的差别和对立,而这些差别和对立并非无关宏旨。"② 根据布罗代尔的理论,作为中时段"局势"的日常生活,因其无处不在、无孔不入、多次重复的特性,成为决定历史进程的长时段"结构"的直接呈现者。无独有偶,Maanen 等研究认为,除非人们对日常生活中的变化和事件做出反应时,文化模式也随之不断调整,否则它们将不复存在。③ 通过研究连续性内部资料性出版物中承载的琐事及其细节,我们可以发现左右历史变迁的那些长时段的结构性要素。④ 这就使得连续性内部资料性出版物的价值和意义跃然组织之外,具有了更为广泛和深远的社会

---

① 洪煜. 近代报刊和城市文化研究——以近代上海小报为例 [C]. 都市文化研究(第7辑)——城市科学与城市学,2012:219.
② [法]费尔南·布罗代尔. 15 至 18 世纪的物质文明、经济和资本主义(第一卷)——日常生活的结构:可能和不可能 [M]. 顾良,施康强,译. 北京:生活·读书·新知三联书店,1992:27.
③ Maanen J, Barley S R. Cultural organization: Fragments of a theory [M]//Frost P J, Moore L F, Louis M R, et al. Organizational culture. Beverly Hills: Sage Publications, 1985:35.
④ 胡悦晗,谢永栋. 中国日常生活史研究述评 [J]. 史林,2010(5):178.

意义。

以表2-2为例。透过江苏省公路系统路政执法队伍一次次"五项执法行动"这样的"中时段'局势'"(日常生活),我们可以触摸到决定历史进程的依法治国基本方略这样的"(准)长时段'结构'"。①

5.2 规制创新原则

5.2.1 职权法定原则

职权法定原则是指规制主体的所有职权必须得到严格界定,所有规制措施的制定必须拥有充分的法律依据,符合既定的法律程序。② 2014年6月印发的《国务院关于促进市场公平竞争维护市场正常秩序的若干意见》重申了这个原则:"行政机关均须在宪法和法律范围内活动,依照法定权限和程序行使权力、履行职责。"《意见》强调:法未授权的,政府部门不能为;法有规定的,政府部门必须为。职权法定原则与规制创新的关系是:既要坚持职权法定原则,不能突破宪法和法律规定进行规制创新,又要大力推进规制创新,不能以不完善的制度

---

① 依法治国的核心是加强社会主义法治,保障人民民主,使民主制度化、法律化。党的十一届三中全会以来,依法治国作为党领导人民治理国家的基本方略的历史进程不断推进。1997年9月,党的十五大提出"依法治国,是党领导人民治理国家的基本方略";1999年3月,九届全国人大二次会议通过的《宪法》(修正案)规定"中华人民共和国实行依法治国,建设社会主义法治国家";1999年11月,颁布《国务院关于全面推进依法行政的决定》;2004年3月,颁布《国务院关于印发全面推进依法行政实施纲要的通知》;2008年5月,颁布《国务院关于加强市县政府依法行政的决定》;2010年10月,颁布《国务院关于加强法治政府建设的意见》,等等。
② 夏大慰,史东辉.政府规制:理论、经验与中国的改革[M].北京:经济科学出版社,2003:98.

抵制规制创新。①

职权法定原则对连续性内部资料性出版物规制创新提出两点要求。

一是设定规制创新的法律授权保障。"政府治理的创新要通过法律的授权程序认可。"②2004年以来，江苏省及省辖市在丰富内容规制、建立质量规制、导入激励性规制以及下放行政许可层级等方面进行规制创新，取得积极成效。但是，这些创新均未获得上位法的授权保障。修订完善国家层面的连续性内部资料性出版物规制时，应当在《出版管理条例》、《内部资料性出版物管理办法》等法规规章中设定规制创新的授权保障，同时规定各级新闻出版行政部门结合本地区实际进行连续性内部资料性出版物规制创新时须履行向上级新闻出版行政部门的备案手续，借此保证其路径选择是"正向创新"而不是"负向创新"。

二是取消擅自增加的行政许可条件。《行政许可法》规定："对行政许可条件作出的具体规定，不得增设违反上位法的其他条件。"十八届四中全会《决定》规定："没有法律法规依据不得作出减损公民、法人和其他组织合法权益或者增加其义务的决定。"《国务院关于促进市场公平竞争维护市场正常秩序的若干意见》规定："严禁违法设定行政许可、增加行政许可条件和程序。"此外，十八届四中全会《决定》明确要求依法撤销和纠正违宪违法的规范性文件。2008年11月，根据新闻出版总署第39号令精神，《关于开展连续性内部资料出版物专项治理工作的通知》违反《内部资料性出版物管理办法》，所擅自增设的关于主办单位性质、主办单位规格、出版形式、出版周期的限制性条件全部取消。这是一个"先负后正"的典型案例。

---

① 任进.论职权法定与法治政府建设[J].人民论坛，2012（5中）：11.
② 梁立俊.负面清单、正面清单和混合清单——也谈授权与禁止的法理边界[J].理论视野，2014（4）：45.

2008年以后,连云港、泰州两地在《连续性内部资料性出版物准印证》行政许可方面执行总量控制规定,此行为亦属违反《内部资料性出版物管理办法》擅自增加行政许可条件。必须依据职权法定原则坚决制止这样的"负面创新"。

职权法定原则是对权力的监督与制衡,实际上就是对权力实行正面清单。①

5.2.2 公开透明原则

公开透明原则是指在修订完善连续性内部资料性出版物规制时采取论证、咨询、公示等方式听取并吸收社会公众、专家学者、各类组织的合理意见和建议,接受人民群众监督,确保创新成果合理、客观和科学。2004年3月印发的《国务院关于印发全面推进依法行政实施纲要的通知》第十一条规定,行政决策机制须建立在公众参与、专家论证、政府决定相结合的基础上,坚持依法决策、科学决策、民主决策。

公开透明原则具有3方面作用。首先是保障公民权利。十八届四中全会《决定》强调,拓宽公民有序参与立法途径,健全法律、法规和规章草案公开征求意见机制和公众意见采纳情况反馈机制,广泛凝聚社会共识。执行公开透明原则是对公民知情权、参与权、监督权的尊重和维护,同时也是让人民监督权力、让权力在阳光下运行的具体实现形式。其次是克服规制失灵。林毅夫指出,如果占主导地位的社会意识形态不是极少数权威琢磨的产物,而是不同专业的社会科学家们充分酝酿、民主协商的结果,那么它的危险就较小。② 包括专家学者

---

① 梁立俊.负面清单、正面清单和混合清单——也谈授权与禁止的法理边界[J].理论视野,2014(4):45.

② 林毅夫.关于制度变迁的经济学理论:诱致性变迁与强制性变迁[M]//[美]R.科斯,A.阿尔钦,D.诺斯,等.财产权利与制度变迁——产权学派与新制度学派译文集.上海:三联书店上海分店,上海人民出版社,1996:400.

在内的社会各界建言献策能够有效克服规制主体自身的认识局限性，实现"良法善治"。[1]最后是减少实施成本。"我国媒介规制实施效果存在着许多相互矛盾、抵牾的地方，一个很重要的缘由就是在规制的制定和实施中存在着信息不对称的现象。具体体现在……政府在决策时缺乏调研，规制出台没有经过必要民主决策过程。"[2]社会各界参与规制创新过程，各方利益诉求充分表达，能够避免规制调整与公众利益相脱节，[3]能够最大限度地防止理解偏差、情绪失控等消极现象产生，为规制生效后降低实施成本、提高执行效率创造条件。

5.2.3 属性归位原则

属性归位原则是指坚持实事求是的原则，用"正确认识"克服"问题认识"，促使连续性内部资料性出版物规制的规制客体法律属性归位客观属性，实现法律属性与客观属性的和谐统一。具体来说，一是法律上的本质属性归位客观上的本质属性，用"出版物"取代"特殊印刷品"；二是法律上的经济属性归位客观上的经济属性，用"非营利性公共产品"取代"免费产品"。

"规制制度的制定和实施具有很强的灵活性和可交易性，这种灵活性和可交易性使得规制具有一定的主观任意性。"[4]意识形态是规制变迁方向的决定性因素。"主观任意性"就是"特殊

---

[1] 余劲松.公开透明制度建设与国家治理现代化[J].法制与社会发展，2014(5)：55.
[2] 胡正荣，李继东.我国媒介规制变迁的制度困境及其意识形态根源[J].新闻大学，2005(春)：5.
[3] 邱宝华，李金刚.论立法公开制度及其完善[J].浙江省政法管理干部学院学报，2000(1)：22.
[4] 陶志峰.中国报业规制问题研究[D].上海：复旦大学管理学院，2004：43.

印刷品"、"免费产品"这样的"问题认识"的意识形态根源。

就规制客体本质属性而言，1996年年底启动的报刊业治理工作旨在通过将"内部报刊"从报刊系列清除出去以实现报刊队伍"消肿"的目的。"内部报刊"转化为内容和形式并无二致的连续性内部资料性出版物后，法律上的本质属性降格为"特殊印刷品"，与客观上的本质属性"出版物"严重错位。就规制客体的经济属性而言，"内部报刊"规制蕴含将"内部报刊"承办机构当作非营利组织的元素，《内部报刊管理原则》等文件均规定"可以收取工本费但不得以此盈利"。但是，这与静态出版安全观既不同频也不搭调，故被连续性内部资料性出版物规制彻底摒弃。1998年正式施行的《内部资料性出版物管理办法》不仅规定连续性内部资料性出版物不得从事任何经营活动，而且增加了不得与外单位"协办"的限制性规定。连续性内部资料性出版物法律上的经济属性被确定为"免费产品"，与其客观上的经济属性"非营利性公共产品"严重错位。法律属性与客观属性严重错位导致了社会性规制的弱化倾向，同时"剥夺"了承办机构获取出版经费补贴的权利。

十八届三中全会《决定》强调以更大决心冲破陈旧观念的羁绊和既得利益的阻挠，大力推动中国特色社会主义制度的自我完善和自我发展。根据十八届三中全会《决定》精神，规制创新中应当始终坚持"正确认识"，用"正确认识"取代源于"主观任意性"的"问题认识"，切实维护法律属性以及规制本体的客观性、严谨性和正确性。

5.2.4 宽严相济原则

宽严相济原则是指放松经济性规制与强化社会性规制相配合，克服规制过度和市场失灵，实现社会福利最大化。就当前世界范围规制变迁的一般规律而言，经济性规制"正向创新"

的主要方式是放松规制,①社会性规制"正向创新"的主要方式是强化规制。② 江苏省近年来连续性内部资料性出版物规制的变迁充分印证了这个规律。

观念转变不可能一蹴而就,这是一个渐进性的嬗变过程,过程中既有冲突也有交融更有扬弃。③ 尽管诞生于1997年年底,《内部资料性出版物管理办法》却是静态出版安全观的产物。静态出版安全观与计划经济相联系,其负面清单性质导致干预过度。④ 连续性内部资料性出版物经济性规制创新的重点应当是克服和预防以"规制过度"为特征的规制失灵,使市场在配置资源中起决定性作用。

当前,国内国际环境复杂多变,意识形态斗争日趋尖锐艰巨,呈现出新情况、新特点和新趋势。2013年8月19日,习近平总书记在全国宣传思想工作会议上发表重要讲话。他强调:"经济建设是党的中心工作,意识形态是党的一项极端重要的工作。"他指出:"历史和现实反复证明,能否做好意识形态工作,事关党的前途命运,事关国家长治久安,事关民族凝聚力和向心力。"习近平总书记明确要求,对于那些恶意攻击党的领导、攻击社会主义制度、歪曲党史国史、造谣生事的言论,一切报刊图书、讲台论坛、会议会场、电影电视、广播电台、舞台剧场等都不能为之提供空间,一切数字报刊、移动电视、手机媒体、手机短信、微信、博客、播客、微博客、论坛等新兴媒

---

① 王雅莉,毕乐强.公共规制经济学[M].2版.北京:清华大学出版社,2005:170.
② 张红凤,杨慧.西方国家政府规制变迁与中国政府规制改革[M].北京:经济科学出版社,2007:1.
③ 周湘伟.职权法定与越权无效——略论行政执法权的行政法制约[J].湖南行政学院学报,2008(5):40.
④ 梁立俊.负面清单、正面清单和混合清单——也谈授权与禁止的法理边界[J].理论视野,2014(4):46.

体都不能为之提供方便，必须敢抓敢管、敢于亮剑。两个"不能为之"是新形势下开展意识形态斗争的最新工作部署。在第一个"不能为之"中他首先提到"报刊图书"，在第二个"不能为之"中他首先提到"数字报刊"，由此可见报刊在意识形态斗争中的地位和作用。连续性内部资料性出版物社会性规制创新的重点应当是预防和克服以"规制不足"为特征的规制失灵，通过更好发挥政府作用以克服市场失灵。

5.3 规制创新思路

5.3.1 在宏观上创新规制理念定位

计划经济时代，以"防"为主的出版安全观在一定程度上制约了出版业的发展壮大。①"我国出版业一切以确保'管得住、不出问题'为原则，导致出版业无法大力推进市场化进程。"②如果说"防御+控制出版"是静态出版安全观的典型特征，那么"开放+鼓励出版"就是动态出版安全观的典型特征。

出版的本质是文化影响力。动态出版安全观认为，出版安全对内而言就是巩固马克思主义在意识形态领域的指导地位，积极推出弘扬社会主义核心价值观的出版物以引领社会思潮、导向社会舆论、凝聚社会共识，③并借此维护国家文化安全，增强国家文化实力，建设社会主义文化强国。从规制角度来看动态出版安全观，社会性规制的核心是通过强化内容规制、质量规制、激励性规制以鼓励正外部性，经济性规制的核心是通过放松进入规制、运行规制以满足合理出版需求。

静态出版安全观与计划经济时代的政府主导、行政垄断、规制过度等密切关联。在萌芽和产生的特定年代，静态出版安

---

① 蔡健.关于出版政策制定的思考[J].编辑之友，2015(1)：38.
② 刘定国.我国出版产业现行规制的缺陷与重构[J].四川师范大学学报(社会科学版)，2008，35(2)：37.
③ 蔡健.关于出版政策制定的思考[J].编辑之友，2015(1)：39.

全观有着一定的合理性和积极性。但是,随着社会主义市场经济体制的建立和不断完善,其弊端、不足和局限性日益显现。十八届三中全会《决定》强调:"全面深化改革,必须高举中国特色社会主义伟大旗帜,坚持社会主义市场经济改革方向。"《决定》同时要求"必须积极稳妥从广度和深度上推进市场化改革"。不难看出,静态出版安全观已与时代精神格格不入。

静态出版安全观作为一种意识形态(非正式约束)具有复杂性、顽固性、反复性等特点。它与动态出版安全观的博弈不仅存在于江苏,而且存在于国内其他地区(见表5-1和表5-2)。[1] 设副省级市的11个省中,陕西、江苏、浙江、广东等4个省将《连续性内部资料性出版物准印证》审批权限下放到省辖市,广东深圳进一步将审批权限下放到市辖区,这些放松经济性规制的举措体现的是动态出版安全观。山东、吉林、辽宁、四川、湖北、福建等6个省一直把审批权限集中在省里,四川、陕西西安在行政审批时执行总量控制原则,这些强化经济性规制的举措折射的是静态出版安全观。

行政许可层级等方面的差异直接导致连续性内部资料性出版物数量上的差异。[2] 获得审批权限的7个副省级市平均数量

---

[1] 2014年1月至3月,本书作者对全国15个副省级市连续性内部资料性出版物规制运行情况进行抽样分析。在掌握15个副省级市全面情况的同时,对其所在11个省的基本情况也获得了大体认识。抽样分析结果显示,11个省以及15个副省级市在执行规制方面有共性也有差异。这点与江苏省13个省辖市的情况非常类似。

[2] 截至2013年年底,获得审批权限的7个副省级市的连续性内部资料性出版物数量情况如下:深圳398种,杭州300种,广州236种,宁波167种,西安134种,南京124种,哈尔滨68种。另外,未获得审批权限的8个副省级市的连续性内部资料性出版物数量情况如下:武汉112种,成都110种,沈阳80种,青岛80种,长春60种,济南51种,大连30种,厦门20种。

约 204 种,未获得审批权限的 8 个副省级市平均数量约 68 种,前者系后者的 3 倍。深圳数量最多(398 种),厦门数量最少(20 种),[①]最高值是最低值的近 20 倍。

意识形态既是规制变迁的重要外因,更是规制变迁方向的决定性因素。现行连续性内部资料性出版物规制是静态出版安全观的产物,因此,在顶层设计层面始终坚持动态出版安全观,这对创新连续性内部资料性出版物规制尤为重要和必要。由静态出版安全观转向动态出版安全观,关键是要抓住 3 个关键性转变,即由过度规制向科学规制转变,由政府决定向市场决定转变,由审批导向向监管导向转变。

表 5-1 设副省级市的省《准印证》行政许可下放模式一览表

模式\类目	省份	备注
下放到省辖市	陕西;江苏;浙江;广东	2012 年年底深圳将《连续性内部资料性出版物准印证》(区属)审批权限下放到市辖区
只下放到副省级市	黑龙江	省辖市中只有哈尔滨获得《连续性内部资料性出版物准印证》(市属)审批权限

---

① 因审批权限集中在福建省局,厦门市局采取颁发《一次性内部资料性出版物准印证》的方式解决有关单位创办连续性内部资料性出版物的出版需求。主办单位在每期出版物印制前均须申请《一次性内部资料性出版物准印证》。出版物名称每期相同,但每期的"一次性内部资料性出版物准印证号"不同。该市每年发放 200 多件《一次性内部资料性出版物准印证》,不少《准印证》上的出版物名称是相同的。

续表

模式 \ 类目	省份	备注
不下放	山东；吉林；辽宁；四川；湖北；福建	① 省级新闻出版行政部门行使《连续性内部资料性出版物准印证》审批权；② 为达成总量控制目的，从2009年起四川暂停新审批连续性内部资料性出版物

表 5-2　获得审批权限的副省级市《准印证》行政许可模式一览表

模式 \ 类目	城市	备注
严格执行规制	哈尔滨；南京；杭州；宁波；广州；深圳	只要符合规定条件即行政许可同意创办，不附加条件
规制外附加条件	西安	总量控制

5.3.2　在中观上创新规制客体认识

十八届四中全会《决定》深刻指出："有的法律法规未能全面反映客观规律和人民意愿，针对性、可操作性不强。"现行的连续性内部资料性出版物规制，其规制客体的法律属性与客观属性存在不一致性，未能全面反映客观规律和人民意愿，这是规制创新的重要突破口和落脚点。

（一）创新规制客体法律层面的本质属性认识

规制客体法律层面的本质属性须回归其客观层面的本质属性，"特殊印刷品"应当调整为"出版物"。

首先，"内部报刊"转化为连续性内部资料性出版物后，从出版内容到出版形式均未发生变化。

其次，无论是2009年新闻出版总署法规司在南京组织召开的调研座谈会，还是2014年本书作者针对全国15个副省级市、江苏省13个省辖市进行的抽样分析，回收问卷一致认为连续性内部资料性出版物应定性为出版物。

除此之外，还有大量佐证连续性内部资料性出版物客观层面的本质属性系出版物的例证。比如，根据江苏省出版专业职称工作领导小组办公室有关文件精神，凡在江苏省企事业单位及其他社会组织中从事出版专业技术工作的人员，包括从事经新闻出版行政部门批准的连续性内部资料性出版物出版的专业技术人员，可对照国家和江苏省职称政策及出版专业高级专业技术资格条件，按照规定程序申报出版专业高级专业技术资格。再比如，未经新闻出版行政部门批准擅自创办的具有连续性内部资料性出版物特征的出版物（即所谓"灰色文献"），情节严重或影响恶劣的依据《出版管理行政处罚实施办法》鉴定为"非法出版物"。

由此可见，连续性内部资料性出版物本质属性客观上系"出版物"，这是确凿无疑的。

法律属性趋向客观属性其实是一种回归。依据林毅夫"修正也是一种创新活动"的观点，这种回归也是创新。为将"出版物"这样的创新认识落到实处，应采取"两步走"做法。

首先，根据将连续性内部资料性出版物明确为"出版物"，同时将《出版管理条例》明确为连续性内部资料性出版物上位法的原则，向国务院提出修订《出版管理条例》的请示。将《出版管理条例》（2011年版）第二条第三款"本条例所称出版物，是指报纸、期刊、图书、音像制品、电子出版物等"，调整为"本条例所称出版物，是指报纸、期刊、图书、音像制品、电子出版物、内部资料性出版物等"。与此同时，增加第二条第四款，即"内部资料性出版物系非正式出版物，分为一次性内部资料性出版物和连续性内部资料性出版物。内部资料性出版物管理办法由国务院出版行政部门另行制定"。

其次，修订《内部资料性出版物管理办法》。将第一条

"为了加强内部资料性出版物的管理,根据《印刷业管理条例》和《出版物印刷管理规定》,制定本办法",调整为"为了加强内部资料性出版物的管理,根据《出版管理条例》以及《图书出版管理规定》、《报纸出版管理规定》、《期刊出版管理规定》,制定本办法"。

(二) 创新规制客体法律层面的经济属性认识

规制客体法律层面的经济属性须回归其客观层面的经济属性,"免费产品"应当调整为"非营利性公共产品"。此处所称客观层面的经济属性"非营利性公共产品",是以十八届三中全会《决定》强调的"坚持解放思想、实事求是、与时俱进、求真务实,一切从实际出发"为引领,借鉴和运用非营利组织理论和公共产品理论所进行的规制创新。①

首先,它反映内资出版的客观实际。《内部资料性出版物管理办法》颁布实施后,连续性内部资料性出版物承办机构的经营活动一直存在,在党委政府、社会团体作为主办单位的出版领域甚至呈现强化态势。有的承办机构通过与外单位"协办"获取宣传服务费(如《今日高淳》),有的承办机构建立理事会收取具有赞助性质的会员会费(如《今日企业》),有的承办机构接受社会捐赠(如《江苏土地》)。关于连续性内部资料性出版物出版情况的抽样分析显示,11.4%的承办机构承认拥有

---

① 《内部报刊管理原则》等文件规定"内部报刊""可以收取工本费但不得以此盈利",蕴含将"内部报刊"承办机构当作非营利组织的元素。但是,上述认识不全面、不严谨且不理性。首先,它没有认识到"消费的无偿性"是作为公共产品的"内部报刊"的一般特征之一。其次,它没有解决"县市报"因刊登广告而长期处于一种失范状态的问题。再次,它关于"可以收取工本费"的规定使得"内部报刊"规制与报刊规制无法做到完全切割。这些都是时代局限性和认识局限性造成的。

多种经费来源。①

其次，它尊重承办机构的内在意愿。针对连续性内部资料性出版物出版进行抽样分析的过程中，有的社会团体提出了"放开收费渠道"的建议。在访谈江苏省县市新闻中心工作委员会时，其负责人表示，希望通过"联合办版"获取宣传服务费的经营方式得到认可，同时希望将"县市报"出版纳入法制化、规范化轨道。

最后，它满足规制体系的"缝合"需求。当下的报刊规制和连续性内部资料性出版物规制难以解决"县市报"问题，规制体系存在缺陷。国家即使启动向"县市报"分配报纸刊号的规制变迁，报纸刊号也不可能解决所有"县市报"的合法出版问题。面对国家并未考虑向"县市报"分配报纸刊号的客观现实，赋予"县市报"《连续性内部资料性出版物准印证》，将其纳入连续性内部资料性出版物范畴并加强管理，已成为一个亟待进入操作阶段的迫切问题。将连续性内部资料性出版物经济属性明确为"非营利性公共产品"是破解这个难题的"锁钥"，非营利组织理论和公共产品理论则是这把"锁钥"的理论基础。基于"非营利性公共产品"的经济属性，在坚持"不得定价、不得刊登广告、不得征订发行"的硬性规定以与报刊规制切割的前提下，只要经营收入不用于个人分配，获取服务收费、会员会费、社会捐赠的经营性行为或准经营性行为应该均在规制许可界限内，"县市报"以及其他类别的连续性内部资料性出版物的经营性行为或准经营性行为将获得制度保证。

"非营利性公共产品"这样的创新认识与现行连续性内部资料性出版物规制对接，落脚点是修改《内部资料性出版物管理办法》第六条，增加"不得以营利为目的"的限制性规定，取消

---

① 这是一个有点保守的统计数据。根据规制，来自主办单位以外的出版经费均属违规，故有的承办机构在填写调查问卷时有所保留。

有关经营性行为的限制性规定。

5.3.3 在微观上创新规制内容调整

在2014年6月4日召开的国务院常务会上，李克强总理强调指出，政府职能转变的核心是做好"放管"结合，要切实做到放活不放任、管好不管死。同日印发的《国务院关于促进市场公平竞争维护市场正常秩序的若干意见》着眼于解决政府干预过多和监管不到位问题，主张"坚持放管并重、实行宽进严管"，强调依靠简政放权充分发挥市场在资源配置中的决定性作用，凭借依法监管更好地发挥政府作用。将李克强总理讲话精神与具有意识形态属性的连续性内部资料性出版物规制创新结合起来，规制的内容调整可以概括为"2+1模式"。其中，"2"是指放松经济性规制与强化社会性规制相配合，"1"是指通过强调规制主体、规制对象、社会治理主体等各方责任以确保规制执行力。市场与政府是资源配置的两种方式。[①] "2"就是市场与政府这两种资源配置方式的具体实施，"1"则是对具体实施的坚强保证。

（一）丰富社会性规制

① 引入并强化导向制度。作为一种精神产品，连续性内部资料性出版物具有鲜明的导向性。《出版管理条例》、《报纸出版管理规定》、《期刊出版管理规定》等法规规章均包括内容导向的明确规定，1998年施行的《内部资料性出版物管理办法》在此方面却是空白，这不能不说是一种缺憾。因此，须将"必须坚持为人民服务、为社会主义服务的方向，坚持以马克思列宁主义、毛泽东思想、邓小平理论和'三个代表'重要思想为指导，贯彻落实科学发展观，传播和积累有益于提高民族素质、有益于经济发展和社会进步的科学技术和文化知识，弘扬民族优秀文化，丰富和提高人民的精神生活"等导向规定补充进规

---

① 周学荣.政府规制论［M］.武汉：湖北人民出版社，2010：2.

制,为连续性内部资料性出版物坚持正确舆论导向、政治导向、价值导向、行为导向等提供制度依据。

② 引入并强化质量制度。 1995年6月,新闻出版署印发《社会科学期刊质量管理标准》(试行),配套制定《社会科学期刊质量标准及质量评估办法》(试行),并确定了"学术理论类"、"工作指导类"、"时事政治类"、"文学艺术类"、"综合文化生活类"、"教学辅导类"、"信息文摘类"等7类社会科学期刊的评分原则和方法。 社会科学期刊质量标准和质量评估办法均包括政治标准、业务标准、编辑标准、出版标准等4项内容,每项标准又分若干子项,并分别赋值。 政治标准用系数K表示($0 \leqslant K \leqslant 1$),后3项标准满分100分(其中业务标准40分、编辑标准30分、出版标准30分),质量评估分值计算公式:总分=K×(业务标准得分+编辑标准得分+出版标准得分)。 根据得分将社会科学期刊分为3个级别:一级(100—90分);二级(89—75分);三级(74—60分)。 该质量标准及质量评估办法将政治标准的核心地位用量化方式表现出来,易于实际运用并引领出版实践。 连续性内部资料性出版物质量制度可以借鉴社会科学期刊的质量制度。 另外,连续性内部资料性出版物编校质量差错率合格标准统一确定为万分之三为宜。 万分之一是期刊编校质量差错率合格标准,对连续性内部资料性出版物来说难度较大。 设定合格标准时须从从业人员的平均业务素质出发,要考虑到维护其工作积极性和职业成就感。

③ 引入并强化预惩制度。 出版物内容审查是各国政府普遍实行的一项制度。 内容审查一般分为事后审查的追惩制(Repressive system)和事先审查的预防制(Preventive system)。[1] 我国出版规制在内容审查方面采取追惩制与预防制相结合的方式。 其中,以事后审读制度为主要实现形式的追惩制处于主导

---

[1] 张新华. 转型期中国出版业制度分析[M]. 北京:中国传媒大学出版社,2010:91.

地位。为加强对出版工作的宏观把握、引导和监督,我国同时实行预防制。预防制主要包括针对图书出版社、音像出版社、电子出版物出版社的年度出版计划备案制度、重大选题备案制度和专项选题报批制度,以及针对期刊社的重大选题备案制度。1997年颁布施行的《出版管理条例》确立了内容审查预防制的制度安排。1997年10月至2001年3月,相继印发《关于印发〈图书、期刊、音像制品、电子出版物重大选题备案办法〉的通知》、《关于加强和改进重大选题备案工作的通知》、《关于重大选题备案工作补充规定的通知》等3个文件,就贯彻落实重大选题备案制度进行具体部署。2005年9月印发的《期刊出版管理规定》第二十七条规定,涉及国家安全、社会安定的选题须依照重大选题备案管理规定,办理备案手续。连续性内部资料性出版物内容审查一直实行事后审查的审读制度,事前审查制度安排缺失。借鉴期刊重大选题备案制度,规定连续性内部资料性出版物在审读制度之外实行重大选题备案制度,通过引入预惩制进一步加强和完善内容管理。

④引入并强化保密制度。《内部资料性出版物管理办法》规定连续性内部资料性出版物不得泄露国家秘密。实际上,连续性内部资料性出版物主办单位的工作内容既可能涉及国家秘密,也可能涉及商业秘密或工作秘密。① 如果因把关不严刊载

---

① 秘密主要有3种类型。一是国家秘密。指涉及国家安全和利益,泄露后可能损害国家政治、经济、国防、外交等领域安全和利益的事项。1982年《宪法》首先提出"国家秘密"概念,之后《保密法》对其法律特征进行了规定。二是商业秘密。指不为公众知悉,具有实用性,能为权利人带来经济利益,并经权利人采取保密措施的技术信息和经营信息。1979年颁布的《民事诉讼法》首先提出"商业秘密"概念,1993年颁布的《反不正当竞争法》对其法律特征进行了规定。三是工作秘密。指国家公务员在保守国家秘密之外不能擅自公开的工作事项。1993年国务院颁布的《国家公务员暂行条例》首先提出"工作秘密"的概念。

了涉及国家秘密、商业秘密或工作秘密的内容，成为带有保密性的黑色文献，①那就可能造成失泄密事件发生。现行规制有关保密的禁止性规定过于单薄。1984年1月印发的《全国性自然科学技术期刊管理办法》（试行稿）第十三条即规定："要加强领导，严格管理，严防泄密，对期刊负政治责任。"之后，《新闻出版保密规定》（国家保密局、中央对外宣传小组、新闻出版署、广播电影电视部1992年6月印发）、《关于防止在出版物中泄露国家秘密的通知》（新闻出版署1994年3月印发）、《关于不得在出版物上公开引用发表新华社内参涉密信息的通知》（中宣部、新闻出版署1998年4月印发）等多项保密规定相继制定并实施。2014年10月，国家新闻出版广电总局印发《关于加强内部发行报刊保密管理工作的紧急通知》，对内部发行报刊建立健全保密审查制度提出明确要求。须依据《中华人民共和国保守国家秘密法》的规定，并参照《关于加强内部发行报刊保密管理工作的紧急通知》精神，建立健全连续性内部资料性出版物保密审查制度，规定主办单位负责出版物刊载信息的审核把关、上网内容的审核把关以及发送范围的审核把关，从源头防止失泄密事件发生。

（二）松绑经济性规制

① 开禁部分经营行为。坚持与报刊规制严格区分的基本原则，在保留"不得刊登广告"、"不得在社会上征订发行"等限制性规定的同时，将"不得收取任何费用"调整为"不得定价"，取消"不得拉赞助或搞有偿经营性活动"、"不得与外单

---

① 图书情报学界认为文献可分为3个等级，即白色文献、灰色文献和黑色文献。其中，黑色文献是指具有密级且非公开出版、发行、交流的文献。见：马学立.灰色文献内涵与外延的辨析及界定——关于文献等级结构研究系列之三［J］.图书馆建设，2003（1）：13.

位以'协办'之类形式进行印刷发行等"等限制性规定。

②取消交流范围限制。 纸质连续性内部资料性出版物的传播范围限制本身存在难以实现的问题。 数字化使这种限制显得更加脱离实际。 综合①、②,将《内部资料性出版物管理办法》第六条"内部资料性出版物严格限定在本系统、本行业、本单位内部交流,不得收取任何费用,不得刊登广告,不得在社会上征订发行,不得传播到境外,不得拉赞助或搞有偿经营性活动,不得用《准印证》出版其他出版物,不得与外单位以'协办'之类形式进行印刷发行等",调整为"内部资料性出版物用于本系统、本行业、本单位内部交流,不得以营利为目的,不得定价,不得刊登广告,不得在社会上征订发行,不得用《准印证》出版其他出版物"。

③突破独家主办格局。 借鉴报刊可以两个以上主办单位合办的制度安排,放开独家主办限制。[①] 超越创办宗旨但质量佳、影响大、口碑好的连续性内部资料性出版物,其主办单位可以吸纳业务性质符合该连续性内部资料性出版物创办宗旨的单位作为合办单位,并由后者作为主要主办单位提出申请。[②] 例如,可以吸纳文联、作协或文化行政部门作为主要主办单位,与南京利源物业发展集团有限公司合办《百家湖》。 这样做既可以加强内容把关,又可以保持该公司主办单位身份不变,还可以维护《百家湖》这种精品读物的持续出版。 需要强调指出的是,行政审批合办申请时须严格把关。 确有创办价值

[①] 《报纸出版管理规定》第十条规定,两个以上主办单位合办报纸,须确定一个主要主办单位,并由主要主办单位提出申请。 与之类似,《期刊出版管理规定》第十一条规定,两个以上主办单位合办期刊,须确定一个主要主办单位,并由主要主办单位提出申请。

[②] "协办"与"合办"都是将组织之外的其他组织引入连续性内部资料性出版物出版领域。"协办"侧重于经营,"合办"侧重于主办。 从某种意义上来说,"合办"是"协办"的延伸。

且符合规定条件的才能审批,且审批流程和出版过程须接受社会监督。

④下放行政许可层级。 2009年,新闻出版总署副署长孙寿山同志撰文强调,要依据《行政许可法》以及相关法律、法规和规章,最大幅度缩短审批时限,最大限度减少审批环节,尽快建立精简、透明、高效的行政审批制度。① 本书抽样分析过程中,尚未获得《连续性内部资料性出版物准印证》审批权限的8个副省级市新闻出版行政部门均强烈呼吁审批权限尽快下放。 依据十八届三中全会进一步简政放权、深化行政审批制度改革的原则要求,明确规定将面向基层、面广量大、由地方管理更方便有效的《连续性内部资料性出版物准印证》(市属)审批权限下放到省辖市新闻出版行政部门。②

(三)强化约束性规制

①强化对规制主体的约束。 根据"有权必有责、用权受监督、侵权要赔偿、违法受追究"的法治原则规范行政权力运行、强化行政行为监督,使新闻出版行政部门及其工作人员公共权力的配置运行受到有效规范和有力约束。 严禁有法不依、执法不严、违法不究等缺位"不作为"现象,严查违法增加行

---

① 孙寿山.关于深化行政审批制度改革的几点思考[J].国家行政学院学报,2009(3):7.
② 根据有关管理规定,《连续性内部资料性出版物准印证》应由省级新闻出版行政部门审批颁发。 2002年8月,《新闻出版总署、全国"扫黄""打非"办关于清理整顿内部资料性出版物的通知》(新出联〔2002〕15号)规定:"从2003年1月1日起,'内部资料性出版物准印证'的审批、核发工作由各省、自治区、直辖市新闻出版局归口负责。"此外,2003年3月印发的《关于印刷法规适用问题的批复》(新出法规〔2003〕335号)规定:"根据属地管理原则,内部资料性出版物准印证应由委印者向所在地省、自治区、直辖市新闻出版局申请核发。"

政许可条件和程序等越位"乱作为"问题,坚决做到有案必查、有错必究、有责必追,切实解决监管不到位问题。

② 强化对主办单位的约束。规定连续性内部资料性出版物主办单位对出版工作承担出版质量把关、业务经费保障等职责,对从业人员承担专业技能培训、工作业绩认可等职责,对广大读者(主要是组织成员)承担尊重表达权利、确保下情上传等职责,对经营收入承担只用于出版补贴、不进行个人分配等职责。主办单位在连续性内部资料性出版物出版中处于核心和枢纽地位,明确规定上述职责能够为实现员工士气、出版质量、传播效果最大化提供有力保证和坚强支撑。

③ 强化对行政权力的约束。规制的生命力在于规制面前人人平等,规制的权威性也在于规制面前人人平等。对于客观上处于强势地位的规制对象,明确规定其"特权"不得介入连续性内部资料性出版物编印发各环节,借此永葆规制的生命力和权威性。具体来说,就是严禁党政机关、社会团体等主办单位利用登记、年检、办证、办照、评奖等行政权力或准行政权力要挟有关组织或个人联合办版、提供赞助或加入理事会,牟取不正当利益。对于这方面的违规行为,要严格依法履行查处职责,勇于负责、敢于担当。

④ 强化对失范行为的约束。"社会性规制的目标只是意在控制或是杜绝某些不良的社会后果。从表面上看,这些不良后果的产生与否似乎只与行为者有关,但在根本上,其取决于行为者所受到的制度约束如何。也就是说,如果所有的出版社都面临同样的有效的制度约束,那么绝大多数出版社的行为取向应当说也是一致的,即不与政府的社会性规制目标相抵触。"[①]"一把尺子量到底"是决定连续性内部资料性出版物制度状况

---

① 夏大慰,史东辉.政府规制:理论、经验与中国的改革[M].北京:经济科学出版社,2003:305.

的关键因素。对于"体制内"连续性内部资料性出版物存在的违规出版行为[①]和"体制外"未经许可擅自出版灰色文献的非法出版行为,均应根据规制予以严肃查处,不得懈怠。根据"体制内"监管力度大于"体制外"监管力度,社会上存在诸多灰色文献的现状,规定坚决克服懒政和怠政,坚决惩处失职和渎职,切实破解非均衡监管、选择性执法等突出问题。

(四)拓展操作性规制

① 推动社会化治理。市场经济发展和社会结构变迁产生的一个重要影响就是公共管理的社会化。社会权力实现回归,形成政府与社会合作治理的格局。[②] 一是充分发挥行业协会的作用。规定加快转移适合行业协会承担的职能(如培训、评比等),引导行业协会在行业服务、行业自律、行业代表、行业协调等方面依法开展活动。例如,2014年2月,国家新闻出版广电总局在全国报刊管理工作会议上做出决定,调整报刊综合质量评估职责承担主体,报纸综合质量评估职责交由中国报业协会承担,期刊综合质量评估职责交由中国期刊协会承担。二是充分发挥社会公众的作用。公民参与是公民社会的基本特征,走向公民社会是发展趋势。[③] 规定采取设立举报热线、招募志愿"督者"等举措激发公民参与社会治理的主动性、积极性和创造

---

① 有的违规出版行为认定难度较大。例如,"宣传"与"广告"在监管实践中常常难以准确区分。江苏省新闻出版局的做法是,根据《江苏省广告条例》(2010年5月1日起施行)第六条之规定,将公开商品生产经营者或服务提供者地址、电话、电子信箱、互联网网址等联系方式的行为视为发布广告。
② 凌宁,林闻钢,陈培圣,李立峰.做好政府职能转变的"加法"和"减法"[J].群众,2013(5):71.
③ 迟福林.公共产品短缺时代的公益机构改革[EB/OL].(2010-07-12)[2014-12-27]. http://news.xinhuanet.com/politics/2010-07/12/c_12324013.htm.

性。例如,美国索诺玛州立大学(Sonoma State University)社会科学学院社会学系"内容审查课题"(Project Censored)是一个致力于美国新闻自由调查的持续性媒介研究项目,立项目的旨在推动美国新闻自由。每年有超过200位的院系教师、社区专家、客座作家、在校学生等各界人士投身其中,并出版年度同名图书("Censored+年份")。[①] 三是充分发挥新闻媒体的作用。规定重视舆论监督,曝光典型案件,震慑违法违规出版行为,提高社会公众认知能力。要求认真调查核实新闻媒体反映的问题,及时依法做出处理,并向社会公布处理结果。

② 遂行数字化监管。《国务院关于促进市场公平竞争维护市场正常秩序的若干意见》明确要求充分利用信息网络技术实施监管。借鉴新闻出版总署报刊舆情网络监测和江苏省新闻出版局报刊内容数字审读工作经验,规定连续性内部资料性出版物主办单位在送交纸质样本的同时提交电子文本,搭建起各地"连续性内部资料性出版物电子文本数据库"。采用信息网络技术对连续性内部资料性出版物进行全面化、动态化、科学化审读,顺应时代发展要求,提高行政监管效能。

③ 实现平台化交流。规定在新闻出版行政部门门户网站,添设以连续性内部资料性出版物为主题的栏目,下设信息速递、政策法规、采编知识、经验交流、风采展示、问题解答等子栏目,将规制主体与连续性内部资料性出版物主办单位之间的联系交流以及连续性内部资料性出版物主办单位相互之间的联系交流动态化、常态化、平台化,为连续性内部资料性出版物的出版质量不断提高提供积极支撑。

④ 明确制度化存档。规定连续性内部资料性出版物主办单位每年年初将上年度合订本若干册送存当地公共图书馆,并将

---

① Palast G. Peter Phillips and project censored: Censored 2005 [M]. New York: Seven Stories Press, 2004: 9-39.

送存实施情况纳入年度核验工作。通过存档规范化、常态化、制度化建设,保证连续性内部资料性出版物"用在当代、泽被后世"功能作用的永续发挥。

(五)推进激励性规制

① 推荐正式出版。正式出版、公开发行是不少连续性内部资料性出版物的目标和愿景。规定各省级新闻出版行政部门在报批创办报刊申请时,将质量高、形象佳、影响大且长期遵纪守法的连续性内部资料性出版物作为重点对象予以必要倾斜,通过政策导向引领连续性内部资料性出版物走上依法出版、内涵发展的正确轨道。

② 提升人员素质。抽样分析显示,连续性内部资料性出版物承办机构所提的发展建议有62.83%涉及提升从业人员素质。这为规制创新提供了重要参考。一是确立业务培训制度。规定连续性内部资料性出版物主办单位分管领导、承办机构负责人以及一线从业人员,须参加新闻出版行政部门组织的法律法规培训[1]和出版实务培训。二是确立同行交流制度。通过组织开展典型参访、经验座谈、主题征文、外出考察等活动

---

[1] 连续性内部资料性出版物从业人员也会因为从事违法犯罪活动被追究刑事责任。2010年3月,新闻出版总署印发《关于河北蔚县矿难违法违规媒体人员处理情况的通报》(新出字〔2010〕86号)。《通报》指出,2008年7月底8月初,秦飞在担任河北省县域经济学会副秘书长、河北省《县域经济通讯》(连续性内部资料性出版物)主编期间,获悉河北省蔚县李家洼煤矿发生矿难。他以不向外界报道李家洼矿难为条件,向蔚县县委宣传部索要赞助费、课题研究费共计8万元,并据为己有。2009年,法院以受贿罪判处秦飞有期徒刑3年,缓刑5年。河北省新闻出版局吊销《县域经济通讯》所持《连续性内部资料性出版物准印证》;责成主管单位追究有关责任人责任;将秦飞列入新闻从业不良记录,终身禁止从事新闻采编工作。

密切彼此沟通,加强相互联系,共同形成工作合力。三是倡导职业晋升制度。出版专业技术人员职业资格制度和出版专业技术职务任职资格评审制度(即职称制度)是有关出版队伍建设的两项重要制度,是引导从业人员钻研出版业务、增强专业素质、提高工作质量的有力举措,也是他们赢得社会尊重、改善福利待遇、实现个人价值的可靠保证。积极鼓励连续性内部资料性出版物从业人员走好职业发展道路,有利于建设一支爱岗敬业、风清气正的专业人才队伍。

③ 奖励行业先进。呼应基层主办单位及从业人员争先进位的吁求,在总结全国各地工作经验的基础上对评奖视点、授奖规格进行必要调整。首先,评奖视点由分级管理向行业管理转变。规定各省级新闻出版行政部门组织开展面向本辖区内依法出版的连续性内部资料性出版物的评比表彰活动,而不仅仅局限于省属连续性内部资料性出版物。其次,授奖规格由地方层面向国家层面延伸。规定以各省组织开展的评比表彰活动为基础,适时组织开展全国性连续性内部资料性出版物评比表彰活动,最大限度地发挥激励性规制的功能和作用。

④ 营造法治环境。以依法治国为契机,大力普及包括连续性内部资料性出版物规制在内的新闻出版法律法规,在全社会形成遵守新闻出版法律法规光荣、违反新闻出版法律法规可耻的法治环境,使社会公众成为新闻出版法律法规的忠实崇尚者、自觉遵守者和坚定捍卫者。"按权威们的观点,意识形态是能产生极大外部效果的人力资本。为此,任何政府都通过向意识形态教育投资来对个人意识形态资本累积进行补贴。"[①]社会

---

① 林毅夫.关于制度变迁的经济学理论:诱致性变迁与强制性变迁[M]//[美]R.科斯,A.阿尔钦,D.诺斯,等.财产权利与制度变迁——产权学派与新制度学派译文集.上海:三联书店上海分店,上海人民出版社,1996:382.

法治环境的优化将会促进以意识形态为核心的非正式约束向着有利于规制实施的方向转变。

总而言之，连续性内部资料性出版物规制创新须融入深化改革的伟大实践，始终坚持解放思想，实事求是、与时俱进的基本原则，始终坚持理论创新与实践创新相融合、市场作用与政府作用相耦合、放松规制与强化规制相结合的方向，切实塑造成适应社会主义市场经济发展要求、符合社会主义精神文明发展原则、遵循社会主义新闻出版发展规律的"善治良法"，切实构建起内涵科学、配合协调、落实有力的连续性内部资料性出版物出版制度，并使之成为社会主义市场经济条件下我国新闻出版法律体系的有机组成部分。

第 6 章 /
结束语

基于规制客体客观属性、规制自身发展演化的创新性研究，本书得出3点主要结论，即：出版与规制之间是一种互动关系；意识形态既是规制变迁的重要外因，也是规制变迁方向的决定性因素；规制创新必须坚持市场化方向。研究中存在的局限性为进一步探讨指明了方向。

6.1 研究结论

在上述研究基础上,本书可以得出以下结论。

第一,出版与规制之间是一种互动关系。2004年1月,《关于开展连续性内部资料出版物专项治理工作的通知》有关不得创办报型连续性内部资料性出版物的规定实施后,截至2013年年底,刊型连续性内部资料性出版物与报型连续性内部资料性出版物之间的比例提高了一倍多。上述《通知》增加了关于主办单位性质、主办单位规格以及出版形式、出版周期的限制性规定,客观上抑制了组织出版自由权利的实现。有关组织积极反映诉求,维护自身合法权益。2008年11月,新闻出版总署第39号令发布,上述《通知》废止,有关限制性规定取消。规制变迁中不同层次的组织发挥了倡导和促动的重要作用。总体上来看,在出版与规制之间形成的互动关系中,规制主体处于主导地位。

第二,意识形态是规制变迁的重要外因,同时也是规制变迁方向的决定性因素。因此,要面向全社会(包括规制主体)加大法律法规宣传力度,为连续性内部资料性出版物规制顺利实施营造良好的思想环境和舆论氛围,避免"负向创新"等情况出现,确保资源配置、社会福利最大化实现。

第三,规制创新必须坚持市场化方向。以十八届三中全会《决定》为遵循,创新及构建以鼓励正外部性为基点,以使市场在资源配置中起决定性作用和更好发挥政府作用为特点的市场化的连续性内部资料性出版物规制,充分发挥其在发展社会主义市场经济、民主政治、先进文化、和谐社会、生态文明中的积极作用，更好地为实现组织的政治权利、捍卫公民的文化权益提供坚定保障。

6.2 研究创新

本书的研究创新主要体现在以下几方面。

首先，首次对连续性内部资料性出版物规制及其变迁进行研究，指出自1997年以来连续性内部资料性出版物社会性规制存在着由相对放松到不断强化的变迁，经济性规制存在着由不断强化到不断放松的变迁，发现并总结出"双拐点"现象和"分界线"现象，为规制创新提供建设性的参考借鉴。

其次，研究发现并论证连续性内部资料性出版物客观层面的经济属性为"非营利性公共产品"。在此基础上引进并借鉴公共产品理论和非营利组织理论，为放松运行规制提供理论依据和尺度标准。即：在坚持不得定价、不得刊登广告、不得征订发行的硬性规定，以与报刊规制切割的前提下，只要经营收入不用于个人分配，获取服务收费、会员会费、社会捐赠的经营行为或准经营行为均在规制许可界限内。至此，困扰经年的"县市报"合法化问题的解决获得了制度保证。

最后，选择连续性内部资料性出版物规制及其变迁作为研究主题，开展的研究及研究成果提升了连续性内部资料性出版物的理论价值，有利于连续性出版物研究向着全面化、均衡化方向发展。

6.3 研究局限

尽管进行了持续努力，本书仍然存在一定局限性。

首先，105个抽样对象集中在南京地区，样本容量偏小。当时做此决策主要是考虑到抽样对象比较熟悉，可在定量研究结果产生后进行定量与定性比较分析，达到相互检验的研究目的。

其次，对未经许可擅自出版的具有连续性内部资料性出版物特征的灰色文献研究不够。灰色文献在现实生活中存量较多。它们在"体制外"是如何运作的，运作中存在哪些风险点，如何依据规制将其规范化或予以取缔，等等，这些对于连续性内部资料性出版物制度建设来说都是必须面对和解决的问题。

最后，对具有连续性内部资料性出版物特征的新媒体关注不够。例如，微信公众号即具有连续性内部资料性出版物的特征。规制在调整传统媒体的同时如何抓紧向新媒体延伸和推进，借此彰显全面客观和公平公正，这是必须面对和回答的迫切问题。

研究的局限性在令人感到遗憾的同时也为作者指出了继续深入探讨的方向。

参考文献

一、图书

（一）外文图书

1. Brownstone D M, Franck R M. The dictionary of publishing [M]. New York: Van Nostrand Reinhold Company, 1982.

2. Christians C G, Glasser T L, et al. Normative theories of the media: Journalism in democratic societies [M]. Urbana and Chicago: University of Illinois Press, 2009.

3. Chun W H K. Control and freedom: Power and paranoia in the age of fiber optics [M]. Cambridge: The MIT Press, 2006.

4. Coyne C J, Leeson P T. Media, development, and institutional change [M]. Cheltenham: Edward Elgar Publishing Limited, 2009.

5. Dessauer J P. Book publishing: What it is, What it does [M]. 2rd ed. New York: Bowker Company, 1981.

6. Frost P J, Moore L F, Louis M R, et al. Organizational

culture [M]. Beverly Hills: Sage Publications, 1985.

7. Jacoby S M. Employing bureaucracy: Managers, unions and the transformation of work in American industry, 1900—1945 [M]. New York: Columbia University Press, 1985.

8. Marchand R. Creating the corporate soul: The rise of public relations and corporate imagery in American big business [M]. Berkeley: University of California Press, 1998.

9. Palast G. Peter Phillips and project censored: Censored 2005 [M]. New York: Seven Stories Press, 2004.

10. Riley S G. Corporate magazines of the United States [M]. New York: Greenwood Publishing Group, 1992.

11. Shambaugh D. China goes global: The partial power [M]. New York: Oxford University Press, 2013.

12. Skinner D, Compton J R, Gasher M. Converging media, diverging politics: A political economy of news media in the United States and Canada [M]. Lanham: The Rowman & Littlefield Publishing Group, Inc., 2005.

13. The new encyclopaedia britannica [M]. 15th ed. Chicago: Encyclopaedia Britannica, Inc., 2002.

14. Turner F. From counterculture to cyberculture: Stewart brand, the whole earth network, and the rise of digital utopianism [M]. Chicago: The university of Chicago Press, 2006.

15. Wright C. The management of labour: A history of Australian employers [M]. Melbourne: Oxford University Press, 1995.

(二) 中文图书

1. [匈] 阿格妮丝·赫勒. 日常生活 [M]. 衣俊卿, 译. 重庆: 重庆出版社, 1990.

2. [美] 爱德华·W. 萨义德. 文化与帝国主义 [M]. 李

琨,译.北京:生活·读书·新知三联书店,2007.

3. [美]保罗·A.萨缪尔森,威廉·D.诺德豪斯.经济学[M].胡代光,译.北京:北京经济学院出版社,1996.

4. [英]保罗·理查森.英国出版业[M].袁方,译.北京:世界图书出版公司,2006.

5. [美]丹尼尔·F.史普博.管制与市场[M].余晖,何帆,钱家骏,译.上海:上海三联书店,上海人民出版社,1999.

6. [法]费尔南·布罗代尔.论历史[M].刘北成,周立红,译.北京:北京大学出版社,2008.

7. [法]费尔南·布罗代尔.15至18世纪的物质文明、经济和资本主义(第一卷)——日常生活的结构:可能和不可能[M].顾良,施康强,译.北京:生活·读书·新知三联书店,1992.

8. [美]科斯,诺斯,威廉姆森.制度、契约与组织——从新制度经济学角度的透视[M].刘刚,译.北京:经济科学出版社,2003.

9. [美]R.科斯,A.阿尔钦,D.诺斯,等.财产权利与制度变迁——产权学派与新制度学派译文集[M].上海:三联书店上海分店,上海人民出版社,1996.

10. [美]塞缪尔·亨廷顿.全球化的文化动力:当今世界的文化多样性[M].康敬贻,译.北京:新华出版社,2004.

11. [日]植草益.微观规制经济学[M].朱绍文,胡欣欣,译.北京:中国发展出版社,1992.

12. 全国出版专业职业资格考试办公室.出版专业理论与实务·中级[M].上海:上海辞书出版社,2004.

13. 《社会学概论》编写组.社会学概论(试讲本)[M].天津:天津人民出版社,1984.

14. 巢峰. 出版论稿 [M]. 上海: 复旦大学出版社, 上海辞书出版社, 2007.
15. 陈建云. 中国当代新闻传播法制史论 [M]. 济南: 山东人民出版社, 2005.
16. 陈鹏. 制度与空间——中国媒介制度变革论 [M]. 北京: 中国书籍出版社, 2011.
17. 陈昕. 中国出版产业论稿 [M]. 上海: 复旦大学出版社, 2006.
18. 陈昕. 中国图书出版产业增长方式转变研究 [M]. 桂林: 广西师范大学出版社, 2008.
19. 陈振民. 公共政策分析 [M]. 北京: 中国人民大学出版社, 2004.
20. 程恩富, 胡乐明. 新制度经济学 [M]. 北京: 经济日报出版社, 2007.
21. 高富平. 信息财产——数字内容产业的法律基础 [M]. 北京: 法律出版社, 2009.
22. 顾江. 文化产业经济学 [M]. 南京: 南京大学出版社, 2007.
23. 关保英. 执法与处罚的行政权重构 [M]. 北京: 法律出版社, 2004.
24. 郭娅莉. 媒体政策与法规 [M]. 北京: 中国传媒大学出版社, 2006.
25. 胡河宁. 组织传播学: 结构与关系的象征性互动 [M]. 北京: 北京大学出版社, 2010.
26. 胡惠林. 文化政策学 [M]. 太原: 书海出版社, 2006.
27. 胡君辰, 杨永康. 组织行为学 [M]. 上海: 复旦大学出版社, 2002.
28. 黄先蓉. 出版法规及其应用 [M]. 苏州: 苏州大学出

版社，2007．

29．黄先蓉．出版物市场管理概论［M］．武汉：武汉大学出版社，2005．

30．江苏出版年鉴（1992—2012）［M］．南京：江苏人民出版社．

31．金冠军，郑涵，孙绍谊．国际传媒政策新视野［M］．上海：上海三联书店，2005．

32．金冠军，郑涵．当代传媒制度变迁［M］．上海：上海三联书店，2008．

33．郎劲松．中国新闻政策体系研究［M］．北京：新华出版社，2003．

34．李良荣．西方新闻事业概论［M］．3版．上海：学林出版社，2006．

35．李希光．软力量与全球传播［M］．北京：清华大学出版社，2006．

36．刘杲．出版笔记［M］．石家庄：河北教育出版社，2006．

37．卢现祥，朱巧玲．新制度经济学［M］．北京：北京大学出版社，2007．

38．罗紫初．出版学基础［M］．太原：山西人民出版社，2005．

39．明安香．传媒全球化与中国崛起［M］．北京：社会科学文献出版社，2008．

40．史东辉，王利明，董宝生．中国图书出版业的产业组织分析［M］．南宁：广西人民出版社，2008．

41．师曾志．现代出版学［M］．北京：北京大学出版社，2005．

42．宋木文．亲历出版三十年——新时期出版纪事与思考（上、下卷）［M］．北京：商务印书馆，2007．

43. 孙莹. 美国传媒人的法律读本——记者如何保护自己的权利[M]. 广州: 南方日报出版社, 2010.

44. 谭跃进. 定量分析方法[M]. 北京: 中国人民大学出版社, 2006.

45. 唐晋. 大国策: 信息公开与政治安全[M]. 北京: 人民日报出版社, 2009.

46. 田韶华, 严明, 赵双阁. 传媒产业法律规制问题研究[M]. 北京: 中国传媒大学出版社, 2009.

47. 王晨. 中国出版业的产业竞争与政府规制[M]. 北京: 中国书籍出版社, 2009.

48. 王雅莉, 毕乐强. 公共规制经济学[M]. 2版. 北京: 清华大学出版社, 2005.

49. 魏永征. 西方传媒的法制、管理和自律[M]. 北京: 中国人民大学出版社, 2003.

50. 魏永征. 新闻传播法教程[M]. 2版. 北京: 中国人民大学出版社, 2006.

51. 吴飞. 平衡与妥协——西方传媒法研究[M]. 北京: 中国传媒大学出版社, 2006.

52. 吴曼芳. 媒介的政府规制[M]. 北京: 中国电影出版社, 2008.

53. 夏大慰, 史东辉. 政府规制: 理论、经验与中国的改革[M]. 北京: 经济科学出版社, 2003.

54. 新闻出版工作文件选编(1949年—1966年及1976年—2012年)[M]. 北京: 中国ISBN中心.

55. 徐小傑. 图书出版产业评价体系[M]. 北京: 中国书籍出版社, 2011.

56. 杨冠琼. 公共政策学[M]. 北京: 北京师范大学出版社, 2009.

57. 杨牧之. 关于出版的思考与再思考[M]. 北京: 人民

出版社,2012.

58. 叶继元. 期刊信息资源建设研究[M]. 北京：北京图书馆出版社,2007.

59. 叶继元. 图书馆学学术规范与方法论研究[M]. 北京：科学出版社,2014.

60. 叶子荣. 公共经济学[M]. 北京：清华大学出版社,2010.

61. 衣俊卿. 现代化与日常生活批判[M]. 北京：人民出版社,2005.

62. 余敏. 国外出版行业协会研究[M]. 北京：中国书籍出版社,2005.

63. 余敏. 国外出版业宏观管理体系研究[M]. 北京：中国书籍出版社,2004.

64. 张柏然. 新时代英汉大词典[M]. 北京：商务印书馆,2004.

65. 张红凤,杨慧. 西方国家政府规制变迁与中国政府规制改革[M]. 北京：经济科学出版社,2007.

66. 张维迎. 博弈论与信息经济学[M]. 上海：生活·读书·新知三联书店上海分店,上海人民出版社,1996.

67. 张西明. 张力与限制——新闻法治与自律的比较研究[M]. 重庆：重庆出版社,2002.

68. 张新华. 转型期中国出版业制度分析[M]. 北京：中国传媒大学出版社,2010.

69. 张志强,左健. 中国出版业发展报告——新千年来的中国出版业[M]. 南京：南京大学出版社,2013.

70. 张志强. 20世纪中国的出版研究[M]. 南宁：广西教育出版社,2004.

71. 张志强. 现代出版学[M]. 苏州：苏州大学出版社,2003.

72. 张志强. 非法出版活动研究 [M]. 贵阳：贵州人民出版社，1998.

73. 赵玉忠. 文化市场概论 [M]. 北京：中国时代经济出版社，2004.

74. 周涧. 企业沟通——企业公关刊物传播运作研究 [M]. 武汉：武汉出版社，2006.

75. 周学荣. 政府规制论 [M]. 武汉：湖北人民出版社，2010.

二、论文

（一）外文论文

1. Aina L O. Grey literature and library and information studies: A global perspective [J]. International Journal on Grey Literature, 2000, 1 (4): 179-182.

2. Bavelas A, Barrett D. An experimental approach to organizational communication [J]. Personnel Journal, 1951, 27.

3. Clampitt P G, Crevcoure J M, Hartel R L. Exploratory research on employee publications [J]. Journal of Business Communication, 1986, 23: 5-17.

4. Click J W. Employee magazines in the public relations program [J]. The Public Relations Quarterly, 1967, summer: 43-52.

5. Connaghan C J. An exploratory study of information needs of workers in an industrial organization [D]. University of British Columbia, 1960.

6. Drott M C, Bearman T C, Griffith B C. The hidden literature: The scientific journals of industry [J]. Aslib Proceedings, 1975, 27 (9): 376-384.

7. Frederiksen L. Grey literature report [J]. Reference Reviews, 2008, 22 (6): 38-39.

8. Griffiths J. 'Give my regards to Uncle Billy…': The rites and rituals of company life at Lever Brothers [J]. c. 1900—c. 1990. Business History, 1995 (4).

9. Hartz R, Habscheid S. "Ready to roll up their sleeves"——Creating scenarios of unity in employee magazines [J]. Intervention Research, 2006 (2): 19-36.

10. Heller M. British company magazines, 1878—1939: The origins and functions of house journals in large-scale organisations [J]. Media History, 2009, 15 (2): 143-166.

11. Patmore G, Rees J. Employee publications and employee representation plans: The case of Colorado Fuel and Iron, 1915—1942 [J]. Management & Organizational History, 2008, 3 (3/4): 257-272.

12. Phillips S. 'Chemists to the Nation': House magazines, locality and health at Boots The Chemists 1919—1939 [J]. Management & Organizational History, 2008, 3 (3/4): 239-255.

(二) 中文论文

1. 安静. 关于出版业"两个效益"关系问题的再思考 [J]. 河南社会科学, 2006, 14 (5): 235-236.

2. 蔡健. 关于出版政策制定的思考 [J]. 编辑之友, 2015 (1): 38-41.

3. 常建华. 从社会生活到日常生活——中国社会史研究再出发 [N]. 人民日报, 2011-03-31 (07).

4. 陈启能. 当代西方史学的演变与中国史学 [J]. 史学理论研究, 1995 (2): 67-77.

5. 程浩, 管磊. 对公共产品理论的认识 [J]. 河北经贸大学学报,2002(6):10-17.

6. 迟福林. 公共产品短缺时代的公益机构改革[EB/OL]. (2010-07-12)[2014-12-27]. http://news.xinhuanet.com/politics/2010-07/12/c_12324013.htm.

7. 顾孝华. 论组织传播的意义[J]. 上海大学学报(社会科学版),2003,10(2):83-87.

8. 韩德信. 日常生活:背景、观点与意义[J]. 贵州社会科学,2007(9):43-47.

9. 贺翠卿,支良菊,李洁. 浅谈内部资料性出版物的档案价值[J]. 山东档案,2001(1):41-42.

10. 洪煜. 近代报刊和城市文化研究——以近代上海小报为例[C]//都市文化研究(第7辑)——城市科学与城市学,2012:218-228.

11. 胡博. 我国房地产企业内刊的发展趋势及办刊模式刍议[J]. 出版与印刷,2009(3):22-27.

12. 胡敏中. 论日常生活和日常认识[J]. 求是学刊,2000(3):35-38.

13. 胡悦晗,谢永栋. 中国日常生活史研究述评[J]. 史林,2010(5):174-182.

14. 胡正荣,李继东. 我国媒介规制变迁的制度困境及其意识形态根源[J]. 新闻大学,2005(春):3-8.

15. 晋雅芬. 江苏首次规定内部资料和网络出版物编校质量标准[N]. 中国新闻出版报,2006-11-20(01).

16. 雷颐. "日常生活"与历史研究[J]. 史学理论研究,2000(3):121-127.

17. 李锦云,邢香菊,董孟怀. 内资的作用及其存在的问题——以石家庄市内资为例[J]. 新闻爱好者,2012(8下):58-60.

18. 李骏,洪佳士. 浅析中国县市报的发展与突破[J]. 中国出版，2011（2上）：60-62.

19. 李斯颐. 言论和出版的自由与界限［J］. 新闻与传播研究，2002（1）：75-79.

20. 李雯. 规制变迁的制度经济学分析［D］. 北京：中国人民大学经济学院，2002.

21. 李曦，牟尧. 组织内部的信息沟通与障碍研究［J］. 中国西部科技，2011，10（25）：51-53.

22. 李想. 企业内刊的网络化传播研究［D］. 郑州：郑州大学，2010.

23. 李小娟，肖玲诺. 90年代日常生活批判研究述评［J］. 教学与研究，1998（7）：50-54.

24. 李长春. 正确认识和处理文化建设发展中的若干重大关系，努力探索中国特色社会主义文化发展道路［J］. 求是杂志，2010（12）：3-13.

25. 梁立俊. 负面清单、正面清单和混合清单——也谈授权与禁止的法理边界［J］. 理论视野，2014（4）：45-46.

26. 林少珍. 广东省连续性内部资料的现状与管理对策［D］. 广州：暨南大学，2003.

27. 林穗芳. 明确"出版"概念，加强出版学研究［J］. 出版发行研究，1990（6）：13-19.

28. 凌宁，林闽钢，陈培圣，李立峰. 做好政府职能转变的"加法"和"减法"［J］. 群众，2013（5）：70-72.

29. 刘定国. 我国出版产业现行规制的缺陷与重构［J］. 四川师范大学学报（社会科学版），2008，35（2）：37-41.

30. 刘放桐. 现代西方哲学的历史演变及发展趋势［J］. 求是杂志，2002（2）：45-48.

31. 刘怀玉. 列斐伏尔与20世纪西方的几种日常生活批判倾向［J］. 求是学刊，2003（5）：44-50.

32. 刘文文. 组织传播和大众传播视角下的企业报刊研究

[D]．济南：山东大学，2009．

33．刘希．企业报刊的过去、现在和未来[D]．广州：暨南大学，2003．

34．刘新成．日常生活史：一个新的研究领域[N]．光明日报，2006-02-14（12）．

35．柳斌杰．当好文化产业主力军——十年来我国新闻出版业的改革发展[EB/OL]．（2012-09-03）[2015-05-27]．http://www.gov.cn/jrzg/2012-09/03/content_2215526.htm．

36．龙公冰．关于转化内部期刊问题[J]．长江水利教育，1997，14（4）：76-78．

37．陆颖．从出版物的外部性看出版企业利益与社会利益的统一[J]．现代出版，2011（5）：20-24．

38．露西·格林．"品牌杂志"（企业内刊）正在全球兴起[EB/OL]．（2010-02-01）[2014-09-21]．http://www.mellnet.com/mellnet/news/201002/news20100628101434.html．

39．吕江．准公共产品与非营利组织刍议[J]．中共山西省委党校学报，2006（5）：63-65．

40．吕来明，刘娜．非营利组织经营活动的法律调整[J]．环球法律评论，2005（6）：730-736．

41．马学立．灰色文献内涵与外延的辨析及界定——关于文献等级结构研究系列之三[J]．图书馆建设，2003（1）：13-15．

42．缪晓明．内部资料性出版物价值探究[J]．安徽警官职业学院学报，2004（5）：86-88．

43．牛静．国外报纸出版制度评析[J]．东南传播，2010（1）：50-52．

44．彭凤仪．论组织与组织传播[J]．杭州大学学报，1996，26（3）：152-158．

45. 彭雯峰. 论企业报——结合深圳的企业报作实证研究 [D]. 南宁: 广西大学, 2002.

46. 钱昭楚, 梁维敏. 论连续性内部资料的出版和规范 [J]. 农业图书情报学刊, 2010 (9): 221-226.

47. 邱宝华, 李金刚. 论立法公开制度及其完善 [J]. 浙江省政法管理干部学院学报, 2000 (1): 21-24.

48. 任进. 论职权法定与法治政府建设 [J]. 人民论坛, 2012 (5中): 10-11.

49. 沈满洪, 谢慧明. 公共物品问题及其解决思路——公共物品理论文献综述 [J]. 浙江大学学报 (人文社会科学版), 2009, 39 (6): 133-144.

50. 宋勇. 回归生活之路——日常生活批判研究 [D]. 桂林: 广西师范大学, 2009.

51. 苏磊. 论我国出版业的行政规制 [D]. 北京: 中央民族大学法学院, 2013.

52. 孙晶. 布罗代尔的长时段理论及其评价 [J]. 广西大学学报 (哲学社会科学版), 2002 (3): 80-84.

53. 孙寿山. 关于深化行政审批制度改革的几点思考 [J]. 国家行政学院学报, 2009 (3): 4-7.

54. 汤自军. 市场失灵与政府失灵: 论规制理论的发展 [J]. 学理论, 2011 (25): 59-60.

55. 唐雯. 论非营利组织的非营利性及所得税优惠 [J]. 税收经济研究, 2011 (5): 46-50.

56. 陶志峰. 中国报业规制问题研究 [D]. 上海: 复旦大学管理学院, 2004.

57. 滕世华. 公共物品非营利组织提供的可行性研究 [J]. 北京行政学院学报, 2003 (1): 22-26.

58. 田建设. 法学类灰色文献资料的收集与利用 [C] // 全国高校社科信息资料研究会. 第12次理论研讨会论文集,

2008：33-45.

59. 王秋艳，聂晶磊. 宁波企业内刊的发展现状与对策 [J]. 全国新书目，2012（7）：39-43.

60. 王首程."内部资料"的数字化转型 [J]. 新闻与写作，2012（3）：38-40.

61. 王雪. 规制理论的逻辑演进 [J]. 法制与社会，2013（9上）：175-177.

62. 魏恩政，张锦. 关于文化软实力的几点认识和思考 [J]. 理论学刊，2009（3）：13-17.

63. 吴新颖，姚德权. 外部效应：新闻出版规制的理论依据 [J]. 湖南师范大学社会科学学报，2005（4）：110-116.

64. 谢海涛. 高华的后二十年（中）：在体制之内 [EB/OL]. （2014-05-11）[2015-01-06]. http：//www.Jingwei.com/feed/news/4476319176388723183/11906233. Html.

65. 谢颖宁. 浅析我国非营利组织的营利行为 [J]. 企业导报，2011（13）：66-67.

66. 邢志义. 略谈非正式出版物的开发与利用 [J]. 农业图书情报学刊，1992（3）：25-28.

67. 盱眙日报社 [G]//江苏省县市新闻中心工作委员会. 江苏省县市新闻中心年鉴（2012），2013：189-195.

68. 许大平. 日常生活批判及其当代意义 [D]. 上海：复旦大学哲学系，2003.

69. 杨然. 组织传播视角下的企业内刊研究——以《浙江物产集团报》为例 [D]. 杭州：浙江大学，2011.

70. 杨兆武. 非营利组织与公共产品供给模式构建 [J]. 商场现代化，2007（7下）：47-48.

71. 姚德权. 基于执政安全视野的新闻出版规制问题研究 [D]. 长沙：湖南师范大学，2005.

72. 于立，肖兴志. 规制理论发展综述 [J]. 财经问题研究，2001（1）：17-24.

73. 余劲松. 公开透明制度建设与国家治理现代化［J］. 法制与社会发展，2014（5）：54-56.

74. 臧红雨. 论中国公益性非营利组织的绩效评价与治理问题［J］. 经济研究导刊，2011（24）：248-249.

75. 张传勇. 从日常生活中发现历史——"中国日常生活史的多样性国际学术研讨会"述要［N］. 人民日报，2011-11-17（07）.

76. 张江丽. 基于社会定位认识的公益性非营利组织建设［D］. 成都：西南交通大学，2010.

77. 张明霞. 企业内刊的价值研究［D］. 太原：山西大学文学院，2012.

78. 张庆锟. 两个效益可以而且应该统一起来——学习韬奋同志出版思想点滴体会［J］. 河北财经学院学报，1994（1）：83-87.

79. 张婷. 出版集团企业内刊办刊策略分析——以山西出版传媒集团为例［D］. 太原：山西大学，2012.

80. 张馨月. 论列斐伏尔日常生活批判理论及其意义［D］. 太原：山西大学哲学社会学学院，2013.

81. 张贞. 中国大众文化之"日常生活"研究［D］. 武汉：华中师范大学文学院，2006.

82. 张芝联. 费尔南·布罗代尔的史学方法［J］. 历史研究，1986（2）：30-40.

83. 赵司空. 国外马克思主义的日常生活转向及启示——以卢卡奇、葛兰西和赫勒的日常生活理论为例［J］. 哲学分析，2013（3）：129-137.

84. 赵旸. 从文化自觉、文化自信到文化强国——中国特色社会主义文化理论的发展历程和基本经验［D］. 海口：海南大学，2013.

85. 郑书耀.公共经济学领域准公共物品及相关概念的界定与区分[J].华北水利水电学院学报（社科版），2009，25（1）：44-46.

86. 周劲.转型期中国传媒制度变迁的经济学分析——以报业改革为案例[J].现代传播，2005（1）：93-96.

87. 周湘伟.职权法定与越权无效——略论行政执法权的行政法制约[J].湖南行政学院学报，2008（5）：39-42.

88. 周云倩.组织传播视阈下的企业内刊现象[J].今传媒，2007（3）：23-24.

89. 朱建纲.论转型和变革背景下的新闻出版行政管理职能[M]//陈满之.出版科学探索论文集（第9辑）.长沙：中南大学出版社，2010：11-20.

后 记

本书是在我 2015 年答辩通过的博士学位论文基础上修改完善而成的。

自 20 世纪 90 年代初起,我即从事连续性内部资料性出版物行政管理工作,前后历时逾 20 载。我本人可能算得上是我国新闻出版战线从事连续性内部资料性出版物行政管理时间最长的"老兵"之一。由从业资历最深的人动手撰写国内首篇研究连续性内部资料性出版物规制的博士学位论文,这看起来似乎挺符合逻辑。但是,别忘了,从业资历与理论功底并不一定能画上等号。虽自知功底尚缺火候,但不揣冒昧择此作为论文选题,主要是考虑到有必要为倾注心血和汗水的青春年华做个小结,同时也有责任为新闻出版理论建设做点实事。这,也许可以称得上是一种情怀和担当吧。此外,撰写论文阶段是老老实实、扎扎实实读点书的好机会,正好可以弥补理论功底火候未到的缺憾。

首先要感谢我的导师张志强教授!2002 年 9 月—2005 年 6 月攻读硕士学位,2007 年 9 月—2015 年 6 月攻读博士学位,导师均为张志强教授。在博士学位论文写作阶段,从选题设计到框架搭建，从文献阅读到理论供给，他都给予悉心指导和耐心解惑，为论文顺利完成指引了正确路径。可以说，没有他亦师亦友的指导和促动就不可能有我的博士学位论文以及本书。

感谢郑建明教授、叶继元教授。他们在正式答辩前拨冗认真审阅我的博士学位论文，评阅意见认为论文条理清晰、结构合理、行文规范、语言简练，对丰富编辑出版学理论、推进我国连续性内部资料性出版物规制创新做了很有意义的工作。这样的评价使我深受激励，同时进一步感受到自己所肩负的责任。

感谢沈固朝教授、孙建军教授、江莹教授、吴建华教授、朱庆华教授、杨海平教授。他们在知识传授、开题指导、难点剖析等方面给予我非常大的帮助，令我受益匪浅。

感谢美国斯坦福大学传播学系 Fred Turner 教授。2011年下半年我在斯坦福大学访学期间，有机会聆听到 Turner 教授的授课，我们还就传媒规制问题进行了轻松愉快的学术交流。抚今追昔，不由得生发时光荏苒白驹过隙的感慨。

感谢高俊宽、陆高峰、潘文年、周化铁、王宏波、阮捷、肖洋、郝彬彬、肖超、郭晶等同门学友以及刘宇、赵小康等同届博士生。与他们的思想碰撞和心灵交流淬炼并提升了我的理论素养、学术品格和逻辑思维，其兄弟姐妹般的情谊和帮助为我扫清了写作过程中的许多困难和障碍。

感谢我的父母、岳父母、妻儿以及定居澳洲的妹妹妹夫一家。他们的理解宽容和支持鼓励是我在8年期限内完成博士学位论文写作的信念基石和精神家园。

最后，特别要感谢我的祖父蔡芳年老先生！在我博士学位论文2015年3月24日预答辩与5月18日正式答辩之间的4月14日，他老人家以99岁高龄与世长辞。告别时间的"安排"让我领会到了血脉相连、心心相印的疼爱和体恤。多少年，在他慈祥目光的注视下，我成长、成人、成熟……当往事一幕幕在脑海里浮现，我常常不能自已。

感谢所有应该感谢的人！在感谢中，我感受到温暖与感动。

我于南京大学信息管理学院攻读博士学位期间，就读专业"编辑出版学"隶属一级学科"图书情报档案管理"。2017年12月28日，教育部学位与研究生教育发展中心公布了全国第四轮学科评估结果，南京大学一级学科"图书情报档案管理"评估结果A^+，是全国该学科仅有的两个A^+之一。骄人成绩的取得来自于信息管理学院全体师生多年来持之以恒的团结精进，我为自己有机会在这样的集体中学习成长感到欣慰和自豪！

完成博士学业并将博士学位论文整理出版后，我的人生已开启新的一页。在翻篇的人生旅程中，相信我会走得更加从容。

蔡 健

2017年12月30日

于南京河西奥体新城清竹园